NOUVELLE BIBLIOTHÈQUE D'UN HOMME DE GOÛT,

ENTIÈREMENT REFONDUE, CORRIGÉE ET AUGMENTÉE,

Contenant des jugemens tirés des Journaux les plus connus et des Critiques les plus estimés, sur les meilleurs ouvrages qui ont paru dans tous les genres, tant en France que chez l'Étranger jusqu'à ce jour;

Par A.-A. BARBIER,

BIBLIOTHÉCAIRE DE S. M. IMPÉRIALE ET ROYALE, ET DE SON CONSEIL D'ÉTAT;

Et N. L. M. DESESSARTS,

Membre de plusieurs Académies.

TOME SECOND.

A PARIS,

Chez DUMINIL-LESUEUR, Imprimeur-Libraire, rue de la Harpe, N°. 78.

M. DCCC. VIII.

NOUVELLE
BIBLIOTHÈQUE
D'UN
HOMME DE GOÛT.

Se trouve à Paris,

Chez
- ARTHUS-BERTRAND, Libraire, rue Haute-Feuille, N°. 23;
- BARROIS l'aîné, Libraire, rue de Savoye, près celle des Grands Augustins;
- FANTIN, Libraire, quai des Grands Augustins;
- TREUTELL et WURTZ, Libraires, rue de Lille;
- P. MONGIE l'aîné, Libraire, Cour des Fontaines;
- BRUNOT-LABBE, Libraire, quai des Augustins.

BIBLIOTHÈQUE
D'UN
HOMME DE GOÛT.

CHAPITRE PREMIER.

POËTES FRANÇAIS.

§ Ier. POËTES ÉPIQUES.

Si j'étois touché, dit quelque part Voltaire, du plaisir vulgaire de vanter mon pays, j'essayerois de mettre dans un jour avantageux quelques-uns de nos poëmes épiques; mais il faut que j'avoue sincèrement que parmi plus de cinquante que j'ai lus, il n'y en a pas un qui soit supportable.

Le *Clovis* de Desmarets offre quelques vers forts et hardis; mais son pinceau inégal et raboteux défigure tous les objets. L'auteur avoit de l'imagination; mais lorsqu'elle l'inspiroit, elle le jetoit dans l'emphase; et lorsque cette imagination lui manquoit, il étoit dur et monotone.

La *Pucelle* de Chapelain est au rang de ces femmes décrépites, qu'on n'ose plus regarder. Son style est enflé, son expression dure et gothique; ses descriptions sont basses, ses comparaisons mal choisies, à quelques-unes près. Quelques écrivains à paradoxes ont voulu rétablir sa mémoire, ou du moins celle de son poëme. Ils ont cherché quelques paillettes d'or dans ce tas de boue; et ce qu'ils en ont trouvé, ne vaut pas la peine qu'ils se sont donnée.

Le *Moyse* de S. Amant n'est connu que par les plaisanteries de Boileau. L'*Alaric* de Scudéry est aussi sottement empoulé, que son auteur. Le *Jonas*, inconnu, sèche dans la poussière. La *Louisiade* du Père le Moine est moins mauvaise; mais ce poëme n'est pas plus lu que les autres. Corrigé par une main habile, il pourroit figurer parmi les poëmes épiques de toutes les autres nations. Cet ouvrage est rempli d'imagination, et présente un fonds très-heureux; il en faudroit bannir le mauvais goût, et l'embellir du coloris d'une nouvelle diction.

J'oubliois de parler d'un chef-d'œuvre de pieuse extravagance, composé par le Père Pierre de Saint-Louis, carme, et intitulé, *la Magdeleine au Désert de la Sainte-Baume en Provence*, poëme spirituel et chrétien. Ce poëme jouit de l'honneur d'une seconde édition en 1694, et d'une troisième en 1700. La Monnoye le fit réimprimer dans son recueil de pièces choisies, à la Haye, 1714, 2 vol. in-12. Le Père de Saint-Louis prodigue dans son poëme, le ridicule, les allusions burlesques, les métaphores bizarres, les hyperboles gigantesques, le jeu perpétuel des pensées et des expressions. Il dit que le *ramage* des arbres s'accorderoit fort bien avec le ramage des oiseaux ; et il fait rimer ces deux *ramages* ensemble, en prenant le premier dans le sens de rameaux, et en donnant au second son sens naturel. Il appelle le rossignol et les pinsons des *luths animés*, des orgues vivantes, des sirènes volantes ; les arbres sont de *vieux barbons*, de grands enfans d'une plus grande mère, d'*énormes géans*, des *colosses éternels*, etc., etc.

Ce chef-d'œuvre de ridicule parut en 1668 ; c'étoit le temps où les Nicole, les Pascal, les Bossuet, élevoient leur style jusqu'à la majesté de la religion, si grande, si noble, si respectable dans leurs écrits ; c'étoit le temps où Boileau formoit le goût des Français, par ses leçons et par ses exemples ; où Molière, le père de la bonne plaisanterie, les enchantoit par la peinture naïve de leurs travers ; où Racine faisoit connoître cette poésie tendre, élégante, harmonieuse, le charme du cœur et de l'oreille. La même année voyoit éclore Andromaque et la Magdeleine : c'étoit précisément les deux extrémités du bon et du mauvais goût.

BOILEAU.

Le premier poëme épique dont les Français puissent se glorifier, c'est le Lutrin de Boileau. La Discorde va trouver le trésorier de la Sainte Chapelle, et lui souffle l'ardeur de la chicane. Sidrac, vieux chevecier, vient donner un conseil, qui est de remettre un vaste lutrin sur un banc pour offusquer ce chantre, rival du trésorier. Le conseil approuvé, on choisit trois hommes pour l'exécuter. La Nuit arrive : les trois champions se mettent en marche ; la Discorde les voit, s'applaudit, et pousse un cri qui réveille la Mollesse. Celle-ci ayant appris de la Nuit, confidente de l'entreprise, ce qui se passe, gémit de ce que la Discorde vient la chasser d'un des deux seuls domaines qui lui restoient, et prie la Nuit de combattre pour elle, et de traverser l'exécution. La Nuit aussitôt va loger dans les flancs du lutrin un hibou, qui sortant avec un cri affreux, déconcerte les trois guerriers. La Discorde les voyant dispersés, se montre pour les ranimer. Le lutrin est heureusement placé sur son pivot. Un songe réveille le chantre rival; il se lève, va au chœur, voit le lutrin posté, et assemble aussitôt le chapitre : Evrard, chanoine bouillant, renverse la machine; le trésorier apprenant les voies de fait, va consulter la Chicane : le chantre averti y arrive aussitôt; et les deux partis se rencontrant, en viennent aux mains, et se battent avec des livres. Le prélat, près d'être vaincu, tire sa dextre vengeresse ; et met en fuite tous ses ennemis avec des bénédictions: la Discorde eût perpétué le trouble, si Thémis n'eût terminé la querelle.

Rien au monde n'est si frivole que le fonds de ce poëme ; cependant vous voyez comme tout y est arrangé, lié. Il y a une seule âme, dont l'impression fait agir tous les ressorts de l'entreprise; c'est le ressentiment de la Discorde qui remue les hommes, les conduit, les anime, les rassure dans le besoin ; ils ne sont que ses instrumens. Mais comme elle n'auroit point assez montré l'opiniâtreté de sa vengance, si elle n'avoit pas eu d'obstacles à combattre et à vaincre, le poëte a supposé la Mollesse et la Nuit qui s'opposent aux desseins de la Discorde ; cependant celle-ci triomphe, malgré les deux divinités ; et il ne faut pas moins que la Piété et la Justice, pour l'arrêter dans ses progrès.

L'action est une, simple ; c'est un lutrin rétabli et renversé par esprit d'animosité ; tout tend à ce seul point ; tout y est lié ; et si le dénoûment arrive par un dieu, c'est que la querelle étoit formée par une divinité, la Discorde. D'ailleurs, il étoit naturel que la Piété et la Justice jugeassent un démêlé de chanoines, et donnassent la paix aux vainqueurs et aux vaincus.

On ne sauroit assez admirer la convenance du coloris avec la matière, et le passage naturel de la plaisanterie et du badinage ; qui se trouvent dans les premiers chants de ce poëme, à la sublimité et à la grandeur qui règnent dans le sixième. Peut-être mériteroit-il d'être comparé aux chefs-d'œuvres des anciens, si le sujet en étoit plus relevé ; mais les querelles d'un trésorier et d'un chantre peuvent-elles figurer avec les fameuses dissensions du fils de Thétis et du chef des rois de la Grèce ! Ce seroit placer les dessins grotesques de Calot, à côté des tableaux de Michel-Ange.

VOLTAIRE.

La Henriade de Voltaire est peut-être le seul de nos poëmes épiques, qui ait réussi dans les pays étrangers, et qui ait eu un grand succès en France. C'est le premier de ses titres poétiques. Voici l'ordonnance de ce poëme : Henri III régnoit encore ; mais comme *ses esprits languissoient par la crainte abbatus*, les Guises formèrent une ligue contre lui, et le chassèrent de Paris. Henri de Bourbon vient le secourir ; et tous deux ils se présentent devant la capitale, pour en faire le siége. Henri III engage alors Bourbon à aller lui-même en Angleterre demander du secours à la reine Elizabeth. Le héros part ; il essuie une tempête qui le jette auprès d'une grotte, où il trouve un vieillard inspiré, qui lui annonce qu'il ne sera jamais roi de France, qu'il ne se soit fait catholique. Le prince arrive à Londres : il raconte à la reine les maux et l'état de la France, et lui demande un secours qu'elle lui accorde ; cependant les ligueurs assiégés, font une sortie vigoureuse : ils avoient déjà pénétré jusqu'à la tente du roi ; Henri de Bourbon arrive dans ce moment, et fait changer la face du combat. On prépare un assaut ; Mayenne éperdu est ranimé par la Discorde, qui va aussitôt chercher la Politique à Rome, et revient avec elle séduire la Sorbonne, dont l'autorité séduit à son tour les prêtres ; le Fanatisme alors anime les assiégés : cependant comme ils sont vivement pressés, Jacques Clément sort de Paris, et assassine le roi. Henri de Bourbon est reconnu son successeur par son armée ; mais dans la ville on délibère pour en choisir un autre. Pendant cette délibération, Henri livre un assaut ; il alloit vaincre : Saint Louis l'arrête ; la nuit vient ; le héros est transporté en esprit au ciel et aux enfers. Arrive aux assiégés un secours d'Espagne, qui occasionne une bataille, livrée à quinze ou seize lieues de Paris : Mayenne est défait. Le roi se livre à l'amour : Mornay le tire de cette foiblesse. Le siége est recommencé ; la ville périt par la famine : le roi se convertit, et Paris lui ouvre ses portes.

Voilà

Voilà le plan de la Henriade, levé de la meilleure foi du monde : ce poëme est rempli de beaux et très-beaux morceaux de vers très-bien faits, très-harmonieux, de descriptions très-touchantes. La mort de Coligny est admirable ; la bataille de Coutras est racontée avec l'exactitude de la prose, et toute la noblesse de la poésie ; le tableau de Rome et de la puissance pontificale est digne du pinceau d'un grand maître ; le départ de Jacques Clément pour aller assassiner Henri III, est fort beau ; l'attaque des faubourgs de Paris est très-bien décrite ; la bataille d'Ivri mérite le même éloge ; l'esquisse du siècle de Louis XIV, dans le septième chant, est d'un peintre exercé ; le neuvième chant respire les grâces tendres et touchantes.

Est-ce assez louer Voltaire ? Et sera-t-il permis, après avoir montré les beautés, d'indiquer quelques taches légères, d'après les gens de goût ? Ils trouvent, en général, dans ce poëme, plus d'esprit que de génie, plus de brillant que de richesse, plus de coloris que d'invention, plus d'histoire que de poésie. Ses portraits, quoique très-brillans, se ressemblent presque tous ; l'auteur a puisé toutes ses couleurs dans l'antithèse ; il l'emploie partout; et l'on pourroit en compter plus de mille. On se plaint encore qu'il y a grand nombre de vers, qui sont à peine de la prose soutenue; et ceux qui sont réellement beaux, ont tant de saillie, qu'ils enlaidissent leurs voisins.

Il règne dans la Henriade un ton de couleur mâle et frappant, mais qui n'est tempéré ni par des nuances, ni par des ombres; ce qui fait un style épique trop monotone, et fatigant dans la continuité. L'épopée demande la diversité de style; on n'a pas toujours des descriptions pompeuses, ni des tableaux brillans à tracer; je dirai plus, on n'en doit pas toujours avoir. Ce vice de monotonie et d'uniformité dans la Henriade, vient du caractère de son plan trop étranglé dans sa forme, et qui n'admet point les beautés simples et naturelles pour tempérer les images fortes et nerveuses : ces dernières y dominent trop nécessairement.

On lit avec plaisir et souvent avec fruit, le parallèle de la Henriade et du Lutrin, publié en 1746, in-12, par l'abbé Batteux, sous le voile de l'anonime. Freron l'a inséré, en 1753, dans le second volume de ses opuscules.

La Pucelle et la Guerre de Genève sont

deux autres poëmes de Voltaire, qui renferment un grand nombre de beautés de détails, qui en rendent la lecture très-piquante; mais comme les mœurs n'y sont pas toujours respectées, et qu'on y attaque souvent la religion, nous n'osons pas conseiller à nos lecteurs de placer ces poëmes parmi les livres qui composent leur bibliothèque.

GRESSET.

Le Vert-vert de Gresset est moins un poëme épique, qu'un joli conte; orné de plaisanteries innocentes, et assaisonné de sel. Mais quelque nom qu'on lui donne, ce sera toujours un ouvrage charmant et inimitable. Sans souiller sa plume par l'impiété et la licence, Gresset a su répandre un agrément, une fraîcheur et une vivacité de coloris, qui le rendent aussi piquant dans les détails, qu'il est riche et ingénieux dans la fiction. Cet agréable badinage sera toujours distingué parmi les productions originales, qui font aimer aux étrangers la gaieté française, sans leur donner une mauvaise idée de nos mœurs.

MADAME DU BOCAGE.

Le *Paradis terrestre* de madame du Bocage, poëme en six chants, est moins une traduction, qu'une imitation du Paradis perdu de Milton. Si l'on compare l'original anglais avec l'imitation française de l'ouvrage de Milton, on conviendra que c'est avec raison que quelqu'un a dit, que madame du Bocage a fait une jolie miniature, du sujet le plus terrible qui puisse être la matière d'un poëme épique. On loue assez l'art avec lequel elle a su raccourcir celui de Milton, sans en gâter l'ensemble, ni en énerver la force, l'énergie et la majesté. Elle a rejeté de cet inestimable ouvrage, tout ce qui le dépare dans l'original; c'est-à-dire, qu'elle a abrégé tout ce qu'il y a de superflu dans le récit du combat des anges, toutes ces comparaisons prises de la fable, qui ralentissent la marche de l'épopée; les jeux des diables dans les enfers, qui font si peu d'honneur au jugement du poëte Anglais, etc. En un mot, elle a réduit en petit, le plus grand et le plus sublime tableau, qui, depuis Homère, ait été peint; et, ce qu'il eût été à désirer que Milton eût fait, madame du Bocage a réuni sous le point de vue le plus agréable et le plus séduisant, les grâces et l'intérêt que l'Anglais a répandus sur le bonheur et le désastre d'Adam et d'Eve dans le Paradis terrestre.

La découverte et la conquête de l'Amérique offrent un vaste champ à l'épopée, de l'aveu de tous ceux qui aiment la haute poésie. Nous avions déjà plusieurs poëmes latins sur ce sujet, dans lesquels on trouve des détails heureux. Besnier publia, en 1752, dans notre langue, le *Mexique conquis*, espèce de poëme épique, en douze livres, en prose. Quelqu'estimable qu'il fût, il nous laissoit toujours à désirer qu'une Muse française entonnât la trompette héroïque en faveur de ce nouveau monde, qui a si fort changé la face de l'ancien. Madame du Bocage a eu le courage d'entrer dans une carrière, que nos grands poëtes n'ont osé courir.

On ne sauroit donner trop d'éloges à cet auteur, sur son art de peindre le nouveau monde : ses descriptions, quoiqu'elles reviennent souvent, se font toujours lire avec plaisir. Il seroit seulement à souhaiter que le héros fût plus intéressant, le plan plus vaste, la poésie plus châtiée, et le coloris plus brillant; mais madame du Bocage n'a point à rougir de marcher après nos grands poëtes épiques, d'occuper au-dessous d'eux, une place que beaucoup de nos écrivains lui envieront, et d'avoir pu soulever la massue d'Hercule.

PRIVAT DE FONTANILLES.

Philippe Villiers de l'Ile-Adam, Français de nation, dernier grand maître de Rhodes, quitte cette île, pour aller s'établir dans une autre contrée. Après de longues traverses, il aborde en Italie; et il fixe enfin les débris et la résidence de son ordre dans l'île de Malte; dont il devient le premier grand maître.

Tel est, en deux mots, le sujet d'un poëme intitulé, l'*Établissement des Chevaliers de Rhodes à Malte*, par M. Privat de Fontanilles, 1749, in-8°. L'auteur l'a partagé en dix chants : dans le premier, l'Ile-Adam, avec ses compagnons, arrive à Cythère, où il fait couper du bois pour radouber ses vaisseaux. Le héros emploie, comme c'est l'ordinaire, le second et le troisième chant, à raconter ses aventures; dans le quatrième, il descend aux enfers; et le cinquième présente un combat naval; dans le sixième, les chevaliers sont jetés fortuitement sur le rivage de Malte, où ils voient les habitans danser et manger sur l'herbe ; le septième offre un tableau de la peste de Messine ; au huitième, le grand maître rétablit la tranquillité dans Rome ; dans le neuvième, l'Ile-Adam fait plusieurs voyages, et arrive à Paris ; enfin au dixième chant, on voit les chevaliers prendre possession de l'île.

L'Enéide et le poëme de Malte ont un rapport assez marqué. Les deux héros ont à peu près la même destinée et les mêmes vues. Il s'agit, dans l'Enéide, de donner un fondateur au plus grand empire qui fut jamais. Il est question dans la Maltiade, de rétablir dans toute sa gloire, l'ordre le plus renommé du monde chrétien. Enée et l'Ile-Adam, dont les caractères sont si ressemblans, transportent leur Dieu et leur patrie dans un climat étranger. La seule différence que j'y trouve, c'est que le chantre Latin a presque tout tiré de son imagination, et que le poëte Français a trouvé presque tout son plan dans l'Histoire ; mais il a su y jeter du merveilleux, pour faire disparoître l'aride sécheresse ; en sorte que la fable de ce poëme, quoique fondée sur des événemens réels, a l'air d'avoir été imaginée. Je ne puis cependant m'empêcher de condamner la première arrivée des chevaliers à Malte, dans le sixième chant. Pourquoi les y faire descendre avant l'accomplissement de l'action ? La Méditerranée avoit d'autres îles, où il étoit aisé de les faire aborder : l'île de Candie et tant d'autres s'offroient naturellement. J'aurois voulu que le poëte eût fait entrevoir Malte aux chevaliers ; qu'ils eussent éprouvé à sa vue, une joie secrète, et comme un pressentiment que cette île seroit un jour le lieu de leur résidence ; mais que le démon du mahométisme les en eût écartés. Il seroit encore à souhaiter, que le brillant du coloris répondît à la sagesse de l'ordonnance. Ce n'est pas qu'il n'y ait d'assez beaux morceaux dans ce poëme ; mais il n'est pas écrit avec une élégance et une correction continues. L'auteur s'est quelquefois relâché sur la rime ; il n'a pas assez consulté le goût de la langue, et la clarté de la construction ; défauts dans lesquels le poëte ne seroit certainement pas tombé ; s'il avoit vécu à Paris.

On lit cependant avec plaisir le morceau où l'auteur fait parler le démon du mahométisme ; la description d'une mine qui fit sauter en l'air une tour des Mahométans pendant le siége
de

de Rhodes; une peinture de l'état où se trouvoient les chevaliers dans l'île de Chypre; mais tous ces lambeaux réunis ne forment point un ouvrage parfait, et ne dédommagent pas même de la peine qu'il y a à les déterrer parmi une foule de mauvais vers, qui font presque toujours tomber ce livre des mains du lecteur, avant qu'il soit parvenu à l'endroit où l'on en trouve de passables.

M. LEJEUNE.

Cet auteur a publié, en 1779, in-8°., la Louiséide, ou histoire de l'expédition de S. Louis à la Terre Sainte, poëme épique. C'est probablement la première fois qu'on a réuni ensemble le titre d'histoire et celui de poëme épique: Ce n'est pas la seule singularité qu'offre cet ouvrage.

Qu'un homme sans esprit, sans connoissances, sans études, et qui devroit, comme M. Jourdain, commencer par apprendre l'ortographe, se mette à écrire en vers ou en prose et écrire ridiculement, rien n'est plus simple ni plus commun; mais qu'un homme instruit et éclairé, qui possède l'histoire, les langues anciennes, et même l'hébreu, qui montre dans ses notes et dans sa préface des vues saines, un esprit juste, qui s'énonce en prose d'une manière sage et précise, écrive avec méditation, et même avec prétention un volume de vers où il est au-dessous du P. le Moine, comme le P. le Moine est au-dessous de Virgile et de Voltaire, ce contraste est, en plus d'un sens, digne de l'attention des hommes qui réfléchissent.

BERNARD.

L'Art d'aimer, de Bernard, est un des ouvrages les plus célèbres du dernier siècle. Il a fait, pendant plus de trente ans, les délices des plus brillantes sociétés : et presque tous les poëtes contemporains, depuis Voltaire jusqu'au dernier rimailleur, en ont fait l'éloge. L'auteur avoit l'adroite politique de ne pas l'imprimer, ni même de prêter son manuscrit; c'étoit une très-grande faveur, une bonne fortune, que d'être admis aux soupers où il devoit en faire la lecture. Elle a enfin paru en 1776, cette production si vantée; le charme est presque rompu : c'est un ouvrage estimable, sans doute, mais bien inférieur à la brillante réputation dont il jouissoit; et l'ardente curiosité qu'il a excitée dans les premiers jours, paroît avoir fait place à une espèce d'indifférence, qui va peut-être jusqu'à l'injustice.

Il y a surtout un défaut qui peut avoir diminué le mérite de ce poëme aux yeux de bien des lecteurs. Le principal côté par où l'auteur a considéré l'amour, est celui des sens; un amour purement métaphysique est très-ridicule; le physique tout seul, est grossier: le charme du véritable amour consiste dans ce délicieux mélange de l'âme et des sens, qui fait, pour ainsi dire, participer l'homme aux plaisirs des deux substances; mais ceux du sentiment sont les plus délicats; ils valoient bien la peine d'être célébrés d'une manière plus particulière dans un poëme de l'Art d'aimer.

On doit publier incessamment le poëme de feu Barthe, sur l'*Art d'aimer*. Les morceaux qui en ont été insérés dans les journaux nous font croire qu'il effacera celui de Bernard.

THOMAS.

Un officier d'infanterie, escorté de trente hommes, chargé par son commandant d'aller à la rencontre d'une poignée d'Anglais, pour les sommer de sortir des terres de France, et assassiné par eux, dans le temps même qu'il leur fait cette sommation, a paru au célèbre Thomas, un sujet digne d'un poëme épique : il peint Jumonville comme un homme revêtu d'un caractère sacré, et qui, en sa qualité d'envoyé, représente l'auguste corps de sa nation. Son assassinat n'est point un de ces meurtres qui doivent être confondus dans la liste des crimes obscurs et vulgaires : c'est un attentat qui doit exciter l'indignation de tous les peuples ; qui attaque les lois primitives des nations ; qui renverse tous les fondemens du droit politique, établi entre les hommes.

Je ne releverai point un petit nombre d'épithètes oisives, et d'hémistiches forcés ; la versification est toujours belle, mais quelquefois monotone. On désireroit plus de variété dans les tours, de rapidité dans les images, d'adresse et de chaleur dans la liaison des détails ; mais ces taches sont bien compensées par le goût, l'harmonie, la force, la correction, la majesté, le vrai génie épique. Le poëte surtout est peintre ; il ne perd jamais de vue ce grand principe, que la poésie doit être une peinture. Je crois remarquer dans le poëme de *Jumonville*, toutes les qualités nécessaires à ce genre de poésie ; intelligence du plan et des caractères; goût éclairé du merveilleux et de l'allégorie; élévation des idées; richesse des descriptions; difficultés vaincues; coloris brillant, fier et soutenu; mais le sujet étant, par lui-même, peu considérable et fort borné, l'ouvrage n'intéresse que médiocrement.

Nous devons à Thomas un autre poëme épique, dont la publication a été attendue long-temps avec impatience, et qui n'a été imprimé que depuis sa mort, *le Czar Pierre* I$^{er.}$, ou *la Pétréide*. Voici le plan de ce poëme, qui est resté imparfait : il a été tracé par l'auteur. Les premiers chants, dit-il, du poëme sur le czar Pierre, contiennent l'histoire de ses voyages. Ce prince ayant formé le projet de civiliser son peuple, veut commencer par s'éclairer lui-même. Il parcourt l'Europe pour y recueillir les arts et toutes les sciences qui contribuent à la grandeur des Etats. Dans le I$^{er.}$ chant, le héros du poëme est en Allemagne (Thomas n'a laissé que des fragmens de ce chant); le 2$^{ème.}$ est son voyage en Hollande, où il apprend sur les chantiers la construction des vaisseaux; le 3$^{ème.}$ est son voyage en Angleterre ; le 4$^{ème.}$, le 5$^{ème.}$ et le 6$^{ème.}$, son voyage en France. L'auteur a cru que comme poëte, il pouvoit ne pas s'asservir entièrement à l'exactitude de l'historien ; c'est pourquoi au lieu de faire venir le czar en France sous le régent, il l'a amené sur la fin du règne de Louis XIV. Il a cru que la situation de la France étoit alors plus intéressante à peindre ; que Louis XIV seroit plus digne de donner des leçons au czar ; qu'un grand roi vieilli sur le trône, accablé d'années, de malheurs et de gloire, et instruisant le monarque du Nord, pouvoit faire naître de plus grandes idées, et par conséquent étoit plus digne du poëme épique. L'auteur a peint le caractère de Louis XIV tel qu'il étoit dans les dernières années de sa vie, instruit par ses malheurs et tel qu'il s'est dépeint lui-même dans les dernières paroles qu'il prononça en mourant.

Ce qui a paru de ce poëme n'a pas eu le succès que les amis de l'auteur avoient promis à l'ouvrage dans leurs sociétés particulières. On y a trouvé de belles tirades, et de beaux vers ; mais on a critiqué le plan. En général, les fragmens de ce poëme présentent les mêmes beautés et les mêmes défauts qu'on a reprochés à l'auteur dans ses autres ouvrages: il a été imprimé à la suite de l'édition que N. L. M. Desessarts a donnée des œuvres de Thomas, en 1802, en 7 vol. in-8°.

DE JUNQUIÈRES.

En 1736, il parut sous le titre de *Télémaque travesti*, un ouvrage que le public attribuoit à Marivaux, que cet auteur a désavoué, et qu'il ne faut pas confondre avec l'*Élève de Minerve, ou Télémaque travesti*, en vers, trois volumes in-12, petit format, par de Junquières, lieutenant de la capitainerie royale des chasses de Halate, demeurant à Senlis. En parodiant la prose de Fénélon, Junquières ne donne ni dans les infâmes bouffonneries de Scarron, ni dans les fades plaisanteries du Télémaque travesti, attribué à Marivaux, et dont le but est de ridiculiser les héros d'Homère. Il y a dans ses vers, de la gaieté sans indécence, de la critique sans amertume, de la facilité sans négligence. Je ne parlerai pas de toutes les licences que l'auteur s'est permises dans cet ouvrage, comme changemens fréquens, retranchemens considérables, anachronismes outrés, etc. Dans un écrit de la nature de celui-ci, un poëte n'est comptable qu'à sa fantaisie.

Caquet Bon-Bec, la Poule à ma Tante, par le même auteur, est le titre d'un poëme badin, qui n'a pas mal réussi ; on en a même fait en peu de temps deux éditions : la première étoit en six chants ; la seconde, corrigée, est en sept. Ce petit ouvrage, malgré sa frivolité, mérite quelqu'attention ; c'est une nièce qui est supposée raconter en vers les aventures d'une jolie poule, que sa tante chérissoit.

En jugeant à la rigueur cette bagatelle allégorique, je crois qu'elle pèche un peu du côté de l'invention : le fonds d'ailleurs est peu de chose. Je ne sais pourquoi l'auteur a donné le nom de Caquet Bon-Bec à son héroïne : il n'y a aucune analogie entre le caractère de cette poule, et la signification du terme de bon bec, dans notre langue ; je comprends encore moins la raison pour laquelle Junquières, dans un petit poëme, dont la vivacité des peintures et la délicatesse des expressions doivent faire le mérite, a formé du grec, les noms des personnages, Poules et Coqs. Il y a aussi dans cet opuscule, des longueurs et des incorrections à reprendre : l'auteur en voulant être simple, rampe quelquefois ; mais, en général, la lecture de son poëme fait plaisir : on y trouve de l'élégance et de la naïveté ; sa narration est naturelle, et surtout piquante par des traits ingénieux.

DE

DE PEZAY.

Le poëme de *Zélis au bain*, par de Pezay, peut être mis au nombre de ces ouvrages, dont les grâces font pardonner les négligences. Si le tableau de Zélis au bain n'est précieux, ni par le fonds, ni par le dessein, il l'est par le coloris, la partie la plus séduisante de l'art de peindre, et dans laquelle il est si difficile d'exceller. Le poëte d'ailleurs étoit très-jeune alors; c'étoit son coup d'essai.

Ce petit poëme est un in-8°. (1768), très-bien imprimé, orné d'estampes, de fleurons et de culs-de-lampe dessinés et gravés avec un goût exquis. C'est un des premiers ouvrages de ce genre, qui aient paru avec tous les ornemens du burin. On sait combien d'autres auteurs en vers et en prose, ont suivi depuis l'exemple de Pezay.

DU MOURRIER.

Nous avons déjà parlé de cet auteur, à l'occasion de sa traduction du poëme de Richardet. Il en a donné une nouvelle édition, qu'on peut regarder aujourd'hui comme un ouvrage original, et presque tout de sa com-

TOME II. 4

position. Il a réformé des figures qui grimaçoient, achevé des parties ébauchées, étendu les idées de son modèle, effacé des groupes entiers, pour y en substituer d'autres qui n'appartiennent qu'à lui, gazé des objets trop nus, rétabli le costume, créé de nouveaux personnages; en un mot, placé ses propres tableaux à côté de ceux de son original. Ce poëme est très-long; cependant on le lit d'un bout à l'autre avec intérêt; et sans le poëme de la Pucelle, il eût été, dans notre langue, le premier exemple de ce genre berniesque, si varié, si piquant, et dans lequel l'Italie est si riche. La versification pourroit en être plus serrée, plus soutenue et plus généralement soignée; mais elle est naturelle et facile; mérite qui devient de jour en jour plus rare, et qui suffit pour compenser bien des fautes.

M. PALISSOT.

Cet auteur débute dans le premier chant de sa *Dunciade*, par donner une description du pays qu'il va chanter; mais, dès ce premier chant, l'action commence : on voit accourir les troupes de la Stupidité; un grand dessein est prêt à éclore; et il se développe tout entier au second chant, par la harangue de la déesse. Le général est nommé par acclamation ; il n'est plus question que de lui donner une armure convenable ; et la Stupidité se dépouille elle-même de la sienne, pour l'en revêtir dans le troisième chant.

Au quatrième, le général, fidèle au costume des anciens héros, veut intéresser les dieux au succès de son entreprise ; par une magnifique hécatombe ; le bûcher s'allume ; mais la flamme en est repoussée vers la bibliothèque de la déesse. Elle n'échappe à l'incendie, que par le généreux dévouement du héros, qui ne balance pas à sacrifier ce qu'il a de plus cher.

Le cinquième chant se passe en fêtes ; c'est un repos pour le lecteur. La Stupidité, pour témoigner sa reconnoissance à son général, et inspirer à ses combattans un nouveau courage, imagine de leur donner un souper digne de leur mérite : elle se trouve à ce festin, placée vis-à-vis du héros qu'elle aime, à peu près comme Didon, vis-à-vis d'Enée. La même cause produit un même effet ; et le sixième chant est consacré aux tendres amours du général et de sa souveraine, selon l'usage éternellement établi, d'amener des amours dans un poëme épique.

Cependant les exploits du héros l'invitent à un doux sommeil ; et par une nouvelle faveur, qu'il n'a que trop méritée, la déesse, au septième chant, lui envoie un songe magique, qui lui fait voir tous les triomphes passés, présens et à venir de son amante.

Dans le huitième chant, les Muses alarmées des complots de la déesse, et surtout des menaces du général, dont le bruit s'est fait entendre jusqu'au Parnasse, implorent les bontés d'Apollon, qui les rassure, et qui, pour mieux s'instruire des projets de son ennemie, prend la résolution de lui députer un ambassadeur. Cette députation, et les événemens dont elle est suivie, ne font qu'inspirer un nouvel orgueil à la déesse, qui, se croyant déjà souveraine de l'Hélicon, donne à son armée le signal du départ.

L'armée, au neuvième chant, est arrêtée dans sa marche par un épisode qui prouve combien les dames sont peu nées pour la guerre et pour les travaux du bel esprit. Enfin, dans le dixième et dernier chant, les troupes de la déesse, et son général lui-même, après avoir fait des prodiges de valeur, sont mis en fuite par le sifflet du Goût ; et ce dénoûment, nécessaire et rapide, termine le combat à l'avantage des Muses.

Telle est l'économie du poëme, dont le sujet est le siége du Parnasse par la Sottise, et dont l'action, d'un merveilleux qui fournit à chaque chant la matière de plusieurs tableaux, peut se passer en moins de deux jours. Les événemens y sont enchaînés l'un à l'autre par une ordonnance assez heureuse ; et d'ailleurs (ce qui est une des principales règles de l'art) ils naissent tous du fonds du sujet.

Depuis la révolution de 1789, l'auteur a publié trois nouvelles éditions de la Dunciade : la première parut en 1797, in-18, chez Barrois l'aîné ; elle est augmentée du tableau du jacobinisme ; la seconde, publiée en 1799, chez Lepetit, contient à la fin du cinquième chant un nouvel épisode, dont un astronome célèbre est le sujet ; la troisième, sortie, en en 1805, des presses de Fournier fils, renferme des additions dirigées en grande partie contre un fameux critique de nos jours. Il faut avouer que ces trois dernières éditions ne sont guère connues que des amis de l'auteur; quant aux anciennes, les lecteurs impartiaux regrettent d'y voir des hommes très-illustres et très-savans présentés comme les partisans ou les sujets de la Sottise.

DORAT.

Le petit poëme des Tourterelles de Zelmis, par Dorat, 1766, in-8°., est un des jolis ouvrages de cet auteur. On y trouve de l'esprit, de la gaicté et de la galanterie. Un chat, pendant une nuit d'orage, s'étoit glissé dans une volière, et avoit emporté une tourterelle : voilà tout le fonds historique de cette fiction. Dorat a donné des preuves de talent dans des genres sérieux ; mais il étoit particulièrement appelé par la nature à celui-ci ; il a le coloris le plus frais et le plus séduisant ; il possède l'expression du plaisir, du sentiment et de la délicatesse.

IMBERT.

L'histoire de la Pomme adjugée à Vénus est si vieille et si rebattue, dans les poésies de toutes les nations, qu'on se seroit imaginé qu'elle ne pourroit plus rien fournir de neuf et de piquant à l'esprit. On verra par la lecture de l'ouvrage d'Imbert, intitulé, *le Jugement de Pâris*, poëme en quatre chants, nouvelle édition, 1774, in-8°.; on verra, dis-je, que, même dans les sujets, qui paroissent le moins favorables, tout dépend de l'exécution, et qu'il n'y a rien de si usé, qu'une imagination brillante et féconde ne puisse rajeunir. On en jugera sûrement ainsi, en suivant le plan de ce poëme, et les détails dont l'auteur a su l'embellir. Le seul changement qu'il ait fait à la fable, a été de transporter à la cour le jeune Pâris, qui, selon la Mythologie, étoit encore berger lors de ce fameux jugement.

Ce qui fait le mérite de ce poëme, et ce qui contribuera probablement à le faire ranger parmi les meilleurs écrits de ce genre, c'est qu'on y respire le goût sain de la bonne antiquité. On y trouve sans doute beaucoup d'esprit, mais jamais de faux bel esprit. Les ornemens y sont distribués sans profusion. L'auteur n'a point l'air de les chercher; c'est toujours le sujet qui les amène; jamais ils n'y sont entassés d'une manière fatigante : c'est une broderie légère, dessinée avec grâce. Ajoutez à tout cela, que l'ensemble du poëme est très-simple, et se développe naturellement et sans peine; que les caractères de Pâris et de chacune des trois déesses sont bien saisisis, bien marqués; que le mélange des rimes est toujours bien entendu, et que la versification est partout facile, élégante, harmonieuse.

M. L'ABBÉ AUBERT.

Tout le monde connoît le roman de Psyché par La Fontaine, où cet écrivain naïf et charmant s'est abandonné à toute sa négligence. On regrette souvent qu'il soit trop long ; mais quelques morceaux qui succèdent promptement à ceux qui causent ce reproche, font ordinairement oublier ce défaut. M. l'abbé Aubert, qui a fait une étude particulière de ce poëte, a essayé de marcher sur ses traces dans les aventures de Psyché ; il les a dépouillées des longueurs, des détails inutiles, et souvent minutieux de son original ; il en a fait un petit poëme, 1769, in-12 ; où l'on trouve des morceaux intéressans et bien faits. Il suit précisément la même marche que La Fontaine, en élaguant toujours son texte, et quelquefois en y faisant des changemens qui vont toujours au même but.

DE LA HARPE.

Le poëme de *Tangu et Félime*, publié par cet auteur en 1780, petit in-8°., jolie édition, avec des gravures de très-bon goût à chaque chant

chant et au frontispice, est depuis long-temps connu et jugé : il a été généralement goûté comme un petit poëme plein d'esprit et de grâce, comme un conte moral, ingénieux et piquant, dont l'heureuse invention, due à l'abbé Bignon, méritoit les ornemens de tout genre qu'elle a reçus.

On trouve ce poëme dans le tome IIIme. des Œuvres choisies et posthumes de M. de la Harpe.

M. GORSSE.

Le poëme de Sapho, accompagné de notes historiques, critiques et littéraires (Paris, 1805, 2 vol. in-8°.), offre un grand nombre de singularités remarquables : M. Gorsse, son auteur, en justifie quelques-unes, et raisonne beaucoup et très-bien sur toutes.

Ce poëme est divisé en dix chants, dont chacun est composé de cinq élégies. Sapho parle toujours : c'est un monologue, un peu long ; elle raconte l'histoire de ses amours et le succès de ses écrits : un prologue contient l'exposition du sujet et une invocation ; un épilogue offre le dénoûment du poëme, qui n'est ni épique, ni didactique, ni descriptif, ni dramatique : le poëte demande qu'il soit nommé *aulétique*, d'après Robortellus, qui, dans ses remarques sur la Poétique d'Aristote, propose de distinguer ainsi l'élégie qui convient aux plaintes de tout autre poëme, écrit en vers élégiaques.

L'auteur a voulu, dit-il, montrer Sapho successivement dans l'état ; 1°. de désir ; 2°. de contentement ; 3°. de bonheur ; 4°. de crainte ; 5°. de calme : telle est la première grande division du poëme ; la seconde grande division représente Sapho dans l'état, 1°. de soupçon ; 2° de douleur ; 3°. de tourment ; 4°. d'illusion ; 5°. de désespoir : voilà les dix chants ; chaque chant a pour titre un de ces états.

On trouve dans ce poëme des vers alexandrins, des vers communs, des stances, des tercets ; ce n'est qu'après l'avoir lu attentivement, qu'on sera persuadé qu'il est difficile de joindre à un talent plus raisonné en poésie, des connoissances plus brillantes en littérature, et de justifier mieux l'audace d'une telle entreprise.

M. LUCE.

Le poëme d'Achille à Scyros, par M. Luce, professeur de belles-lettres au Lycée Impérial, comparé aux deux chants qui nous restent de l'Achilléide de Stace, offre un tout habilement ordonné et resserré dans de sages bornes, à la place d'une composition tronquée, divagante, et qui, achevée, n'eût formé jamais qu'une conception bizarre et monstrueuse. M. Luce, en s'arrêtant à une seule époque, celle où Thétis, pour conserver son fils, l'a transporté à Scyros, etc., à d'abord ramené le plan au but de tout bon ouvrage, à cette précieuse unité, toujours religieusement observée par les anciens, trop négligée quelquefois par les modernes, entièrement oubliée ou dédaignée par l'auteur de l'Achilléide, qui, voulant embrasser la vie entière du vainqueur d'Hector, *ire per omnem heroa*, comme il le dit dans un latin barbare, n'eût fait au lieu d'un poëme, qu'un long, lourd et insipide roman. Au style assez généralement dur, âpre, sec et contraint de Stace, a succédé un style qui, sans être partout irréprochable, est celui d'un versificateur exercé, auquel il ne manque quelquefois, pour qu'il eût mieux fait, que d'avoir voulu mieux faire. Ce style est encore celui d'un homme d'esprit et de goût, qui sait user, non abuser des ressources qu'il trouve dans le poëte qu'il imite. Nous retrouvons dans l'Achille à Scyros de M. Luce, toute l'Achilléide de Stace, moins ses défauts : ajoutez un dénoûment qui n'existe, ni ne peut exister dans l'auteur Latin, d'heureuses idées de détail, habilement liées aux idées quelquefois heureuses de Stace ; puis une foule de traits qui modifient et embellissent ceux que cet auteur gâte en les exagérant, puis des transitions naturelles et des mouvemens de verve qui font d'un ouvrage annoncé comme imitation, un ouvrage en quelque sorte original. Voilà quant aux éloges qu'il mérite, ce qu'on peut dire de ce nouveau poëme ; il offroit des fautes assez nombreuses, dont une partie a été corrigée dans une seconde édition, qui a paru en 1807, in-8°.

§ II. POËTES DRAMATIQUES.

Nous n'avons eu, pendant long-temps, d'autres spectacles en France, que de pieuses mascarades. Des pèlerins revenant de la Terre Sainte, le bourdon à la main, furent nos premiers acteurs. Leur coup d'essai fut une pièce tragique : ils représentèrent le Mystère de la Passion. Tous les spectateurs furent édifiés ; il n'y eut que le prévôt de Paris qui se scandalisa, et qui défendit qu'on jouât de pareilles pièces ; mais le roi permit qu'on représentât la Passion et les Vies des Saints. On chercha à égayer ces pieux spectacles par des scènes burlesques, qu'on appeloit les jeux des *Pois pilés*. Il se forma différentes troupes de comédiens : les clercs de la Bazoche donnèrent des pièces, qu'ils intitulèrent *Moralités* ; et les *Enfans sans souci*, société dont Marot étoit un digne confrère, représentoient des farces appelées *Soties* ou *Sottises* ; c'étoit une représentation des sottises humaines. On donnoit au chef de cette troupe le titre glorieux de *Prince des Sots*.

Jodelle fut le premier qui composa une espèce de tragédie. Cet ouvrage lui attira l'admiration de son siècle, et lui valut cinq cents écus, dont Henri II le gratifia. On regarda ce poëte comme le dieu de la tragédie. On conduisit chez lui un bouc couronné de lierre, dont la barbe et les cornes étoient dorées. Jodelle trouva un rival dans Garnier, qui fit représenter la Captivité de Babylone et Nabuchodonosor avec son prévôt d'hôtel faisant crever les yeux à Sédécias. Hardy parut ensuite et composa huit cents tragédies. Enfin, Pierre Corneille anéantit tout à coup les extravagantes pièces qu'on admiroit alors ; et ayant tiré de l'enfance, ou, pour mieux dire, du chaos, la poésie dramatique, il mit sur la scène la raison accompagnée de tous les ornemens dont une langue est capable : il accorda la vraisemblance et le merveilleux.

Les farces de Turlupin, de Gros Guillaume, de Guillot Gorgus, précédèrent les Jodelet, les Dom Japhet de Scarron, et les pièces d'intrigue dans le goût espagnol. Molière vint, et fit rire les honnêtes gens.

JODELLE.

Jodelle eut le mérite de sentir le premier en France, ce que valoient les anciens ; il eut le courage de vouloir suivre leurs traces, et l'honneur de faire quelques pas dans la même carrière. C'étoit beaucoup alors ; il eut même une sorte d'élévation dans le génie ; mais la langue se refusoit à ses idées. On peut le comparer à un habile architecte, qui n'auroit que de la vase et des cailloux pour construire un palais. Peut-être aussi ne tira-t-il point de la langue ce qu'il en pouvoit tirer ; il en connut mieux l'impuissance que les ressources. Il y eut de son temps des versificateurs moins barbares : tels furent, en particulier, Melin de Saint Gelais et Bertaut; mais nul de ses contemporains, nul de ses premiers successeurs n'entrevirent, au même degré que lui, la vraie marche du poëme dramatique; il ne lui manqua enfin qu'une langue. Un siècle plus tard, Jodelle eût peut-être été un grand homme.

GARNIER.

Cet auteur tiendra toujours, avec justice, un rang parmi les poëtes tragiques, et ses tragédies sont une source de différens genres de poésies. On rencontre, dans le cours des scènes, des traits familiers qui seroient propres à l'épître. Les chœurs sont composés de stances dignes de l'ode. Les comparaisons qu'il sème avec variété, tiennent de l'épique, ou bien ont l'agrément pastoral. Son style, souvent ampoulé, a pu passer pour sublime dans un temps où le bon goût n'avoit pas encore marqué ses limites. Garnier emploie des figures outrées, et étonne l'esprit par des idées singulières et bizarres. Les termes ne lui manquent jamais; et il sait en créer dans le besoin. Son jargon français est quelquefois du latin tout pur. Un rebelle y est appelé contumax. Malgré ces défauts, on remarque dans cet

auteur, un poëte ingénieux, qu'on pourroit lire avec fruit; un citoyen généreux, un littérateur ardent et désintéressé. « Je veux, écri-
» voit-il à un amiral de France, vous remer-
» cier des bienfaits que les lettres reçoivent
» journellement de vous, comme si j'étois un
» des mieux fortunés. »

Ce poëte vivant sous un règne qui étoit celui d'une discorde fanatique et intestine, invitoit son siècle à profiter des crimes mêmes de ses héros. Les actions de trois de ses tragédies embrassent la plus intéressante partie de l'Histoire Romaine ; c'est son époque la plus mémorable ; le hasard n'a pas conduit l'auteur dans le choix de ses sujets ; il destine toutes ses couleurs à faire voir une puissance formidable à toute la terre, domptée enfin par ses propres forces. Il ne chante pas, sur un ton collégial, une liberté étrangère à nos mœurs; ses vues sont conformes aux circonstances. Il veut inspirer à la France une juste horreur pour ces dissensions domestiques ; et il lui montre ses malheurs dans ceux de Rome, déchirée par ses propres enfans. Il combat, avec force, l'orgueil, l'envie, la cruauté, l'inhumanité des hommes, pour me servir d'une de ses expressions. Une plume qui dé-
fend

fend ainsi les droits de la société, seroit-elle moins respectée que les armes, qui servent trop souvent à les détruire? Elle terrasse des monstres ; elle vaut la massue d'Hercule.

Notre poëte se lasse de marcher sans appui dans la carrière ; il emprunte le secours des anciens. Nous sommes sortis du gothique de l'architecture, en suivant la belle et simple antiquité : nous y rentrerions peut-être dans l'art dramatique, par une scrupuleuse imitation des Grecs, et surtout des Romains. Du moins Garnier n'écrivit-il jamais d'un style plus dur, ni dans un goût plus barbare ; que dans sa tragédie d'Hyppolite, qu'il trace sur leur modèle. Hyppolite a une indifférence sans ménagement ; l'amour de Phèdre est sans pudeur. Ce qui épargne l'horreur dont on seroit saisi à la vue de ces personnages, c'est qu'on en fait des grotesques. Lorsque l'on se remet en même temps sous les yeux ces beaux traits que Racine sut si bien peindre, on diroit que Garnier tenoit en main le burin de Calot.

MONT-CHRÉTIEN.

Cet auteur parut avoir choisi Garnier pour son modèle ; c'est à peu près la même manche et le même goût. Comme Garnier, il met peu d'intrigue dans ses pièces, et n'a presque aucune situation. Son dialogue est vif et coupé ; chaque interlocuteur y répond par une sentence ; et il est noyé dans de longs monologues. Son style est cependant moins ampoulé, et plus pur que celui de Garnier ; on y remarque néanmoins quelquefois un mauvais goût d'antithèses et de jeux de mots. Ce qui distingue surtout Mont-Chrétien, c'est l'éloquence vive et animée qui règne dans les déclamations, d'ailleurs trop longues, dont ses pièces sont remplies. Les figures les plus frappantes et les plus hardies, y sont semées avec profusion. Il n'a manqué à cet auteur, que l'art d'amener des situations, et de mettre en œuvre ces beaux morceaux épars çà et là, sans choix et sans goût, et dont la continuité même est fatigante. Ses chœurs sont pleins de la plus excellente morale. Les matières les plus importantes y sont traitées avec feu, et quelquefois d'une manière sublime. L'usage que ce poëte a fait de ses talens, est digne d'éloge : l'Ecriture Sainte lui a fourni la matière de plusieurs ouvrages. On a de lui un poëme de Suzanne, qui vaut mieux, en son genre, que ses pièces dramatiques. La Bergerie, qui termine son théâtre, fait voir qu'il avoit plus d'un talent, et qu'il savoit descendre, quand il vouloit, de la majesté tragique. La prose de cet ouvrage est agréable et légère, remplie d'idées ingénieuses et riantes.

HARDY.

Alexandre Hardy a été le poëte dramatique le plus fécond qui ait jamais paru, s'il est vrai que ses pièces excèdent le nombre de sept cents. Il suivoit une troupe de comédiens, à laquelle il fournissoit toutes celles qu'elle vouloit jouer. Quand il en falloit une, elle étoit prête au bout de huit jours ; et le fertile Hardy suffisoit à tous les besoins de son théâtre. Dans l'ingénieux badinage de la Guerre des Auteurs, qui, pour le dire en passant, a servi de modèle au Temple du Goût, Guéret dit de Hardy : « il étoit venu dans un siècle,
» où l'on ne se piquoit pas beaucoup d'en-
» tendre la Poétique d'Aristote. On ne trou-
» voit point à redire qu'un même personnage
» vieillît de quarante ans en vingt-quatre heu-
» res ; que sa barbe et ses cheveux blanchis-
» sent dans l'intervalle de deux actes. Il pou-
» voit, entre deux soleils, passer de Rome
» à Paris ; et c'étoit faire une comédie, que

» de mettre une vie de Plutarque en vers. »

Parmi les pièces de ce poëte, il n'en est point qu'on puisse lire d'un bout à l'autre sans dégoût ; mais dans presque toutes, on trouve des morceaux qui font plaisir. Marianne est, sans contredit, la meilleure ; les caractères en sont bien soutenus, les situations sont intéressantes, et naissent du sujet. On est étonné de trouver une pièce si régulière, faite par un auteur qui ne suit ordinairement aucune règle, et qui choque toute vraisemblance. Hardy a tous les défauts de son temps : la plupart de ses pièces sont monstrueuses pour la conduite ; quelques-unes sont grossières et indécentes. Le poëte a affecté de répandre beaucoup de morale dans ses ouvrages : il y règne un ton sentencieux ; et ses personnages, dans les situations les plus vives, ne sont souvent que de froids raisonneurs. Son dialogue est rapide et pressé. Il aime ces contestations, où chaque acteur ne dit qu'un ou deux vers, et qui sont si brillantes dans Corneille. Il a des scènes filées avec beaucoup d'art, où l'intérêt est bien gradué. Son imagination est peu fertile, les mêmes situations se trouvent répétées dans la plupart de ses pièces. Ses vers sont durs, ampoulés. Le style des pastorales l'emporte sur celui des tragédies ; mais son plus grand défaut est d'être froid. On ne remarque point chez lui ces traits de feu, qui percent les ténèbres de l'ignorance et de la barbarie. Dans un siècle plus éclairé, Hardy eût été sans doute un poëte plus correct, plus régulier, mais jamais un grand poëte.

GILLET.

Gillet est un des premiers qui aient composé des pièces de caractère, tirées de son propre fonds, sans les emprunter des Espagnols ou des Italiens, suivant l'exemple des poëtes de son temps. On peut, il est vrai, lui reprocher son peu de goût dans le choix même de ces caractères, qu'il a exposés sans beaucoup de finesse. Cependant, il faut convenir qu'on n'a pas rendu assez de justice à cet auteur presque inconnu, et auquel on est redevable d'une conduite plus sage dans l'art dramatique. Dès lors, on ne prodigua plus les enlèvemens et les reconnoissances ; et si le public crut encore pouvoir se prêter à ces sortes de ressources, il fallut, pour lui plaire, les présenter d'une façon plus raisonnable, c'est-à-dire, qu'elles fussent comiques

par le fonds, et par la manière de les traiter.
On peut donc dire, à la louange de Gillet,
qu'il ouvrit le premier la carrière brillante
que Molière courut avec tant de gloire. Ses
pièces, la plupart comiques, sont une esquisse
encore légère des défauts et des ridicules
de la société; elles sont semées de critique et
de traits de mœurs; et personne, avant notre
poëte, n'avoit si bien peint les coutumes et
les goûts de la nation.

THÉOPHILE.

Théophile est auteur d'une tragédie intitulée *Pyrame et Thisbé*, que Pradon, intéressé à louer les mauvais ouvrages, n'a pas craint d'exalter sans mesure. Cette pièce n'est, dans le fond, qu'un amas de pensées boursouflées, d'allusions froides et puériles, telles que celle-ci, où, en parlant du poignard de Pyrame, il dit:

Le voilà ce poignard, qui du sang de son maître
S'est souillé lâchement... il en rougit le traître.

DU RYER.

On trouve beaucoup d'inégalités dans les ouvrages de Du Ryer. Qui croiroit que Scévole et Lucrèce soient du même auteur ! Cependant on y reconnoît toujours, à peu près, la même marche et le même ton. C'est toujours un dialogue raisonné, fort et nerveux, des sentences souvent exprimées vivement et avec précision, une intrigue bien ménagée, et conduite avec art ; j'en excepte cependant l'Argénis. Il tire ordinairement, de tous ses sujets, tout ce qu'on en peut tirer ; mais il est rarement heureux dans leur choix. Lucrèce, Bérénice, Anaxandre, sont des sujets plutôt mal choisis, que mal traités. On ne peut refuser à cet auteur de la force, et quelquefois du sublime dans les idées, de l'énergie dans l'expression, et un grand fonds de raisonnement. Ses vers n'offrent pas seulement des mots pompeux et des bagatelles harmonieuses ; mais ils donnent beaucoup à penser, et renferment un grand sens. Il faut avouer néanmoins qu'il n'a pu s'empêcher de payer le tribut au mauvais goût de son siècle. Jusque dans les plus beaux morceaux, on trouve des jeux de mots pitoyables, des antithèses puériles et affectées. On peut aussi accuser la fortune, qui ne lui permettoit pas toujours d'employer le temps nécessaire à la perfection de ses ouvrages. Obligé de travailler pour vivre, il fit de mauvaises pièces de théâtre, comme de mauvaises traductions.

MAIRET.

On trouve dans les ouvrages de Mairet, les défauts attachés à son siècle ; mais il ne les prit pas tous, et il en réforma plusieurs. Quelques-unes de ses pièces sont dans toute la rigueur des règles ; et ce qu'il ne faut pas oublier, c'est qu'elles sont antérieures aux bonnes tragédies de Corneille. Son style n'est point exact, et ne pouvoit l'être ; mais il offre un grand nombre de passages dignes d'être cités, un tour de vers heureux, et, qui plus est, des vers de génie. Plusieurs ont été copiés servilement, d'autres mieux travestis par plus d'un poëte moderne. Mairet pouvoit atteindre à une sorte d'élévation ; mais il eût mieux peint les fureurs de la vengeance et de l'ambition, que la tendresse de l'amour et la vérité du sentiment. Il donne presque toujours, à cet égard, dans le lascif ou le pédantesque. Chez lui, un amant n'en croit pas un je vous aime, il lui faut un baiser pour l'en convaincre. Il nommera sa maîtresse son soleil ; et elle, au contraire, soutiendra qu'elle n'est que sa lune, parce qu'elle tient de lui tout

tout son éclat. On trouve, au surplus, dans ses ouvrages, plus d'un exemple de sérieux mêlé avec du comique. Ce genre, qui, depuis plus de soixante ans, a occasionné tant de discussions parmi nous, n'est guère qu'un réchauffé de la tragi-comédie ; et tout, pour ainsi dire, étoit tragi-comique avant Corneille. Enfin, la partie dont Mairet semble s'être le plus occupé, celle qui lui a le mieux réussi, est l'effet théâtral. Il est peu de ses pièces qui n'offrent quelques situations neuves et intéressantes : il les place et les prépare, et a jugé d'avance de leur effet. On ne peut lui refuser l'invention ; et s'il fût venu plus tard, on eût, sans doute, été contraint de lui accorder la meilleure partie de ce qu'on lui refuse.

PIERRE CORNEILLE.

Si Corneille erra d'abord avec la foule des poëtes tragiques, bientôt il reconnut que la foule et lui s'égaroient. Ce fut sur les pas des anciens, qu'il entra dans la véritable carrière dramatique ; mais il y découvrit des sentiers qu'ils n'avoient point aperçus, et passa de bien loin ses guides. Ce qu'il avoit fait, apprit à sa nation ce qu'elle pouvoit faire. Il parvint à lui élever le génie, et donna le signal aux orateurs, aux philosophes, aux artistes; et peut-être que si Corneille n'eût été qu'un homme ordinaire, Bossuet et tant d'autres n'eussent pas été de si grands hommes. C'est à regret qu'on désire dans les ouvrages de ce père du théâtre, un style moins inégal, une diction plus épurée. Corneille, si excellent logicien, ne put jamais s'assujettir aux règles d'une grammaire exacte ; on trouve des défauts jusque dans ses chefs-d'œuvres. C'est joindre à la plus noble architecture, des morceaux de sculpture gothique ; mais ce défaut mis à part, que de beautés ses ouvrages nous présentent ! que de variété dans les plans ! que de force dans les caractères ! que d'élévation dans les idées ! Malheur à qui ne sait pas supporter un vieux mot en faveur d'une vérité neuve et utile ! De trente-deux poëmes dramatiques dont Corneille est l'auteur, aucun surtout ne ressemble à ceux d'autrui. Si tous ne sont pas d'une égale force, du moins ils offrent tous des traits qui décèlent la main dont ils partent. C'est le même génie qui dispose, mais qui n'agit pas toujours avec la même vigueur. Du reste, nul poète dont la chaleur soit plus soutenue, plus communicative ; elle agite les lecteurs les plus engourdis ; elle embrase ceux qui ont en eux quelques étincelles du feu de la poésie ; c'est le trépied de de la Sibylle : on n'en peut approcher sans éprouver un soudain enthousiasme.

> Ce grand, ce sublime Corneille,
> Qui plut bien moins à notre oreille,
> Qu'à notre esprit qu'il étonna ;
> Ce Corneille qui crayonna
> L'âme d'Auguste, de Cinna,
> De Pompée, et de Cornélie, etc.

Ce poëte, dit un auteur moderne, a d'assez grandes qualités, pour qu'on puisse convenir de ses défauts. Ses vers ne sont pas toujours coulans, sa diction est très-incorrecte, son éloquence est quelquefois d'un déclamateur ; les plaidoyers qu'on trouve dans quelques-unes de ses pièces, ont fait dire qu'il étoit plus fait pour son premier métier (celui d'avocat), que pour le second ; mais au milieu de ses plus grands défauts, il est sublime. Serré et pressant dans le dialogue, pompeux et brillant dans ses descriptions, hardi dans les portraits, il offre dans ses belles scènes une majesté qui impose, et une audace qui surprend. L'énergie de son style vient en partie de la profondeur de ses idées et de la force de son âme. Son caractère étoit d'une trempe romaine ; c'étoit Brutus ressuscité pour réveiller, dans le cœur des Français, l'amour de la liberté et de la patrie. Dans les éloges que nous donnons à Corneille, nous avons en vue ses bonnes pièces; car lorsque l'âge eût glacé son génie, il fut trop au-dessous de lui-même. Aussi on le représente dans le temple du Goût,

> ... Sacrifiant sans foiblesse
> Tous ses enfans infortunés,
> Fruits languissans de sa vieillesse,
> Trop indignes de leurs aînés.

Pour lire Corneille avec fruit, les jeunes gens doivent acheter ses œuvres avec le commentaire de Voltaire ; ouvrage rempli de réflexions dictées par le goût; ou l'édition de Corneille publiée par M. Palissot, avec le commentaire de Voltaire, et des observations critiques sur ce commentaire.

ROTROU.

Le grand nombre des pièces de Rotrou marque la prodigieuse facilité de leur auteur, qui a commencé à écrire à vingt ans, et est mort à trente-neuf. Les maîtres de l'art, et Corneille en particulier, en faisoient une estime singulière. Il est le premier qui ait travaillé à rendre la tragédie raisonnable, et à introduire une pratique plus régulière au théâtré. Il a été depuis surpassé par Corneille ; mais il a fait voir dans plusieurs de ses productions, qu'il eût été le poëte le plus digne d'être comparé à ce grand homme, si sa trop grande facilité ne lui avoit pas fait adopter sans choix tous les sujets qui se présentoient à son imagination. On peut aussi attribuer la foiblesse d'un grand nombre de ses pièces, à la précipitation avec laquelle il les composoit. Il aimoit le jeu ; et cette passion le mettoit souvent dans l'embarras ; il falloit promptement s'en retirer par une comédie nouvelle, qui réparoit une partie de ses pertes. Il n'est cependant pas vrai, comme l'ont prétendu quelques personnes, que Venceslas soit la seule pièce de Rotrou, qui mérite de rester au théâtre, et que toutes les autres se ressentent de l'ignorance et du mauvais goût de son temps. Antigonne est, sans contredit, la plus estimable de ses tragédies ; Hercule mourant, Bélizaire, Iphigénie, Cosroès, ne sont pas fort au-dessous de Venceslas. On y trouve de l'élévation dans les pensées, des idées neuves, grandes et hardies ; et la conduite de toutes ses pièces n'annonce ni mauvais goût, ni ignorance. Comme Corneille, Racine et Molière, Rotrou alloit puiser chez les Grecs, les Romains, les Italiens et les Espagnols; c'étoit connoître les bonnes sources. Il est vrai que tous ses ouvrages dramatiques ne sont pas de la même force, qu'il s'écarte quelquefois des bornes sages et religieuses qu'il sembloit s'être prescrites, et qu'il retombé souvent dans le mauvais goût de son siècle. Il a suivi la route de ses contemporains, surtout dans ses tragi-comédies, qui ne sont presque que des romans mal construits, chargés de personnages épisodiques; de combats, de travestissemens, de reconnoissances; les intrigues y sont presque toujours fondées sur des déguisemens, des ruses, des méprises. L'amour y est traité suivant les règles d'Amadis: tantôt ce sont de longs entretiens, des narrations plus longues encore; et tantôt des scènes entières, où même des actes tout-à-fait étrangers au sujet. L'unité de lieu, de temps et d'action, n'y est presque jamais bien observée; et le style est plein d'irrégularités et d'inégalités. Des vers aisés, coulans, naturels, sont suivis de vers durs, secs, barbares ou burlesques. Des expressions trop libres répugnent aux bonnes mœurs; et c'est principalement là le défaut du siècle de Rotrou. Ce poëte se contentoit souvent de traduire ce qu'il empruntoit des anciens, sans rien changer, ni aux caractères, ni à la conduite, ni à la catastrophe. Enfin, la ressource qu'il étoit obligé de chercher dans ses ouvrages, lui a fait faire un grand nombre de petites comédies, sur lesquelles il y auroit de l'injustice de le juger : elles prouvent simplement combien il est facile à un homme d'esprit de se contenter de choses médiocres, lorsque des soins plus pressans lui font oublier celui de sa gloire.

SCUDÉRY.

C'est au siècle de Mairet, de Rotrou, et à l'enfance de Corneille, qu'il faut remonter pour se former une idée juste des talens de Scudéry. Né avec une imagination vive, ardente, élevée, mais trop féconde, il se livroit sans goût à la facilité d'écrire, qu'il regardoit comme un effet du génie. De là ces plans si étendus, ces intrigues si compliquées, ces incidens si multipliés, ces détails si minutieux et si prolixes. Mais ces défauts sont compensés par des traits pleins d'esprit, des tours pleins de hardiesse, des situations heureuses et intéressantes, et beaucoup de variété, soit dans les pensées, soit dans la façon de les rendre. Il traite également bien les détails de l'art militaire, de la navigation, des sciences et des arts. Au tableau des beautés de la nature, succède la mâle éloquence des grandes passions. Ces talens auroient été plus heureux dans un siècle d'un goût plus épuré. Son style est ordinairement lâche et diffus; mais quelquefois il est fort énergique. Beaucoup de vers à sentences, et des réflexions heureuses, entrelacent une multitude de vers prosaïques. Un mérite d'autant plus grand, qu'il étoit plus rare autrefois, c'est que tous ses personnages sont de la plus exacte décence. Ceux que l'on veut rendre odieux, ne le deviennent que par déférence pour les avis d'un confident ambitieux, traître ou scélérat, sur lequel on fait retomber les suites funestes de ses conseils. C'est à l'aide de cette machine, mais qui reparoît trop souvent, que l'auteur prétend excuser, pallier, diminuer les crimes ou les fausses démarches de ses héros. Quant aux sentimens qu'il leur prête, il les avoit puisés dans le métier des armes, dans ce qu'on appeloit alors la compagnie agréable, et plus encore dans la lecture des romans et du théâtre espagnol. Comme il étoit rempli d'histoires singulières, d'aventures

tures romanesques, de traits extraordinaires, et d'idées gigantesques; sur le point d'honneur; sur l'héroïsme; sur les procédés généreux, il regardoit comme le chef-d'œuvre de l'art; de donner intrigues sur intrigues, et de peindre ses héros d'une grandeur démesurée. Il les met toujours aux prises, ou avec des rivaux redoutables, ou avec la mort même; et les moyens qu'il emploie pour les tirer du danger, ne sont très-souvent rien moins que vraisemblables. Les traits qui caractérisent Scudéry, et que nous appelons aujourd'hui des écarts d'une imagination folle, étoient mieux accueillis autrefois; on n'avoit point d'idée d'une plus grande perfection; d'ailleurs chaque siècle a un goût dominant. C'est ainsi que nous nous laissons prendre aujourd'hui au vernis de la versification, et souvent au faux éclat du jargon méthaphysique.

RAISSIGUIER.

Son théâtre n'est qu'un recueil d'aventures romanesques, dont toute la morale est en maximes galantes; et l'auteur est entre les poëtes dramatiques, ce que Durfé est parmi les romanciers. On prétend qu'une aventure amoureuse le porta à travailler pour le théâtre. Il n'est pas étonnant qu'il ait toujours choisi des sujets tristes et conformes à sa situation ; en peignant des amans rebutés, et des maîtresses cruelles, il se retraçoit sa propre aventure. Quant à sa manière de traiter l'amour, il a suivi le goût de son siècle ; on admiroit alors ces fades romans, qui, jusqu'à Boileau, ont infecté la littérature. Le ton qui y régnoit s'étoit répandu dans les sociétés : un vain jargon de galanterie, mêlé d'équivoques et de jeux de mots, étoit le langage à la mode. Ses vers sont assez coulans, assez purs ; mais son style est hérissé de pointes et d'antithèses. On trouve ordinairement dans ses pièces beaucoup d'intrigues, mais peu d'art ; il y a même des fautes grossières contre les règles, qu'on ne sauroit rejeter sur l'ignorance de son siècle : le théâtre commençoit alors à sortir de la barbarie, d'où le tiroit le génie du grand Corneille.

BOISROBERT.

On ne lit plus ses tragédies, ni ses comédies, ni ses tragi-comédies, ni ses romans. On se souvient seulement que l'agrément de son esprit l'introduisit fort avant dans la familiarité du cardinal de Richelieu. L'abbé de Boisrobert étoit, en effet, d'une société très-agréable ; il avoit le caractère gai, et l'imagination pleine de saillies.

LA CALPRENEDE.

Son roman de Cléopatre est encore un des meilleurs, assurément, que nous ayons. Heureux s'il se fût borné à ce genre, pour lequel il sembloit né ! Tous ses personnages, dans ses pièces de théâtre, se ressentent de ce goût romanesque. Il leur met dans la bouche plus de pointes que de sentiment. Cependant son Comte d'Essex, le chef-d'œuvre de ses tragédies, a quelque mérite ; et Boyer n'a pas rougi, non-seulement de l'imiter dans sa pièce du même titre, mais de copier entièrement une grande partie de ses vers.

TRISTAN.

Quoique de meilleurs ouvrages aient fait entièrement oublier les pièces de cet auteur, il y en a quelques-unes, auxquelles on rendra toujours justice : Marianne, surtout, et la Mort de Crispe, feront honneur aux talens de ce poëte. Il n'a point, comme presque tous les auteurs de son temps, défiguré l'amour par un maussade jargon de galanterie, quoiqu'il ne soit pas tout-à-fait exempt d'équivoques et de jeux de mots. Il a peint cette passion d'une manière forte et tragique. C'est un mérite dans un temps, où la contagion des mauvais romans avoit gagné toutes les parties de la littérature. Les vers de Tristan sont harmonieux ; il est pompeux et magnifique dans ses récits. Il brille surtout dans les récits des songes ; un de nos illustres tragiques l'a imité en cette partie. La conduite de sa pièce est ordinairement sage et régulière ; les événemens en sont vraisemblables et bien amenés ; ce qui, dans son siècle surtout, doit être regardé comme un prodige.

DESMARETS.

Cet auteur avoit beaucoup d'esprit et d'imagination, mais une imagination déréglée, qui n'enfantoit que des chimères. On a dit de lui, qu'il étoit le plus bel esprit de tous les visionnaires, et le plus visionnaire de tous les beaux esprits.

DESFONTAINES.

Ce poëte n'avoit reçu de la nature ni goût, ni talent pour le théâtre ; et cependant toutes

ses pièces ont eu des succès marqués. Deux
principales causes concoururent à cette réussite ; le goût naturel de la nation pour le
spectacle dramatique, et les talens des acteurs. Leur jeu, quoiqu'un peu forcé, et soutenu d'une déclamation ampoulée, mais pleine
d'art, donnoit de l'éclat à des pièces médiocres. Cette espèce de prestige alloit même
jusqu'à faire trouver beaux, des vers remplis
d'images basses et de jeux de mots.

DOUVILLE.

Lorsqu'on a lu une pièce de Douville,
on connoît presque tous les sujets de ses comédies. Ce sont toujours des rencontres ino-
pinées, de trompeuses apparences, des brouil-
leries et des raccommodemens. Des personnes qui se trouvent les unes chez les autres,
sans savoir pourquoi, donnent le titre d'une
de ses comédies. C'est annoncer une pièce
dont l'intrigue est extrêmement embrouillée,
pleine de travestissemens, de suppositions et
d'enlèvemens, et où les femmes font toutes
les avances. De pareils ouvrages semblent
prouver, dans l'auteur, une imagination féconde, prodigieuse; mais Douville trouvoit
les plans de ses pièces dans les auteurs Es-

pagnols ou Italiens, et n'avoit d'autre peine que de les traduire, et souvent de les défigurer en voulant les rendre à sa manière. Peu riche de son propre fonds, il étoit obligé de recourir à des trésors étrangers; paré de ces richesses, il se présentoit au public, et éblouissoit ses yeux par la multiplicité, la variété des couleurs; si on venoit à le dépouiller, il perdoit tout son prix.

SCARRON.

Ce qu'on n'a point assez observé à la gloire de Scarron, c'est qu'il fut véritablement un des précurseurs du bon goût dans le genre de la comédie. Il eut le mérite de sentir que ni la fadeur des pastorales, ni le merveilleux des aventures romanesques, ne convenoient à ce genre. Cette observation, si naturelle et si vraie, le rendit infiniment supérieur à tous les auteurs dramatiques de son temps; souvent même il rencontra la gaieté du bon comique. Il sut mettre de l'art et de la clarté dans ses expositions. On peut en juger par celle de son Jodelet Maître et Valet, qui est en cela très-remarquable. Il est singulier que Scarron ait, en quelque sorte, ouvert la bonne route à Molière, et qu'il ait eu infiniment plus de goût que certains beaux esprits de nos jours, qui semblent avoir tous conspiré pour ramener sur la scène le goût barbare dont il l'avoit purgée.

BOYER.

Claude Boyer, prêtre, natif d'Alby, vint assez jeune à Paris, dans l'intention de s'adonner à l'éloquence ; mais ayant prêché dans cette ville avec peu de succès, il se livra à la poésie ; et ce fut celle du théâtre qui l'occupa presque uniquement. Il y travailla pendant cinquante ans, sans que jamais la médiocrité du succès l'ait rebuté ; toujours content de lui-même, et rarement du public. Cet auteur avoit beaucoup d'esprit ; et ses différens ouvrages sont animés d'un feu qui ne fut point affoibli par l'âge ; mais il n'avoit aucune connoissance du fond de l'art qu'il pratiquoit, et manquoit également de goût et de sens. Son style est presque toujours enflé, son langage peu correct, et ses vers ordinairement très-durs.

L'abbé Boyer étoit malheureux ; mais il savoit s'en dédommager par son amour-propre. On ne sait lequel des deux doit le plus

surprendre, ou son aveuglement sur les défauts essentiels de ses ouvrages, ou l'acharnement ridicule de Racine et de Boileau contre cet auteur. Cette persécution, si peu convenable à ces grands hommes, n'avançoit que de quelques jours la chute des pièces de leur adversaire; tandis que celui-ci, qui s'en faisoit honneur, et se persuadoit que cette brigue étoit cause de ses disgrâces, demeuroit opiniâtrément dans l'erreur. On ne peut néanmoins lui refuser de l'imagination, mais il en faisoit mauvais usage. Il choisissoit des sujets des plus bizarrement compliqués, et des personnages équivoques, qui n'avoient aucun caractère, cherchant le sublime où il ne falloit que du naturel : aussi est-il tombé dans un galimatias inintelligible peut-être à lui-même, et dans des discours bas, si fréquemment répétés, qu'on est tenté de croire que c'est le hasard qui a jeté dans ses poëmes quelques vers heureux qu'on y rencontre. De vingt-deux pièces de théâtre qu'il a composées, on ne se souvient plus que de Judith et de Jephté, deux tragédies qui eurent du succès; mais qu'on ne joua plus, dès que celles de Corneille et de Racine eurent paru. Ce poëte n'étoit cependant pas sans talens; mais il n'est que
les

les talens perfectionnés par le goût, qui puissent garantir un auteur de l'oubli.

GILBERT.

Gilbert eut le bonheur de choisir quelques sujets heureux; mais l'art de les employer avec goût lui a manqué. Cependant on ne peut nier, sans injustice, qu'il n'ait eu des talens; ses tragédies ne sont pas bonnes; mais à travers les défauts dont elles sont remplies, on y découvre de certaines situations heureuses, et dans toutes une versification aisée. Ses comédies ont des endroits passables, et quelquefois un bon ton comique; jamais il ne sort de la nature. Son imagination sage et réglée ne produit point de chefs-d'œuvres; mais elle lui fait éviter ces énormes défauts qu'on reproche à ses prédécesseurs. S'il eût paru de leur temps, peut-être les auroit-il surpassés; mais quel rang peuvent tenir ses ouvrages parmi les productions immortelles de Corneille et de Racine?

THOMAS CORNEILLE,

Les succès de l'aîné des Corneille étoient un grand obstacle à la réputation du plus jeune : il avouoit lui-même son infériorité, et ne désignoit son aîné, que par l'épithète du grand Corneille. Celui-ci, de son côté, désiroit avoir fait plusieurs des ouvrages de son frère ; aveu qui eût pu flatter l'auteur le moins modeste, et qui n'étoit pas un pur effet de générosité. Thomas Corneille possède supérieurement l'art de conduire une pièce, d'amener les situations, de les varier, en un mot, la partie théâtrale. De là ses succès réitérés ; mais ses tableaux, qui ne pèchent guère par le dessein, manquent presque toujours par le coloris. Sa diction est inexacte et foible ; elle nous confirme la facilité avec laquelle on dit qu'il travailloit : facilité toujours dangereuse pour qui s'y livre, parce qu'elle conduit rarement au delà du médiocre.

BERGERAC.

Cyrano de Bergerac a fourni à Molière même, plusieurs idées dignes d'avoir été employées par ce grand comique. Outre sa comédie du *Pédant joué*, assez plaisante pour le temps, et meilleure que celle des *Visionnaires* de Desmarets, qui eut une si grande réputation, il a fait une tragédie de la *Mort d'Agrippine*, où il a donné, dans le personnage de Séjan, le premier exemple de ces maximes hardies, qui depuis ont été affectées jusqu'au ridicule dans plusieurs de nos tragédies modernes.

BRÉCOURT.

Nous n'avons de lui que de petites comédies, dont la versification est très-foible. La plupart de ses sujets sont mal conduits. On ne remarque aucun caractère; ce qu'il peut y avoir de passable, ne doit être attribué qu'à la connoissance qu'il avoit du théâtre, et à son habitude journalière ; en un mot, ce comédien excellent ne fut jamais qu'un mauvais auteur.

MOLIÈRE.

Le rang que Molière doit occuper dans l'empire littéraire, est réglé depuis long-temps. Pour juger du mérite de ses ouvrages, il suffit de les comparer avec tout ce que l'antiquité offre de plus parfait dans ce genre. Plus l'examen sera approfondi, plus la supériorité de ce grand homme sera reconnue. Il puisa chez les anciens les premières notions de l'art qu'il devoit perfectionner : il leur dut ce goût sûr qui éclaira son génie, et lui fit surpasser tous ses modèles. Bientôt il n'en voulut avoir d'autre que son génie même. La nature et les ridicules de son siècle lui parurent une source inépuisable; il en tira cette foule de tableaux si différens entr'eux, et si ressemblans avec les objets qu'il avoit voulu peindre. La comédie prit une nouvelle forme, et s'ennoblit entre ses mains. Il étudia le génie des grands, les fit rire de leurs défauts, et osa substituer nos marquis aux esclaves des anciens. Ces derniers ne jouoient sur leur théâtre, que la vie commune et bourgeoise; Molière joua sur le nôtre la ville et la cour. Spectateur philosophe, rien n'échappoit à ses regards; il est peu de conditions où il n'ait fouillé, peu de vices dans la société qu'il n'ait repris; personne enfin n'a si bien connu l'art de trouver le ridicule des choses les plus sérieuses ; il alloit le saisir où d'autres ne l'eussent pas même soupçonné. Aussi a-t-il joui d'un avantage bien rare, celui de réformer une partie des abus qu'il attaquoit. Le jargon des précieuses ridicules disparut; celui des femmes savantes devint intelligible. On cessa de turlupiner à la cour, et de se guinder à la ville. On vit encore, je l'avoue, des avares et des hypocrites; c'est que c'est plus qu'un ridicule, et que souvent on en rougit moins. Il faut convenir cependant que, même dans les chefs-d'œuvres de Molière, on souhaiteroit un langage plus épuré, et des dénoûmens plus heureux. On lui reproche encore de s'être trop occupé du peuple dans quelques-unes de ses comédies, et ce reproche est fondé; mais il faut envisager les circonstances. Molière, chef d'une troupe de comédiens, avoit besoin de plaire à la multitude, sans laquelle une pareille troupe ne peut vivre : il étoit même souvent obligé d'amuser la cour, qui, avec un goût délicat, aime encore plus à rire qu'à admirer. Il faut, d'ailleurs, distinguer les genres : le Médecin malgré lui, Pourceaugnac, les Fourberies de Scapin, etc., ne peuvent entrer en parallèle avec le Misantrope, le Tartuffe, les Femmes Savantes, etc.; mais plus d'un trait dans ces premières productions, décèle le génie qui enfanta les secondes. Molière, en introduisant le bon goût sur la scène comique, n'avoit pu en bannir entièrement le mauvais; il étoit obligé d'encenser quelquefois l'idole qu'il vouloit renverser; en un mot, il imitoit la sagesse de certains législateurs, qui, pour accréditer de bonnes lois, se soumettent eux-mêmes à d'anciens abus.

L'édition la plus estimée de Molière, est celle qui contient les commentaires de Bret, en 6 vol. in-8°., ou 8 vol. in-12.

QUINAULT.

Le temps a fixé la réputation de ce poëte; mais on ne s'est déterminé que fort tard à lui rendre justice. Il y a plus d'un siècle qu'on applaudit à ses opéras, et à peine soixante ans qu'il n'est plus regardé comme un médiocre auteur. Tel est l'effet du préjugé : on en croyoit sur sa parole un ingénieux, mais trop sévère satirique; on regardoit comme des décisions absolues, quelques hémistiches amenés par la rime, et souvent par l'humeur. Boileau, il est vrai, a désavoué en prose ce qu'il avoit dit en vers contre Quinault. Mais n'est-ce pas aussi en prose, qu'il déclare que Boursault est de tous les auteurs qu'il a maltraités, celui qui a le plus de mérite ! Que conclure d'un tel aveu ? sinon que Boileau jugeoit mal dans ce moment, et ne l'ignoroit pas. On ne peut supposer qu'il se soit mépris jusqu'à ce point. Quant à Quinault, peut-être n'étoit-il connu alors que par ses tragédies ; et il faut l'avouer, le prince de nos poëtes lyriques seroit à peine admis au second rang des favoris de Melpomène et de Thalie ; toutes ses tragédies, excepté Agrippa et Astrate, ont disparu du théâtre ; toutes, sans en excepter aucune, sont mollement écrites : ses héros, plus galans que tragiques, dégénèrent en héros de pastorale et de roman. Le genre comique où il s'exerça moins, eût pu lui être plus avantageux ; on peut en juger par la Mère Coquette, bien supérieure aux tragédies d'Astrate et d'Agrippa. Mais il n'eût sans doute jamais égalé Molière ; et il étoit né pour servir lui-même de modèle dans un autre genre. On placera toujours son nom à côté de celui des génies créateurs ; qui ont pour jamais illustré leur siècle ; car il faut compter pour peu de chose les Essais de l'abbé Perrin. Ce sont de ces productions informes, uniquement propres à désigner dans les arts, une des routes qu'il faut suivre. Quinault la saisit, la parcourut, la franchit. Rien ne prouve mieux le mérite de ses ouvrages lyriques, que l'infériorité de presque tous ceux qui ont paru depuis. Dire qu'un opéra se fait lire, c'est en faire le plus

grand éloge ; et il n'est guère de lecture plus
agréable, que celle des opéras de Quinault.
Obligé de donner beaucoup au musicien,
rarement s'aperçoit-on des sacrifices qu'il lui
fait. Quelle énergie dans les détails qui en
exigent! quelle délicatesse dans ceux où
règne le sentiment ! quelle foule de traits
ingénieux et naturels répandus presque dans
chaque scène ! L'esprit les saisit d'abord ; et
la mémoire les conserve aisément. Ils font
encore les délices des sociétés. Quinault est,
de tous nos poëtes, celui dont les vers sont
le plus souvent cités, le plus universellement connus. On lui reproche en vain que
toutes ses idées ne portent que sur un certain
nombre d'expressions à peu près toujours les
mêmes. Il est démontré que tous les mots de
notre langue ne sont pas susceptibles d'être
mis en chant. Cette réserve est donc moins
stérilité dans Quinault, qu'une sage économie, un choix heureux. Ce sont les entraves
de l'art, auxquelles le vrai génie se soumet
volontiers, mais sans paroître moins libre.
Quinault, malgré cette contrainte, semble
toujours commander à notre langue ; elle se
plie à tous les tours qu'il veut lui faire prendre ; et jamais, chez lui, l'expression ne gêne
la

la pensée ; on pourroit enfin le comparer à l'héroïne de son chef-d'œuvre, qui, avec un petit nombre de paroles, enfantoit des prodiges.

MONTFLEURY.

On ne peut refuser à Montfleury de l'esprit, du naturel et de la vivacité dans le dialogue, de la facilité dans l'expression, une très-grande connoissance dramatique : mais il s'est permis trop de licence dans le choix de ses sujets, et dans la manière de les traiter. Il y répète jusqu'au dégoût, une expression que la décence a proscrite de toutes nos comédies modernes ; il y fait du lien le plus respectable de la société, l'éternel sujet de ses plaisanteries : ce sont presque tous des maris joués, trompés et moqués. C'est à Montfleury que Boileau fait allusion dans ces vers de l'Art Poétique.

Mais pour un faux plaisant, à grossière équivoque,
Qui, pour me divertir, n'a que la saleté,
Qu'il s'en aille, s'il veut, sur des tréteaux monté,
Amusant le Pont-neuf de ses sornettes fades,
Aux laquais assemblés jouer ses mascarades.

D'ailleurs il choque souvent la vraisemblance. Il a puisé chez les Espagnols une grande partie de ses sujets, et n'en a point banni le merveilleux. A ces défauts près, le Mari sans Femme, la Femme Juge et Partie, la Fille Capitaine, sont d'agréables comédies d'intrigues.

RAYMOND POISSON.

C'est moins sur le nombre et l'ordonnance de ses différentes pièces, qu'il faut juger du mérite de Poisson, que par le naturel qui règne jusque dans les moindres détails. Cet auteur n'a choisi ses personnages, que dans cet ordre commun de la société, dont il n'est pas toujours aisé de bien saisir le ton et le langage. Tous ses drames, quoique foibles pour l'invention, sont dessinés avec cette intelligence, exécutés avec cette facilité qui est le fruit de l'expérience. Son style badin est soutenu par la vivacité du dialogue, et une versification naturelle. Il paroît que le rôle de Crispin, dont on lui attribue l'invention, doit être celui d'un personnage plaisant, flatteur éternel, complaisant à gages, conseiller importun, qui se mêle de tout, s'empresse pour rien, et fait l'homme nécessaire jusque dans les choses qui le sont le moins. Cependant l'auteur ne s'assujettit pas toujours à suivre exactement ce caractère : il en changeoit souvent les nuances, soit pour y jeter de la variété, soit pour se fournir à lui-même des occasions plus fréquentes de développer tout son talent pour un rôle, dont il se regardoit comme le créateur. On peut ajouter que Poisson transporta dans ses ouvrages la finesse et la facilité de son jeu.

BOURSAULT.

Pour se former une idée juste du génie dramatique de Boursault, il faut oublier les premières saillies d'un jeune homme, qui commence à donner des comédies dans un âge où l'on sait à peine qu'il y a des règles du théâtre. On se contentera de remarquer dans ces foibles essais quelques étincelles d'un esprit facile, mais qui ignore presque jusqu'à la langue dans laquelle il veut écrire. Tout le monde sait que Boursault devoit tout à la nature, et presque rien à l'éducation. On s'en étoit tenu à lui apprendre à lire dans son enfance; et il arriva à Paris sans avoir aucune connoissance des lettres, ne parlant même que le patois de son pays. Bientôt il imita, sans les connoître, sans les entendre, les auteurs Grecs et Latins. La nature fut son premier maître ; elle lui apprit à parler son langage, le même que parloient les écrivains célèbres de la Grèce et de Rome. Ce génie heureux se plioit à tous les genres ; et chaque genre en particulier lui valut des succès. Ses tragédies décèlent une âme ferme, élevée et capable de manier les plus grandes passions. Ses comédies sont une critique agréable des ridicules propres de tous les états, de tous les rangs, de tous les âges, de tous les temps ; il les saisit dans le vrai, et les représente avec toutes leurs nuances, et sous toutes leurs faces. Il va du sérieux au comique, du comique à la morale, et de la morale il revient à la plaisanterie, sans s'éloigner des règles du goût. Je parle ici de ses bonnes pièces ; car dans les autres, il joue souvent sur le mot, mais sans faire tort à la pensée, qui est toujours exprimée avec force, ou avec un naturel élégant et badin. Ses vers sont en général nombreux et bien cadencés. Son style analogue au sujet, et d'une correction qui va presque jusqu'au scrupule, mais sans affectation, annonce un des législateurs de notre langue.

RACINE.

Conduit par un goût toujours sûr, Racine choisissoit admirablement bien tous ses sujets, et aimoit mieux devoir quelque chose à sa matière, que de risquer le succès d'une pièce, par une présomption, qui cependant lui eût été pardonnable. Son caractère d'esprit fin, délicat, noble, élevé et toujours soutenu, saisissoit habilement le point fixe des objets, et en distinguoit jusqu'aux nuances les plus imperceptibles. Uniquement occupé du soin de peindre la nature, il ne la perdoit jamais de vue, même dans l'essor le plus rapide. Il la voyoit telle qu'elle est, et l'embellissoit sans la déguiser. On oublie le poëte; c'est la nature qui se présente elle-même; c'est elle-même qui s'exprime. A l'exemple des Grecs, Racine s'attachoit aux grandes passions; mais c'est presque toujours l'amour qui les met en jeu. Qu'il intéresse vivement, quand il paroît seul! qu'il s'exprime délicatement! qu'il se développe naturellement! Peu de personnes connoissent les ressorts qu'il emploie; tout le monde est capable de les sentir. Foiblesses, inquiétudes, emportemens, détours cachés, secrets passionnés, raffinement du cœur, tout se dévoile à propos, et tout prend le caractère et l'expression de l'amour. Le style est tout à la fois noble, magnifique, doux, agréable, élégant, naturel. La beauté de la diction anime et soutient celle des pensées. Les vers sont aisés, nombreux, coulans, et répondent à la dignité de la tragédie. L'oreille, l'esprit, le cœur sont également satisfaits; aussi jamais auteur n'a-t-il eu un succès plus éclatant, plus soutenu et plus durable. Dans une carrière que Corneille avoit parcourue avec tant de gloire, croyoit-on qu'il y eût encore tant de lauriers à cueillir ! Plus heureux que Corneille, Racine a joui des regrets de toute l'Europe, en finissant ses travaux dans un âge où il pouvoit soutenir toute sa réputation, sans craindre de la diminuer. L'un et l'autre ont également contribué à élever le théâtre français à côté de celui d'Athènes, et au-dessus de tous les théâtres du monde : l'un, comme Sophocle, par la grandeur des idées, et l'autre, comme Euripide, par la tendresse des sentimens. On a comparé les beautés de Corneille à celles d'une statue qui frappe par la fierté, la hardiesse, la force, la vigueur de ses traits; et celles de Racine, à un tableau dont, l'expression douce, tendre, délicate, naturelle, animée, charme les yeux et touche le cœur; l'un, à un torrent qui s'élève avec violence, et se précipite avec impétuosité; l'autre, à un fleuve majestueux, dont le cours paisible répand la fertilité dans les lieux qu'il arrose. Le premier va au cœur par l'esprit; le second va à l'esprit par le cœur. Cette seule opposition de caractère marque et conserve à l'un et à l'autre toute sa gloire, et leur assure à tous deux l'immortalité dont ils jouissent.

>   Plus pur, plus élégant, plus tendre,
>   Et parlant au cœur de plus près,
>   Nous attachant sans nous surprendre,
>   Et ne se démentant jamais,
>   Racine observe les portraits
>   De Bajazet, de Xypharès,
>   De Britannicus, d'Hyppolite;
>   A peine il distingue leurs traits;
>   Ils ont tous le même mérite,
>   Tendres, galans, doux et discrets;
>   Et l'Amour qui marche à leur suite,
>   Les croit des courtisans Français.

Tel fut le rival de Corneille, auquel plusieurs écrivains le préfèrent. L'auteur du Cid est venu le premier, à la vérité: il a tracé le chemin; mais Racine n'a pas trouvé la route parfaitement aplanie. Avoit-on, avant lui, l'idée de ce style doux, harmonieux, toujours pur, toujours élégant, fruit d'un esprit flexible, et d'une oreille sonore ? Et si l'art n'existoit pas avant Corneille, c'est à Racine à qui nous en devons la perfection. Jamais les nuances des passions ne furent exprimées avec un coloris plus naturel et plus vrai ; jamais on ne fit des vers plus coulans et en même temps plus exacts. Ils entrent dans la mémoire des spectateurs, dit Voltaire, comme un jour doux dans des yeux délicats. Racine sait donner de l'énergie à son style, sans lui communiquer de la dureté. Dans Britannicus, la cour de Néron est peinte avec toute la force de Tacite et toute l'élégance de Virgile. Un grand mérite de cet illustre écrivain, c'est que le goût est chez lui le guide du génie. Jamais de sublime hors d'œuvre ; jamais de ces tirades qui sentent le déclamateur ; jamais de dissertations étrangères au sujet. Si on peut le blâmer de quelque chose, c'est de n'avoir pas toujours mis dans l'amour toutes les fureurs tragiques dont il est susceptible, et d'avoir été foible dans presque tous ses derniers actes. La meilleure édition de ses œuvres est celle que Luneau de Boisjermain a donnée en 1769, en 7 vol. in-8°., avec d'amples commentaires. Les gens de goût recherchent

chent les belles éditions de Racine, sorties des presses de Didot-l'aîné, en 1783 et 1784, 3 vol. in-4°., 3 vol. in-8°. ou 5 vol. in-18.

CHAMPMÊLÉ.

Quelques auteurs, par crainte ou par modestie, ne voulant point faire paroître leurs pièces sous leur propre nom, les mettoient sous celui de ce comédien, fils d'un marchand de Paris. On assure néanmoins qu'il en a fait plusieurs ; mais il y en a quelques autres insérées dans le recueil de ses œuvres, dont on prétend qu'il n'a été que le prête-nom. La pastorale de Délie est incontestablement de Visé. La Coupe enchantée, et Je vous prends sans Verd, sont attribués à La Fontaine ; mais il paroît que Champmêlé y a eu aussi un peu de part. Les autres pièces qui forment ce qu'on appelle son théâtre, sont les Grisettes, ou Crispin charretier, les Fragmens de Molière, l'Heure du Berger, le Parisien, la Rue Saint Denis.

Si, parmi les auteurs dramatiques, Champmêlé n'occupe qu'un rang médiocre, c'est qu'il s'arrêtoit aisément à ses premières idées, et se livroit trop à cette facilité que donne, à un homme d'esprit, un long exercice du théâtre. Son talent principal consistoit à peindre, d'après nature, les ridicules des petites sociétés bourgeoises. Cependant son essai, dans le genre pastoral, annonce de la délicatesse, et prouve, qu'avec plus d'application, il auroit réussi dans un genre plus élevé. Sa méthode ordinaire étoit d'introduire secrètement sur la scène le personnage le plus intéressé dans l'intrigue; et les choses dont il le rend témoin, lui servent pour amener le dénoûment. Ces petites ressources décèlent la paresse ou le peu de fécondité d'un auteur.

Champmêlé réparoit ces défauts par des situations neuves et intéressantes, par des incidens heureux et plaisans, par un style badin et enjoué, et surtout, par cette connoissance du théâtre, qu'il devoit moins à une étude réfléchie, qu'à un exercice journalier, qui perfectionne les talens.

HAUTEROCHE.

La plupart de ses pièces ont eu du succès dans le temps; plusieurs même sont restées au théâtre. On y remarque un grand fonds de plaisanterie, et beaucoup de connoissance des règles dramatiques. Le grand comique des unes, l'heureuse ordonnance des autres, est ce qui caractérise principalement le génie d'Hauteroche; car il ne faut chercher, dans cet auteur, ni détails de mœurs, ni aucun des caractères propres à les corriger. Un plan sagement construit, soutenu par une marche régulière, une intrigue bien conduite, agréablement dialoguée, des scènes coupées avec art, variées par divers incidens, un dénoûment heureux pour l'ordinaire, une versification aisée, une prose naturelle, des expressions convenables au caractère des personnages, des sentimens proportionnés à leur condition : voilà ce que présentent ses meilleurs ouvrages. Il excelle surtout dans ses rôles de valet ; il se plaît à multiplier leurs embarras, à les jeter dans des labyrinthes, d'où ils semblent ne devoir jamais sortir, pour les en tirer adroitement, lorsque tout paroît désespéré. La surprise alors est aussi agréable, que le nœud de l'intrigue avoit causé d'inquiétude. Si l'auteur attaque des ridicules, ce qui est rare dans les pièces purement d'intrigue, c'est principalement sur les mœurs bourgeoises, et sur les personnes mariées, que tombe sa critique ; aussi son comique n'a-t-il rien de noble, ni d'élevé : c'est un genre mitoyen, qui dégénère quelquefois en pure farce, comme dans Crispin Médecin : c'est pourtant, avec l'Esprit Follet et le Deuil, celle de toutes les pièces d'Hauteroche qu'on revoit le plus souvent au théâtre.

L'ABBÉ ABBEILLE.

Plusieurs de ses pièces furent représentées et imprimées sous le nom du comédien la Thuillerie, parce que l'abbé Abbeille n'osoit plus mettre son nom à ses ouvrages, depuis l'aventure qui fit tomber son Argélie.

PRADON.

On ne peut, sans injustice, refuser à ce poëte de l'esprit, de l'imagination, de la facilité, et la connoissance des règles du théâtre. La plupart de ses tragédies seroient peut-être plus estimées, s'il eût vécu dans un temps moins fécond en grands poëtes; ou si, plus modeste, il n'eût pas voulu lutter avec Racine, et traiter en rival un homme qu'il ne devoit regarder que comme son maître ou son modèle. Cette émulation téméraire, jointe aux suffrages de ses amis, et surtout des ennemis de Racine, fut la source de ses disgrâces littéraires. Boileau n'épargna rien pour l'humilier; et l'on peut reprocher à ce terrible adversaire, d'avoir outré la satire, en représentant l'auteur de Régulus, comme un poëte constamment sifflé, bafoué de toutes parts, et tombé généralement dans le mépris. S'il eut des ennemis, il eut aussi des partisans, j'ose même dire, des admirateurs. Aujourd'hui, ceux qui ne jugent point de ses ouvrages d'après les vers de Despréaux, avouent que Pradon savoit conduire régulièrement une tragédie, en ménager les incidens, y placer des peintures vives, des traits heureux, des situations intéressantes, quelquefois neuves, des mouvemens forts et véhémens; que sa versification même, en général si vicieuse, ne doit pas être condamnée sans restriction. On applaudit sincèrement à plusieurs vers de Statira, de Tamerlan, et de Régulus : concluez donc, que si Pradon avoit su se tenir dans son rang, s'il n'avoit pas eu la vanité ridicule de se comparer à Racine, et surtout, s'il n'avoit pas été l'ennemi de Boileau, son nom, moins décrié, seroit cité avec moins de mépris; en un mot, Pradon seroit aujourd'hui un poëte passable, s'il eût été un poëte modeste.

FONTENELLE.

On prétend que la tragédie de Brutus, représentée en 1690, sous le nom de mademoiselle Bernard, est, à peu de chose près, l'ouvrage de Fontenelle ; et, sur ce fondement, on l'a imprimée dans le dixième volume de ses œuvres. Cette pièce eût un succès qu'elle dut à l'intérêt qui y règne, plus qu'à aucune beauté de détail. La plupart des autres pièces, si on en excepte les opéras, n'ont pas été représentées ; et elles paroissent plutôt faites pour être lues, que pour être jouées. L'auteur a jeté dans la conduite de tous ses ouvrages, presque autant de finesse que dans le style ; et il ne faut pas moins d'attention pour suivre l'une, que pour ne rien laisser échapper de l'autre.

GHERARDI.

Ce comédien, très-connu dans le monde sous le nom d'Arlequin, ayant recueilli les plus belles scènes des comédies italiennes, les fit imprimer : dès qu'elles parurent, on les supprima ; ce qui excita tellement la curiosité du public, qu'on en fit, en peu de temps, un nombre prodigieux d'éditions à Paris, à

Lyon, à Rouen, en Hollande, etc. La suppression n'a pas empêché qu'on n'ait joint, à ce premier tome, un supplément qui fut encore suivi d'un troisième volume. Il y a lieu de croire que les Italiens auroient fourni matière à une longue suite de pièces, s'ils n'avoient pas été renvoyés.

LA CHAPELLE.

On a de lui les tragédies de *Zaïde*, de *Cléopatre*, de *Téléphonte*, d'*Ajax*, dans lesquelles il faisoit toujours des scènes brillantes pour Baron. Cet auteur fut un de ceux qui tâchèrent d'imiter Racine : « car Racine,
» dit un homme d'esprit, forma, sans le vou-
» loir, une école, comme les grands peintres ;
» mais ce fut un Raphaël, qui ne fit point de
» Jules Romain. » Les pièces de la Chapelle, fort au-dessous de leur modèle, eurent pourtant quelques succès, ainsi que sa petite comédie des *Carrosses d'Orléans*.

L'ABBÉ GENEST.

On a de cet auteur quatre tragédies, dont celle qui est intitulée *Pénélope* eut beaucoup de succès. Son *Joseph* en eut bien plus encore chez madame la duchesse du Maine, qui ne dédaigna pas de prendre un rôle dans cette pièce. Les seigneurs de la cour, qui avoient le plus d'esprit et de goût, ne pouvoient guère, dit-on, la voir représenter, ou même l'entendre lire, sans répandre des larmes. On raconte que M. le Duc, qu'aucune tragédie n'avoit jamais fait pleurer, alla défier M. de Malezieux de lui faire partager la foiblesse commune; mais à peine eut-il entendu le premier acte, que toute sa fermeté l'abandonna et qu'il fut aussi foible que les autres. Cependant cette pièce, qui avoit eu tant de succès à Clagni, ne parut sur le Théâtre Français que pour y mourir, sans espoir de renaître. Les autres tragédies de l'abbé Genest sont *Zéloïde*, princesse de Sparte, et *Polymnestor*. Il a eu aussi beaucoup de part au recueil intitulé : les *Divertissemens de Sceaux*.

CAMPISTRON.

Les tragédies de Campistron ont les beautés et les défauts qui se trouvent ordinairement dans les productions rapides et précipitées d'un homme de beaucoup d'esprit : des peintures brillantes, des traits frappans, des situations intéressantes, des incidens heureux; mais en même temps, des longueurs, des inégalités,

galités, des écarts qui énervent la force des caractères, refroidissent la chaleur des sentimens, ralentissent la marche de l'action. Chez lui, ce n'est point le génie qui dispose et conduit les événemens ; l'esprit seul préside à ces opérations : l'art fait mille efforts, où la nature seule devroit agir. Avec beaucoup de facilité, et un grand usage du monde, Campistron manquoit de cette véhémence, de ce pathétique qui transporte le spectateur au lieu de la scène, l'intéresse au sort des acteurs, et le passionne, si je puis parler ainsi, pour chaque personnage. Corneille a peint le génie des Grecs et des Romains ; au lieu que celui de notre poëte le portoit surtout aux descriptions, aux peintures de mœurs, aux détails de caractères et de traits historiques, aux monologues et aux harangues ; talent dont il abuse quelquefois, et qui peut bien produire d'excellentes tirades, mais rarement de bonnes tragédies. Ainsi que la plupart de ceux qui se sont distingués dans ce genre, Campistron a eu des censeurs et des panégyristes outrés ; les uns ont poussé la critique jusqu'à trouver des défauts dans les endroits les plus applaudis ; les autres ont porté la flatterie jusqu'à lui prêter le mérite d'avoir consolé la cour et la ville de la retraite de Racine. C'étoit avoir bientôt perdu de vue les chefs-d'œuvres immortels de ce grand homme. Je le répète, quoique dans un rang inférieur, Campistron n'en est pas moins un auteur estimable, qui a long-temps occupé la scène avec distinction.

BARON.

Baron a laissé plusieurs pièces dont on a formé un recueil, telles que l'*Homme à bonne fortune*, le *Rendez-vous des Tuileries*, les *Enlèvemens*, la *Coquette*, le *Jaloux*, l'*Andrienne*, l'*Ecole des Pères ou les Adelphes*. Si on lui disputa principalement les deux dernières, c'est sans doute, parce qu'on supposoit plus d'affinité entre le Père de la Rue et Térence, qu'entre Baron et le poëte Latin; mais ce n'est tout au plus qu'une conjecture. Il vaut mieux laisser jouir Baron d'un bien que personne ne réclame, que de risquer de le dépouiller du sien propre. Elevé sous les yeux de Molière, il étoit difficile qu'il ne puisât pas dans les discours de ce grand maître d'excellens préceptes. L'intelligence théâtrale qui règne dans plusieurs de ses comédies, en est une preuve. Le dialogue en est vif, les scènes en sont variées ; rarement elles offrent de grands tableaux : mais l'auteur sait copier d'après nature certains originaux aussi importans dans la société, qu'amusans sur la scène. On voit enfin qu'il avoit étudié le monde autant que le théâtre. Pourquoi donc est-il si rarement cité comme auteur ? C'est que le public partage difficilement son attention en faveur du même homme. Dans Molière, il oublie l'acteur médiocre, pour ne s'occuper que du grand poëte ; dans Baron, il n'envisage que le grand acteur, et perd de vue le poëte médiocre.

DANCOURT.

Dancourt n'a qu'un petit cercle, autour duquel il revient sans cesse ; presque partout ce sont des financiers, des procureurs ou des villageois qui forment la base de ses comédies : il est même plus souvent au village qu'à la ville, et aussi souvent au moulin qu'au village. Le talent singulier qu'il eut de faire parler les paysans, les lui fit souvent mettre en jeu ; il les peint toujours d'une manière agréable et naturelle ; il les fait parler de même : nul auteur avant lui n'avoit osé composer une pièce toute en style villageois. Dancourt en a fait plusieurs, et toutes ont réussi; la plupart même sont restées au théâtre. C'est donc un nouveau genre, dont la scène française lui est redevable. Borné aux petites peintures, il entreprit rarement de grands tableaux; et lorsqu'il voulut le tenter, il choisit mal ses sujets : j'en excepte le *Chevalier à la mode*, pièce d'intrigue. Dancourt a su y jeter des caractères plaisans et bien soutenus; mais ce qui paroît l'avoir principalement occupé, c'est le soin d'ajuster au théâtre l'histoire et le vaudeville du jour. Une aventure, une mode, un proverbe, la plus légère circonstance, lui fournissoient l'idée d'une comédie; et souvent la pièce a survécu aux circonstances qui l'avoient fait naître. Plus d'une raison bornoit Dancourt à ce genre de productions; outre le désir d'être utile à sa troupe, on sait qu'il avoit peu lu les anciens et les modernes; il avoue lui-même n'avoir eu d'autre connoissance du théâtre, que celle que donnent le bon sens et l'usage. Ce n'en étoit point assez pour suivre de près Molière et Regnard : l'auteur du *Galant Jardinier* fit donc sagement de se frayer une route moins épineuse; il est certain, à cela près, que ce défaut d'étude ne nuit point à la conduite de ses drames;

elle est communément régulière, ingénieuse, adroitement ménagée ; il sait amener une situation plaisante et en tirer parti. Jamais l'exposition du sujet ne l'embarrasse ; et il entend l'art du dénoûment : il excelle surtout à faire agir les intrigans et les valets. Son dialogue est vif, naturel, ingénieux, précis. On peut donner sa prose pour un modèle d'agrément et de légèreté ; mais il s'en faut de beaucoup que ses vers y répondent : c'est de la prose froidement compassée, rimée avec peine, et à qui cette contrainte a fait perdre toute sa vivacité. Il est cependant vrai qu'il manie assez bien le vaudeville, et qu'il réussit dans les divertissemens : ceux qu'il a joints à ses comédies, sont liés avec art au sujet, et souvent même en font partie. Il résulte de toutes ces choses, que Dancourt est un des auteurs à qui le théâtre a le plus d'obligation, par le nombre de pièces qu'il a fait représenter, et qui y sont restées : on les sait par cœur, ce qui fait qu'on les applaudit peu ; mais on les écoute volontiers, et c'est beaucoup. Enfin, qu'on me passe la comparaison, Dancourt occupera parmi nos auteurs dramatiques, le rang que tiennent parmi les ministres et les généraux, ceux qui ont fait plusieurs actions utiles, sans en avoir jamais fait de grandes, ni d'héroïques.

PÉCHANTRÉ.

Nicolas de Péchantré, après avoir été couronné plusieurs fois aux Jeux Floraux, se crut digne aussi des lauriers du théâtre, et vint à Paris pour travailler dans ce genre. La première pièce qu'il donna au public, fut la tragédie de *Géta*. Elle reçut des applaudissemens qui l'enhardirent à en faire la dédicace à *Monseigneur*. Cet heureux succès l'encouragea à continuer. Il donna deux autres tragédies, *Jugurtha* et la *Mort de Néron*. Il fit aussi, pour le Collége d'Harcourt, les tragédies de *Joseph vendu par ses Frères*, et du *Sacrifice d'Abraham*. Il venoit d'achever l'opéra d'*Amphion et Parthénopée*, à la réserve du prologue, lorsqu'il mourut à Paris en 1708.

REGNARD.

On voit par une tragédie de ce poëte, intitulée *Sapor*, qu'il entreprit de chausser le cothurne, et de joindre aux jeux de Thalie, les fureurs de Melpomène; mais il sentit que la route de Corneille lui étoit moins familière que celle de Molière. On en juge de même par la lecture de la tragédie de *Sapor*, qui ne mérite pas même qu'on en relève les défauts. Heureusement pour l'auteur, la pièce n'a jamais paru au théâtre. Celui de l'opéra étoit plus analogue à son génie; il y fit jouer le *Carnaval de Venise*. Tous les spectacles que cette ville offre aux étrangers pendant ce temps de divertissement, sont ici réunis. Comédies, opéras, concerts, jeux, danses, combats, mascarades, tout cela se trouve lié à une petite intrigue amoureuse, amusante, bien écrite. Regnard peut également compter sur le suffrage de ses lecteurs pour son genre de comique, qui le rend, en quelque sorte, l'émule du prince de notre comédie. Molière et Regnard sont, dans ce genre, ce que sont Corneille et Racine pour le tragique français; personne n'a porté plus loin que notre poëte, le genre de l'imitation. Fier de son talent, il eut la noble émulation et l'heureuse hardiesse de prendre pour modèle un homme inimitable, de courir avec lui la même carrière, et de prétendre partager ses lauriers, comme il partageoit ses travaux. Quelle que soit la distance qui se trouve entre ces deux poëtes, la postérité placera toujours

Regnard après Molière, et lui conservera la gloire d'avoir parfaitement imité un homme qui auroit pu servir de modèle à toute l'antiquité. « Qui ne se plaît pas avec Regnard, » dit Voltaire, n'est point digne d'admirer » Molière ». Au reste, je ne prétends point le restreindre au talent médiocre d'une imitation servile; quelqu'admirable qu'il soit, quand il marche sur les pas du premier maître de l'art, il ne l'est pas moins, quand il suit les sentiers qu'il ose lui-même se tracer. Combien d'idées, de traits, d'incidens nouveaux embellissent ses poëmes! Il conduit bien une intrigue, expose clairement le sujet ; le nœud se forme sans contrainte ; l'action prend une marche régulière ; chaque incident lui donne un nouveau degré de chaleur; l'intérêt croît jusqu'à un dénoûment heureux, tiré du fond même de la pièce. Ce n'est point d'après des idées qui ne sont que dans son imagination, qu'il forme ses caractères et trace ses portraits ; il les cherche parmi les vices, les défauts et les ridicules les plus accrédités. Il avoit sous les yeux les originaux qu'il copioit; c'étoit leurs mœurs, leur ton, leur langage, qu'il peignoit d'après nature ; son esprit gai ne prenoit des hommes que ce qu'ils avoient de plus

propre

propre à fournir d'heureuses plaisanteries. Sa comédie du Joueur peut être comparée aux meilleures pièces de Molière, qui n'auroit pas même désavoué le *Distrait*, *Démocrite*, *les Ménechmes*, le *Légataire universel*, et plusieurs scènes de petites pièces. On pourroit peut-être lui reprocher d'avoir trop grossi les traits; de mettre souvent en récit ce qui vient de se passer sur la scène; d'avoir peu soigné sa versification, qui, à force de vouloir être aisée et naturelle, devient quelquefois négligée, traînante et prosaïque. La meilleure édition des œuvres de Regnard, est celle qui a été publiée avec des remarques sur chaque pièce, par feu M. Garnier, 1789, 6 vol. in-8°.

BRUEYS ET PALAPRAT.

Brueys composa plusieurs comédies pleines d'esprit et de gaieté, conjointement avec Palaprat son ami, qui y eut pourtant la moindre part. L'envie d'avoir son entrée à la comédie, unit leurs talens, et procura au Théâtre Français d'excellentes pièces. Celles qu'on joue et qu'on lit avec le plus de plaisir, sont le Grondeur, petite pièce supérieure à la plupart des farces de Molière, pour l'intrigue, l'enjouement et la bonne plaisanterie ; le *Muet*, imitée de l'*Eunuque* de Térence, mais mieux conduite et écrite avec plus de chaleur que son modèle ; l'*Important de Cour*, qui, sans manquer de feu et de comique, pèche par le caractère principal ; c'est moins un important qu'un pitoyable provincial, qui veut prendre les airs de la cour sans la connoître ; l'*Avocat Patelin*, pièce ancienne, à laquelle il donna les charmes de la nouveauté. Brueys rajeunit ce monument de la naïveté gauloise, sans lui faire perdre la simplicité qui en fait le mérite ; la *Force du sang*, l'*Opiniâtre*, les *Empiriques*, les *Quiproquo*, les *Embarras du derrière du Théâtre*, où il y a quelques endroits qui plaisent. La comédie de l'*Opiniâtre* est versifiée comme les pièces de nos mauvais auteurs, sèchement et durement ; s'il y a de la chaleur dans l'action, il n'y en a point dans le comique. Le caractère de l'*Opiniâtre* n'y est que crayonné.

Les autres pièces sont les tragédies de Brueys, qui ont beaucoup moins illustré la scène que ses comédies. Sa *Gabinie* offre des tableaux bien peints et des situations attendrissantes ; mais on ne la comptera jamais parmi nos chefs-d'œuvres. Son *Asba*, pièce romanesque, dans laquelle un scélérat poignarde son fils, et se livre lui-même à la justice, pour subir le châtiment de ses crimes, est assez bien imaginée, mais mal exécutée. *Lysimachus*, pièce vraiment tragique, fondée sur le véritable héroïsme, a de temps en temps quelques beautés ; mais le plan et les vers en sont mauvais.

Ces diverses productions des deux auteurs associés, annoncent peu de différence dans le tour de leur génie. Il est cependant vrai que les meilleures pièces sont celles où l'abbé de Brueys a eu le plus de part, celles où il a tenu la plume : témoins le *Grondeur*, le *Muet*, l'*Avocat Patelin*, etc. Rien de plus foible que ses vers tragiques ; mais dans le style de la comédie, sa prose peut servir de modèle. Il sait animer le dialogue, et égayer l'auditeur dès l'exposition du sujet ; souvent même il fait oublier que c'est une simple exposition : il a d'ailleurs prouvé qu'il entendoit la marche théâtrale ; il disoit qu'avec du travail et du génie, on placeroit les tours de Notre-Dame sur le théâtre.

A l'égard de Palaprat, il a long-temps joui de la gloire due aux travaux de son associé ;

et la plus grande partie du public les lui attribue encore. Il a eu quelquefois la générosité de s'en défendre ; effort sublime de modestie ou de vanité. Cet auteur avoit l'imagination vive ; il saisissoit bien un plan ; et quelques morceaux de sa *Prude du temps* prouvent qu'il pouvoit écrire même en vers : cependant aucune des pièces qu'il a données pour son compte, n'est restée au théâtre. A l'égard de celles qu'il a faites en société, on peut dire qu'il avoit le plus souvent le mérite du projet, et son confrère celui de l'exécution.

DUFRESNY.

Les ouvrages dramatiques de Dufresny se ressentent de la liberté qui régnoit sur le théâtre, où elles furent représentées. Les règles n'y sont admises, qu'autant qu'elles ne gênent ni l'auteur, ni la variété du spectacle ; les succès de notre poëte furent beaucoup plus rares que ses tentatives. L'*Esprit de contradiction* et le *Lot supposé* sont presque les seules pièces qu'il ait vu réussir de son vivant ; quelques autres ont repris faveur après sa mort, et sont encore applaudies de nos jours : mais toutes, en général, offrent un dialogue vif, ingénieux et naturel ; de l'esprit sans affectation, et qui ne paroît rien coûter à l'auteur ; enfin, du comique dans la chose, plus que dans les mots. Sa prose a toute la vivacité des vers; ses vers ont quelquefois tout le naturel de la prose. Il met dans son style et dans le choix de ses sujets, une décence d'autant plus louable, que, jusqu'alors, elle avoit été négligée par les plus grands modèles : original dans ses tours d'expression, et le plus souvent dans ses idées, il sait jeter dans ses pièces des caractères saillans, neufs et d'intrigue ; on voit même qu'il pouvoit réussir dans celles qui exigent un caractère dominant. D'un autre côté, presque toutes ses comédies offrent plus d'invention que de conduite, des plans peu réguliers, des dénoûmens trop brusqués. Contemporain de l'émule de Molière, il n'imite ni Molière, ni Regnard ; mais il ne doit être comparé ni à l'un, ni à l'autre ; il a même été surpassé par quelques-uns de ses successeurs. Ainsi, en le plaçant dans la classe de ces derniers, il faut laisser entr'eux et lui, la distance que le plus ou le moins de travail met entre ceux qui naissent avec des talens égaux.

LA MOTTE.

Il y a dans les *Machabées* de cet auteur, quelques endroits admirables, empruntés des livres saints. *Romulus* étincelle aussi de quelques beautés. Il n'y a aucun bien à dire d'*Œdipe*. Au reste, nulle de ses tragédies, pas même *Inès*, ne sera mise à côté de nos bons ouvrages dramatiques; et leur auteur est bien loin des Corneille, des Racine, des Crébillon, des Voltaire. Il a essayé, en quelque sorte, tous les genres de tragique; le sublime dans les *Machabées*, l'héroïque dans *Romulus*, le pathétique dans *Inès*, et le simple dans *Œdipe* : mais il manque partout de pureté, de clarté, de force, de noblesse et d'élégance.

De toutes ses comédies, il n'y en a qu'une qui se soit conservée au théâtre ; c'est le *Magnifique*, pièce charmante, en deux actes, en prose. Jamais conte de la Fontaine n'a été si bien mis en action ; c'est un modèle de délicatesse et de goût. Les autres contes, métamorphosés en comédies, sont bien inférieurs à celui-ci, quoiqu'on y trouve de très-jolies choses.

La Motte est, après Quinault, celui qui a

le mieux saisi le véritable esprit de l'opéra. Il l'avoit approfondi ; et plus d'une raison fait regretter qu'il n'ait rien écrit sur cette matière : mais il jugeoit que cette ressource, si souvent employée pour soutenir ses autres poésies, qui réellement en avoient besoin, étoit inutile dans ce genre, où il sentoit toute sa supériorité. Le nombre de ses opéras est considérable, et tous ont eu du succès ; mais l'*Europe galante*, *Issé*, *le Carnaval et la Folie*, *Amadis de Grèce*, *Omphale*, mériteront toujours les plus grands éloges. Il est à remarquer que l'*Europe galante* et *Issé*, sont deux chefs-d'œuvres dans leur genre, et, qui plus est, deux modèles qui n'ont encore pu être bien imités. L'auteur a mis dans ses vers cette molle élégance, cette douceur d'expression si essentielle à ce genre. Ces petites pensées fines, ces petits riens tournés en madrigaux, que nous aimons tant à l'Opéra, et qui nous déplairoient ailleurs, sont répandus dans toutes ses scènes, sans trop de profusion. Ses pièces n'ont qu'un défaut ; elles se ressemblent toutes par le fonds. On trouve, dans chacune, deux rivaux et deux rivales ; cette uniformité de conduite est désagréable. Si j'avois à donner la palme, elle seroit pour Issé. Cette pastorale n'est, d'un bout à l'autre, qu'un tissu de beautés dans ce genre. Le vrai triomphe de la Motte est donc le théâtre lyrique ; peut-être même ses succès eussent-ils été plus nombreux, s'ils ne dépendoient pas du concours de deux talens réunis. Peu né pour la grande poésie, il avoit dans l'esprit cette tournure agréable, qui embellit les choses les plus communes ; cette imagination qui s'abaisse plus aisément qu'elle ne s'élève. De là le mérite de ses opéras, d'une grande partie de ses fables, et de tout ce qu'il a imité d'Anacréon. Voilà le cercle d'où la Motte ne devoit point sortir ; voilà sa patrie ; hors de là, c'est un étranger qui défigure la langue du pays où il se trouve, et qui ose en attaquer les usages, uniquement parce qu'ils gênent sa conduite.

LA GRANGE-CHANCEL.

Cet auteur paroît toujours jeune dans le genre dramatique. Son imagination vive et facile à s'enflammer, saisit à la fois une trop grande quantité d'objets. Son pinceau, conduit par une main également hardie et timide, ne les peint souvent qu'à demi. On passe trop rapidement de l'amour à la haine, de la confiance à la crainte, du trouble à la sécurité,

rité, de la fureur à la modération; et du calme à la vengeance. Les insultes sont commises et pardonnées trop légèrement ; la colère s'allume et s'éteint presqu'au même instant. On ne trouve point ces idées neuves qui frappent l'esprit, ces réflexions sensibles qui touchent le cœur, s'impriment dans l'âme, et que l'on retient, même sans le vouloir. Le naturel est souvent trop naïf, et va même quelquefois jusqu'à la puérilité. Les grandes passions, ces puissans ressorts de la tragédie, n'y reçoivent le mouvement que par des éclats, des emportemens, des fureurs. Ici de longs entretiens, des sentimens communs, de grandes réflexions, laissent un vide considérable; là, une foule d'incidens se succèdent rapidement et surchargent la scène. La Grange intéresse par les situations ; mais combien de fois se trouvent-elles occupées par des incidens, des saillies, des jeux de mots, et des traits trop hardis qu'il falloit supprimer! On voit briller l'esprit, où le génie seul devoit paroître. Le talent fatal de rimer facilement, a produit des vers lâches, peu exacts, obscurs, prosaïques, pleins de répétitions et de mots parasites : défauts trop communs dans les vers qui ne coûtent à leur auteur que la peine de les écrire.

LONGEPIERRE.

Ce poëte se fit un nom dans le genre dramatique, par trois tragédies, *Médée*, *Electre* et *Sésostris* : la première, quoiqu'inégale et remplie de déclamation, est fort supérieure à la *Médée* de Corneille, et a été conservée au théâtre. Ces trois pièces sont dans le goût de Sophocle et d'Euripide. Une froide et malheureuse intrigue d'amour ne défigure point ces sujets terribles ; mais Longepierre, connoissant peu notre théâtre, et ne travaillant que très-foiblement ses vers, n'égala pas ses modèles dans la beauté de l'élocution, qui fait un des grands mérites des poëtes dramatiques ; il ne prit presque d'eux, que la prolixité, des lieux communs, et le vide d'action et d'intrigue. Les défauts l'emportent tellement sur les beautés qu'il avoit empruntées de la Grèce, qu'on fut forcé d'avouer, à la représentation de son Electre, que c'étoit une statue de Praxitèle, défigurée par un moderne.

DUCHÉ.

Duché donna au théâtre trois tragédies, *Jonathas*, *Absalon* et *Débora*, et les opéras des *Fêtes galantes*, des *Amours de Momus*, de *Théagène et Chariclée*, de *Céphale et Procris*, de *Sylla*, d'*Iphigénie* : ce dernier opéra est son premier ouvrage ; il est dans le grand goût : et quoique ce ne soit qu'un opéra, il retrace ce que les tragédies grecques avoient de meilleur.

Les tragédies de Débora et Jonathas ne valent rien du tout. Il étoit même difficile que ces sujets, empruntés de l'Ecriture, fussent propres au théâtre : ils sont fondés sur des mystères de religion trop au-dessus des idées naturelles. L'auteur a été plus heureux dans Absalon. Les reproches qu'on peut lui faire sont compensés par des beautés réelles ; la marche des quatre premiers actes est bien entendue, et le trouble et le péril croissent de scène en scène ; les principaux caractères sont bien tracés. La Harpe croyoit qu'avec quelques retranchemens, cette pièce pourroit être remise au théâtre et avoir du succès : elle est du petit nombre de celles où il n'y a point d'intrigue amoureuse.

LE GRAND.

Cet auteur n'est ni un Molière, qui fait oublier l'acteur, et ne laisse voir que le grand poëte ; ni un Baron, qui n'offre que le grand acteur, et fait disparoître l'auteur médiocre : c'est un homme qui soutient cette double qualité dans un égal degré de mérite. Ce n'est point un génie que l'on admire ; c'est un bel esprit qui plaît et qui amuse ; c'est un des premiers qui aient saisi les circonstances du temps, et le vaudeville du jour, pour en faire des sujets de comédie ; genre de comique que Boissy a depuis imité et perfectionné. L'usage que le Grand avoit du théâtre, comme comédien, lui en avoit donné une assez grande connoissance ; et il savoit la mettre en pratique dans les sujets frivoles, auxquels il a cru devoir se borner. Une marche régulière et théâtrale est observée jusque dans ses moindres bagatelles ; et ses personnages sont toujours dans des positions qui donnent lieu à des plaisanteries. Mais, il faut l'avouer, elles dégénèrent quelquefois en basses et sales bouffonneries ; défaut trop ordinaire à ce comédien, et qui donne un air de farce à presque toutes ses pièces : elles sont, en général, assez bien dialoguées ; mais le style tient de la manière de l'auteur, qui est entre le bas et l'ingénieux. Les divertissemens et les vaudevilles qui se trouvent répandus dans la plupart de ces petits drames, y sont amenés naturellement, et y jettent de la gaieté. Le Grand avoit beaucoup de facilité ; il travailloit avec précipitation ; aussi ses ouvrages manquent-ils de cette correction de dessein et d'exécution, qui est le fruit du temps et de la patience.

LA FOSSE.

L'auteur de *Polixène*, de *Manlius*, de *Thésée* et de *Crésus*, paroît s'être proposé pour modèle le génie de Corneille. Comme lui, il préfère aux tendres sentimens de Racine, la surprise que cause une action merveilleuse, l'agitation que produit une situation violente, ou le trouble qui naît d'un événement terrible. Son génie élevé le porte aux plus grands objets. C'est sous les murs de Troyes, ou dans le Capitole, qu'il va chercher ses héros ; et dans ces champs, souvent moissonnés, il cueille encore de nouveaux lauriers ; il envisage ses sujets avec force, et les présente de même, plus jaloux de notre admiration que de nos larmes. S'il n'avoit pas cru devoir adoucir le caractère de *Médée*, il auroit pu nous la montrer sous des traits qui nous la rendroient encore plus terrible, que tout ce que nous connoissons de cette magicienne. La Fosse possédoit la langue des Sénèque, des Maffei, des Sophocle, et savoit profiter en maître habile, de cet avantage, et de la lecture des historiens : le plus grand reproche qu'on puisse lui faire, c'est de multiplier les récits aux dépens de l'action même. Son style est ferme, nourri, majestueux, propre à exprimer les effets impétueux des passions les plus violentes. Si ses vers paroissent durs, trop travaillés, c'est qu'un auteur, accoutumé à penser fortement, a peine à rendre toute l'énergie de ses idées. Comment un talent aussi décidé, n'a-t-il produit qu'un si petit nombre d'ouvrages ? La crainte ou le dépit d'un mauvais succès ne lui laissoit-il apercevoir que les dégoûts inséparables d'une étude pénible, difficile et infructueuse ? Le désir d'une immortalité, toujours incertaine, fut-il sacrifié à l'amour d'une tranquillité présente, à laquelle nous porte un attrait puissant, que la paresse naturelle ne manque point de seconder ? Se plaindre qu'un auteur ait peu écrit, c'est en faire un assez grand

éloge. Au reste, il a paru dans des circonstances favorables: quelques années plus tôt or.
plus tard, il eût à peine recueilli quelques
palmes dans une carrière, où il s'est couvert
de lauriers. Campistron venoit de se retirer ;
Crébillon ne travailloit point encore pour le
théâtre. Entre ces deux poëtes, il y eut un
intervalle où la scène tragique languissoit dans
une espèce d'inaction. La Fosse vint tout à
coup la ranimer, et fit dire qu'il alloit consoler le public de la retraite de Campistron.

LE SAGE.

Ce n'est point sur les premiers essais de Le
Sage, qu'on doit juger de son génie pour le
genre théâtral. Il y paroît tel que peut et doit
être un traducteur de drames espagnols,
long, diffus dans le style, outré dans les caractères, guindé dans les idées, romanesque
dans les sentimens, obscur et embarrassé dans
les incidens et dans les intrigues. Il n'a réussi
sur notre théâtre, qu'en quittant ce goût
étranger, si contraire à celui de sa nation,
qu'il a depuis si bien saisi. Avec quelle finesse
il sait relever et faire sentir un ridicule ! Ici,
c'est une pensée vive, un trait saillant, qui
part avec rapidité, frappe en passant, et pi-

que sans blesser ; là, c'est une comparaison plaisante, une réflexion maligne, un incident qui ajoute au mérite de la surprise, celui de faire rire. Le style est pur, simple, clair ; l'expression coulante et aisée, le dialogue vif et animé. On est surpris qu'un succès décidé n'ait pu retenir notre auteur dans cette carrière ; mais un genre plus aisé, et peut-être plus lucratif, l'appeloit au Théâtre de la Foire, auquel il se livra uniquement. A ce nom seul, combien de personnes perdroient l'estime qu'ils avoient conçue pour l'auteur de Turcaret ! Je sais de quel œil on a toujours regardé ce spectacle, parce qu'on s'est plu toujours à le considérer dans ces productions informes et obscènes, où il se traînoit ignominieusement. Le Sage étoit bien capable de l'arracher au mépris, et de détruire ces préjugés défavorables. Avec un nouveau nom, il donna à ce théâtre un caractère particulier ; et l'on peut le regarder également comme l'inventeur du genre et du titre de l'Opéra comique. Une intrigue simple, des succès piquans, de la variété, de la gaieté, et surtout beaucoup de naturel ; voilà le spectacle dont cet auteur est le père. L'intrigue y est toujours dépouillée de ces liaisons languissantes,

santes, qui se trouvent presque nécessairement dans les meilleures comédies. Le sujet se développe d'abord ; l'action prend une marche rapide ; quelques événemens de choix se succèdent, et conduisent les spectateurs à un dénoûment plus ou moins heureux, mais toujours plaisant. Un intérêt souvent très-vif, se trouve répandu sur un incident, une aventure, des embarras, qui, à un autre spectacle, pourroient paroître froids, puériles ou ridicules. La précision dans le fond des choses, la naïveté dans la façon de les présenter, la facilité d'un style qui n'est ni élevé, ni rampant ; voilà le mérite du créateur de ce nouveau genre. Le goût des habits, le jeu des acteurs, les charmes d'une représentation agréable, ont rendu l'Opéra comique un mélange ingénieux de tous les autres spectacles. Il rassemble en petit la critique des mœurs, et le comique piquant du Théâtre Français ; le chant, la danse, le prestige des décorations de l'Opéra ; les plaisanteries des Italiens. Il s'est rendu propre le genre de poésie où le Français excelle, les chansons et le vaudeville ; telle étoit l'idée que s'en étoit formée Le Sage, et que ses successeurs ont encore perfectionnée depuis lui.

DANCHET.

Danchet possédoit les talens propres des deux académies dont il étoit membre, à peu près au même degré que l'art dramatique. Content de mettre dans ses poëmes une marche régulière, des incidens analogues au fonds des sujets, des sentimens honnêtes et vertueux, il s'appliquoit peu à faire agir ces grands ressorts de la tragédie, qui émeuvent les passions, et produisent des chefs-d'œuvres; il plaisoit à l'esprit, et ne touchoit le cœur que foiblement. Il intéresse pourtant quelquefois; mais c'est d'une manière douce, uniforme et presque imperceptible. Aussi n'avoit-il de talent bien décidé, que pour le genre lyrique, dans lequel il n'a eu de supérieur que Quinault, et d'égal que la Motte, ou peut-être le poëte Roy. La tragédie demande plus d'élévation, plus d'étendue de génie; l'opéra, plus d'esprit, plus de naturel; et ce genre n'excédoit point les forces de notre poëte. Il aimoit et varioit le spectacle avec aisance, plaçoit dans ses poëmes des situations intéressantes, les enrichissoit de tours neufs, y répandoit des traits nobles, hardis, tendres et touchans. Il n'y a donc point d'injustice, si, après avoir mis Danchet au second rang sur la scène lyrique, on le place beaucoup plus bas sur la scène française.

BOINDIN.

Les ouvrages de Boindin ne sont ni assez nombreux, ni assez étendus, ni surtout assez supérieurs, pour lui mériter un rang distingué parmi nos bons comiques. On présume, toutefois, qu'il eût pu s'avancer plus loin dans cette carrière, si lui-même n'eût volontairement interrompu sa course. Sa petite comédie du *Bal d'Auteuil*, qui est entièrement à lui, offre beaucoup d'enjouement et de vivacité; elle est dans le genre de Dancourt; et Boindin imite jusqu'à sa manière de dialoguer. On trouve dans les *Trois Gascons* et dans le *Port de Mer*, des finesses que Dancourt n'y eût peut-être pas mises; mais on sait que la Motte avoit mis la main à ces deux pièces, et que ces sortes de traits caractérisent ordinairement les siennes.

MADEMOISELLE BARBIER.

Le Théâtre de mademoiselle Barbier n'a rien de remarquable, rien qui le distingue particulièrement. On sent qu'en général, l'auteur s'y proposoit la gloire de son sexe, en choisissant des sujets qui en étoient comme le triomphe ; mais rien de plus commun que sa manière de les traiter. Il est cependant vrai de dire que la conduite de ses tragédies est assez régulière, et l'enchaînement des scènes assez bien lié ; parce qu'il ne faut pour cela, que de cette espèce de bon sens, dont mademoiselle Barbier n'étoit pas dépourvue. Il y règne même une sorte de sublime manqué, d'où résultent mille défauts d'exécution. A force de vouloir rendre ses héroïnes grandes et généreuses, les héros, même les plus connus, deviennent tremblans et timides ; elle ne montre partout que de grandes femmes et de petits hommes, des géans et des pygmées. Tandis qu'elle suit, avec l'exactitude la plus scrupuleuse, des détails minutieux, les plus grands événemens sont à peine indiqués ; et l'on sent la foiblesse d'un pinceau timide, qui n'ose entreprendre de peindre en grand, que ce qui devoit être représenté en petit ; aussi de tous ces foibles incidens, il ne résulte que de médiocres intérêts. La gradation des sentimens, sans cesse interrompue, ne fait qu'effleurer l'âme, au lieu de la pénétrer. On trouve néanmoins quelques situations touchantes, et une versification aisée, naturelle, élégante. Un peu trop de facilité la rend quelquefois lâche, diffuse, prosaïque.

L'ABBÉ NADAL.

Les ouvrages de Nadal ont été recueillis en plusieurs volumes, dont le dernier contient ses pièces de théâtre, savoir : *Saül*, *Hérode*, *Antiochus* ou *les Machabées*, *Mariamne*, *Osarphis* ou *Moyse*, et *Arlequin au Parnasse*. Les quatre premières de ces tragédies furent jouées ; mais elles n'eurent qu'un succès éphémère : la dernière fut arrêtée comme on alloit la représenter. La versification, assez bonne en plusieurs endroits, est quelquefois embarrassée et louche ; il y a quelques morceaux trop ampoulés. Plus de force et de précision, dans certains sentimens, en auroient relevé la beauté.

ROY.

Le ballet des *Elémens*, celui des *Sens*, et la tragédie de *Callirhoé*, ont rendu célèbre le poëte Roy sur la scène lyrique. Le mérite de se distinguer dans une carrière ouverte par Quinault, et dans laquelle ce poëte du sentiment et des grâces, n'avoit pas encore eu de rivaux, assure à Roy une place honorable dans l'estime des vrais connoisseurs. Peu de personnes ignorent ce morceau de poésie majestueuse, par lequel commence le prologue du ballet des *Elémens :*

Les temps sont arrivés, cessez, triste chaos, etc.

Quoique nous n'ayons d'abord cité que ces trois opéras, on trouvera dans presque tous ceux qu'il a donnés, des preuves sensibles du talent qui l'appeloit à ce genre de composition, d'autant plus estimable, peut-être, que l'on a semblé plus long-temps en méconnoître toute la difficulté. Il a aussi composé deux comédies, savoir : les *Captifs* et les *Anonimes*. Le théâtre lyrique n'étoit pas encore négligé du temps de Roy, comme il l'est de nos jours. Le poëme de *Thétis et Pelée* avoit pu exciter son émulation. La Motte étoit un concurrent digne de lui inspirer le même sentiment, et s'étoit illustré plus d'une fois dans cette carrière. Roy avoit plus de recherche et de finesse ; la Motte plus de naturel (dans ce genre-là seulement), et plus de délicatesse. L'un, nourri de la lecture d'Ovide, s'étoit rendu familiers les plus heureux détails de la mythologie, et savoit s'approprier, avec art, les pensées de son modèle ; l'autre, persuadé que l'esprit suppléeoit à tout, négligeoit les anciens, qu'il connoissoit peu, prenoit son essor de lui-même, et prouvoit, contre son intention, que le bel esprit peut contrefaire avec assez de succès, mais qu'il ne donne jamais le talent et le génie. On ne croit pas que la postérité accorde à la Motte le nom de poëte, quoiqu'il ait fait beaucoup de vers ; Roy, au contraire, à ne l'envisager que par ses ouvrages lyriques, avoit d'heureux accès de poésie ; c'étoit d'ailleurs un très-bon littérateur, capable de puiser dans les sources, et attaché au parti des anciens, soit par goût, soit par antipathie pour la Motte, leur détracteur.

L'ABBÉ PELLEGRIN.

L'abbé Pellegrin, trop décrié de son temps, temps de richesse, du moins pour le genre lyrique, brilleroit de nos jours, où nous sommes réduits, à cet égard, à la plus grande pauvreté : il fut le premier juge du génie du célèbre Rameau. Les paroles d'Hyppolite et d'Aricie sont de lui, ainsi que celles de Jephté, qui ne sont pas des ouvrages méprisables.

CRÉBILLON.

Borné, peut-être volontairement, à suivre une seule carrière, Crébillon y trouva encore bien des obstacles. Corneille et Racine l'avoient devancé; ils avoient enlevé tous les suffrages ; et c'étoit beaucoup, que d'oser suivre leurs traces ; mais ce n'étoit point assez pour lui, il vouloit marcher de pair avec eux : peut-être même agit-il moins par choix que par impulsion. Le génie balance peu; il décide; il projette moins qu'il n'exécute. Crébillon rappela sur la scène tout le tragique d'Eschyle, avec une régularité de plan qu'Eschyle ne connut jamais ; son style nerveux n'a ni l'élévation de Corneille; ni l'élégance de celui de Racine; il préfère les pensées aux images. Ses vers ont plus de force que d'harmonie ; et son pinceau mâle ne peint presque jamais que des objets terribles ; en un mot, son génie nous asservit ; mais c'est en tyran, à force de nous faire trembler, et d'étaler à nos yeux le carnage et l'horreur. On dit unanimement, dit l'abbé Trublet, qu'il est notre troisième tragique ; j'ose dire
plus,

plus, il est un des trois. Le terrible, le sombre, le pathétique, règnent tellement dans ses tragédies, que dès qu'il parut sur la scène, il fut décidé qu'il avoit un genre à lui. C'étoit un homme de génie, ainsi que Corneille; et comme lui, il négligea trop son style. Il est quelquefois plus dur que fort, plus gigantesque que noble. Il tombe dans la déclamation, dans l'amplification. Ses héros sont moins occupés à parler qu'à débiter des lieux communs ampoulés, et à faire de longues apostrophes aux dieux, parce qu'ils ne savent pas parler aux hommes. Il auroit été encore à souhaiter que Crébillon eût renoncé à ces déguisemens, à ces reconnoissances romanesques, qui produisent communément des situations touchantes, mais qui dégradent presque toujours la tragédie. Les ouvrages de Crébillon ont été imprimés au Louvre, en deux volumes in-4°.; honneur réservé aux grands talens, et qu'on ne pouvoit refuser à un homme qui a donné de nouveaux plaisirs à sa patrie. On estime l'édition de 1785, en 3 vol. in-8°.

LAFONT.

On regrette que ce poëte n'ait pas eu le loisir d'augmenter le nombre de ses productions, soit lyriques, soit comiques. Né avec de l'esprit et d'heureuses dispositions pour ce dernier genre, on sent qu'il ne perdoit pas de vue les bons modèles. Il supplée au détail par l'à-propos, et préfère le naturel aux faux brillans. Chez lui, le comique est dans la chose plus que dans les mots. Il semble avoir donné une attention particulière à ses rôles de valets, qu'il étoit encore permis de rendre plaisans. Les situations où il les place, sont toujours piquantes, et les propos qu'il leur fait tenir, toujours agréables. Peut-être, cependant, a-t-il eu raison de ne risquer aucune comédie en cinq actes : tel réussit dans des tableaux de chevalet, qui échoue dans les grandes machines. A l'égard de ses opéras, ils forment, sans contredit, la partie brillante de ses œuvres. La marche en est ingénieuse, les divertissemens bien amenés, la versification facile, naturelle, et d'un tour vraiment lyrique. Il avoit même osé introduire dans ce genre quelques innovations heureuses, et qui communément décèlent le génie. C'est donc une perte réelle, que la mort l'ait enlevé en 1725, à 39 ans, dans un âge où le génie commence à peine à se développer.

DESTOUCHES.

La justesse du dialogue, une versification facile, abondante, un comique noble, une richesse immense de morale, un jugement, fruit du génie; cette élégante simplicité que l'on admire dans Térence, cette attention à fuir tout ce qui sent le faux bel esprit, le précieux, le recherché, le contourné; partout la nature, le vrai et l'honnête : voilà ce qui doit placer Destouches entre Molière et Regnard. Il n'a pas la force comique, *vis comica*, du premier, ni la gaieté rare du second; mais il réunit, à un certain degré, les qualités essentielles de l'un et de l'autre. Plus adroit, plus heureux dans ses dénoûmens que Molière; plus moral, plus décent que Regnard, il ne perd jamais de vue cette sage maxime de la bonne comédie : « corriger les hommes en les amu-
» sant. » Ce qu'on peut lui reprocher, c'est de la monotonie dans la coupe de ses pièces, et dans les contrastes; un style quelquefois diffus, et peu soigné; trop de sagesse et de régularité. La raison demande des embellissemens; elle a besoin d'être excitée par des saillies : ces saillies, à les juger rigoureusement, sont, pour l'ordinaire, frivoles et dé-

placées ; mais elles réveillent l'attention, et ramènent avec plus de plaisir à la vérité. Le caractère de Destouches est peint dans ses ouvrages. Presque toutes ses pièces sont morales. Il avoit le talent de saisir les traits essentiels d'un caractère, et de le peindre des couleurs qui lui sont propres. Les plans de ses comédies sont tracés avec intelligence ; et il y règne, en général, beaucoup d'intérêt. Le comique en est noble, mais peu gai ; et son style est plus dur que saillant. Au reste, Destouches connoissoit les bons modèles, et savoit les apprécier, comme on peut le voir dans une de ses épigrammes.

> Plaute vif et brillant a la force comique,
> Abondant, varié, mais souvent bas et plat.
> Térence, plein de grâces, a l'élégance attique,
> Toujours vrai, toujours noble, et souvent délicat ;
> Mais sans nerf et sans force, il fournit sa carrière.
> Nature qui laissa l'un et l'autre imparfait,
> Voulant les réunir dans un même sujet,
> Les refondit tous deux pour en faire un Molière.

Destouches tenoit plus de Térence que de Plaute ; mais dans son *Glorieux*, et dans son *Philosophe marié*, il y a des choses dont Molière auroit pu se faire honneur.

MARIVAUX.

Cet auteur voyant que ses prédécesseurs avoient épuisé tous les sujets des comédies de caractère, s'est livré à la composition des pièces d'intrigue; et dans ce genre, qui peut être varié à l'infini, ne voulant avoir d'autre modèle que lui-même, il s'est frayé une route nouvelle. Il a imaginé d'introduire la métaphysique sur la scène, et d'analyser le cœur humain dans ces dissertations tendrement épigrammatiques. Aussi le canevas de ses comédies n'est-il ordinairement qu'une petite toile fort légère, dont l'ingénieuse broderie, ornée de traits plaisans, de pensées jolies, de situations neuves, de reparties agréables, de fines saillies, exprime ce que les replis du cœur ont de plus secret, ce que les raffinemens de l'esprit ont de plus délicat. Ne croyez cependant pas que cette subtilité, métaphysiquement comique, soit le seul caractère distinctif de son théâtre ; ce qui y règne principalement, est un fonds de philosophie, dont les idées, développées avec finesse, filées avec art, et adroitement accommodées à la scène, ont toutes pour but, le bien général de l'humanité. Quoiqu'on reproche à Marivaux de trop disserter sur le sentiment, ce n'est cependant pas le sentiment qui domine dans la plupart de ses comédies ; mais lorsqu'elles manquent d'un certain intérêt de cœur, il y a presque toujours un intérêt d'esprit qui le remplace. Peut-être qu'un peu plus de précision y jeteroit plus de chaleur ; et que si le style en étoit moins ingénieux, il seroit plus naturel. Concluez donc que les défauts qu'on remarque dans les œuvres dramatiques de Marivaux, ne viennent que d'une surabondance d'esprit, qui fait tort à la délicatesse de son goût : tels sont ces dialogues si spirituels et si ennuyeux, entre des interlocuteurs qui regorgent d'esprit, et manquent de sens ; qui épuisent une idée et jouent sur le mot, pour égayer ridiculement un tissu de scènes métaphysiques ; ces tristes analises du sentiment, qui ne peignent ni les mœurs, ni le ridicule des hommes ; ces réflexions subtiles qui suffoquent les spectateurs ; ces métaphores, toujours neuves, à la vérité, mais souvent hardies, quelquefois hasardées ; ces expressions détournées, qui n'ont de piquant que la singularité de leur association : « Ce que j'ai traduit d'après vos yeux... » des amans sur le pavé... des cœurs hors de

» condition... des yeux qui violeroient l'hos-
» pitalité.... etc. , » sont des façons de parler
qu'on désapprouve avec peine, comme certains criminels qu'on ne condamne qu'à regret.

Pourquoi faut-il que l'estime de l'auteur
pour les écrivains modernes, l'ait détourné
de la lecture des anciens ! Il y auroit puisé,
comme dans la véritable source, ce goût qui
donne la perfection aux ouvrages d'esprit; et
si Plaute, Térence et Aristophane n'eussent
pas été ses guides, dans une carrière où il
n'en vouloit point d'autres que lui-même, ils
auroient du moins pu quelquefois l'empêcher
de s'égarer. Les autres lui auroient appris
qu'on peut bien se frayer de nouvelles routes
dans tous les genres, mais jamais se former
un langage nouveau ; qu'il faut penser d'après
soi-même, et parler comme tout le monde.

Persuadé que la subtilité épigrammatique
de son esprit, et la singularité de son style,
plairoient assez sans le secours de la versification, Marivaux a écrit en prose presque
toutes ses comédies. Ses succès lui firent des
partisans ; et il eut bientôt des imitateurs. Une
foule d'auteurs subalternes s'embarrassèrent
dans un labyrinthe de phrases, qui devint à

la mode. Heureusement qu'ils n'avoient ni l'esprit, ni le mérite de leur chef, et que, ne copiant que ses défauts, ils n'offroient, dans leurs écrits, qu'un jargon précieusement ridicule. Mille cris s'élevèrent pour le proscrire ; et l'on convint qu'il ne seroit souffert désormais que dans les ouvrages de Marivaux, où il est, pour ainsi dire, identifié avec les grâces de son génie.

HÉNAULT.

Nous avons du président Hénault le Réveil d'Epiménide, les Chimères, et une tragédie de François II ; c'est moins une véritable tragédie, que des faits historiques, mis en dialogue. Ce genre d'ouvrages seroit peut-être très-convenable à imiter dans les colléges, où l'on est dans l'usage de donner des représentations dramatiques : on feroit tourner ces jeux au profit de l'instruction. La plupart des jeunes gens, rebutés de l'étude de l'histoire, par la sécheresse avec laquelle nos annales sont écrites, pourroient en apprendre ainsi les principaux événemens.

MADAME DE GOMEZ.

On ne peut nier que madame de Gomez n'ait eu quelque talent pour le genre dramatique;

que ; mais elle choisissoit mal ses sujets. Sa plume, propre à peindre des passions délicates, étoit peut-être un peu trop foible, pour tracer le caractère des héros, et inspirer la terreur. On l'admire, lorsqu'avec finesse elle fait arracher un secret par un confident, et découvrir les mystères de l'amour ; mais s'il s'agit de décrire un combat, et de peindre une âme forte, son coloris, vif et riant partout ailleurs, s'affoiblit devant ces grands objets. On lui refuse l'art de conduire bien une intrigue ; mais on lui accorde le mérite de l'exposition. Sa poésie est aisée et naturelle, mais souvent foible et négligée.

CHATEAUBRUN.

Livré pendant sa jeunesse aux affaires et à ses devoirs, Chateaubrun ne s'en délassoit que par l'étude des poëtes Grecs et Latins, dont il s'étoit nourri, et dont il a porté le goût exquis dans ses dernières tragédies. Philosophe pratique, il a été assez sage, a eu assez d'empire sur lui-même, pour garder, pendant quarante ans, les pièces qu'il avoit faites, sans les faire jouer. Mahomet second, sa première tragédie, fut représentée en 1714 ; ses Troyennes ne l'ont été qu'en 1754.

GUEULLETTE.

Peu d'auteurs ont donné plus d'ouvrages au public, tels que les Mille et Un Quart d'Heure, les Sultanes de Guzarate, etc. Mais nous ne devons parler ici que de ce qu'il a fait pour le théâtre; savoir : les Comédiens par hasard, Arlequin Pluton, le Trésor supposé, l'Amour Précepteur, l'Horoscope accompli. Dans le Théâtre Italien de Louis Riccoboni, il y a plusieurs pièces italiennes traduites en français, à côté de l'italien, par Gueullette, qui possédoit très-bien et parloit facilement cette dernière langue. Ces pièces sont, la Vie est un Songe, la Griselde, la Statue de l'Honneur, et beaucoup de canevas de comédies italiennes, pareillement traduits, que l'on distribuoit à la porte du parterre.

AUTREAU.

Non content de manier tour à tour la plume et le pinceau, Autreau eut encore le double avantage d'introduire notre langue sur le théâtre italien, et de ramener sur la scène française un genre de comique presque oublié. Son nom, qui fait époque sur les deux théâtres, doit donc être également cher aux deux troupes. Sous un air simple et modeste, Autreau cachoit un esprit fin, délicat et facile. Le ton de gaieté qui règne dans ses ouvrages est d'autant plus surprenant, qu'il avoit dans l'âme un fonds de tristesse et de mélancolie, causées par sa mauvaise fortune, qui alloit quelquefois jusqu'à la misantropie. Cette facilité, qui le rendoit propre à tous les genres, se manifeste principalement par la simplicité de sa composition, une expression naturelle, et le style le plus convenable au sujet. Il rapportoit tout à ce dernier objet, et lui sacrifioit souvent une certaine noblesse, et quelquefois la bienséance. Il réussissoit principalement à peindre les ridicules ; mais l'on sent qu'il auroit pu avoir le même succès en adoptant le haut comique, si la singularité de son caractère, et la médiocrité de sa fortune, ne l'eussent pas éloigné du grand monde. Les dénoûmens de ses comédies ne sont point heureux, et ne causent aucune surprise ; parce que l'intrigue en est si simple, qu'on en prévoit d'abord toutes les suites. On croit pourtant que cet auteur, qui, sans doute, ne doit être placé que parmi les comiques du second ordre, eût pu occuper les premiers

GUEULLETTE.

Peu d'auteurs ont donné plus d'ouvrages au public, tels que les Mille et Un Quart d'Heure, les Sultanes de Guzarate, etc. Mais nous ne devons parler ici que de ce qu'il a fait pour le théâtre ; savoir : les Comédiens par hasard, Arlequin Pluton, le Trésor supposé, l'Amour Précepteur, l'Horoscope accompli. Dans le Théâtre Italien de Louis Riccoboni, il y a plusieurs pièces italiennes traduites en français, à côté de l'italien, par Gueullette, qui possédoit très-bien et parloit facilement cette dernière langue. Ces pièces sont, la Vie est un Songe, la Griselde, la Statue de l'Honneur, et beaucoup de canevas de comédies italiennes, pareillement traduits, que l'on distribuoit à la porte du parterre.

AUTREAU.

Non content de manier tour à tour la plume et le pinceau, Autreau eut encore le double avantage d'introduire notre langue sur le théâtre italien, et de ramener sur la scène française un genre de comique presque oublié. Son nom, qui fait époque sur les deux théâtres, doit donc être également cher aux deux troupes. Sous un air simple et modeste, Autreau cachoit un esprit fin, délicat et facile. Le ton de gaieté qui règne dans ses ouvrages est d'autant plus surprenant, qu'il avoit dans l'âme un fonds de tristesse et de mélancolie, causées par sa mauvaise fortune, qui alloit quelquefois jusqu'à la misantropie. Cette facilité, qui le rendoit propre à tous les genres, se manifeste principalement par la simplicité de sa composition, une expression naturelle, et le style le plus convenable au sujet. Il rapportoit tout à ce dernier objet, et lui sacrifioit souvent une certaine noblesse, et quelquefois la bienséance. Il réussissoit principalement à peindre les ridicules ; mais l'on sent qu'il auroit pu avoir le même succès en adoptant le haut comique, si la singularité de son caractère, et la médiocrité de sa fortune, ne l'eussent pas éloigné du grand monde. Les dénoûmens de ses comédies ne sont point heureux, et ne causent aucune surprise ; parce que l'intrigue en est si simple, qu'on en prévoit d'abord toutes les suites. On croit pourtant que cet auteur, qui, sans doute, ne doit être placé que parmi les comiques du second ordre, eût pu occuper les premiers rangs, s'il n'eut pas fait usage si tard de ses talens pour le genre théâtral.

VOLTAIRE.

Lorsque Voltaire entra dans la carrière dramatique, tous les genres sembloient être épuisés : le grand, le sublime, par Corneille; le tendre, le touchant, par Racine; le fort, le terrible, par Crébillon. Il falloit donc que Voltaire se frayât une nouvelle route; et il le fit. Il réunit ces trois genres, qui avoient, chacun à part, illustré trois grands hommes; il y ajouta une harmonie, un coloris, jusqu'alors inconnus dans notre poésie, et une sorte de philosophie encore moins connue sur la scène. Jusque-là on s'étoit borné à rendre les grands crimes odieux; Voltaire fait plus, il rend la vertu aimable; chacun de ses drames est le panégyrique de l'humanité. Il en est peu, s'il est permis de le dire, dont on ne sorte plus honnête homme qu'on n'y étoit entré. Un tel genre, qui rassemble tous les autres, ajoute à leur perfection, et manquoit à celle du théâtre; seul, il pouvoit assurer à l'auteur une gloire immortelle.

Voltaire, qui, favorisé par la nature des talens les plus opposés, ambitionna toutes les espèces de gloire, a voulu aussi s'exercer dans le genre comique; et si ses comédies ne sont pas parfaites, elles se font lire avec plaisir. La plupart ont eu du succès à la représentation. On y reconnoît, en général, le talent singulier et rare de cet auteur à la légèreté du style, à la vivacité du dialogue, à la finesse de quelques traits, et à l'élégance caractéristique de plusieurs vers frappés à son coin. S'il offre quelquefois du bas et du trivial, si quelques-uns de ses rôles sont insipides ou maussadement plaisans, comme la Baronne de Croupillac dans l'Enfant Prodigue; enfin, si parmi d'excellentes plaisanteries, il y en a plusieurs de fausses, il faut excuser ces défauts dans un homme qui a plus cultivé l'art de Sophocle, que celui d'Aristophane.

Les pièces de Voltaire attirent plus de monde aux spectacles, que les meilleures de nos trois grands poëtes tragiques. En général, il est plus pathétique; il a mis plus d'action sur le théâtre; le sujet de ses tragédies est d'un intérêt plus universel; le moment de la catastrophe a quelque chose de plus imposant; il peint avec un coloris plus brillant; il est plus sentencieux; et chacune de ces maximes exprime une grande vérité. Il est vrai que ces sentences détachées ne sont pas favorables à l'attendrissement, et qu'elles sont proscrites par le goût. Mais elles font illusion à la multitude, qui n'examine pas si la pièce est bâtie sur des fondemens solides, si le dialogue n'est pas quelquefois trop coupé; si les mêmes tours, les mêmes antithèses ne reviennent pas trop souvent; si les plans de certaines pièces ne sont pas copiés chez nos auteurs ou chez les écrivains étrangers; si certains vers ne sont pas des imitations trop marquées, ou même de simples réminiscences de ceux de Corneille et de Racine, etc., etc. Le public frappé par le brillant des couleurs, ferme les yeux sur les défauts; et si Voltaire est moins estimé que nos trois grands poëtes, il est plus goûté, puisqu'il est plus suivi. Il ne fait pas des miracles, dit l'abbé Trublet, il fait des prestiges.

Voltaire a aussi composé des opéras; mais les lauriers qu'il a recueillis sur la scène lyrique, n'ont point la fraîcheur de ceux dont il a été couronné plusieurs fois sur la scène tragique. Il a eu la modestie de l'avouer. « J'ai
» fait, dit-il dans ses Lettres Secrètes, une
» grande sottise de composer un opéra; mais
» l'envie de travailler pour un homme comme

» M. Rameau, m'avoit emporté. Je ne son-
» geois qu'à son génie ; et je ne m'apercevois
» pas que le mien (si tant est que j'en aie un)
» n'est point fait du tout pour le genre lyri-
» que. Aussi je lui mandois, il y a quelque
» temps, que j'aurois plutôt fait un poëme
» épique, que je n'aurois rempli des canevas.
» Ce n'est pas assurément que je méprise ce
» genre d'ouvrage ; il n'y en a aucun de mé-
» prisable ; mais c'est un talent qui, je crois,
» me manque entièrement. »

MONCRIF.

Attaché à M. le comte de Clermont, en qualité de secrétaire de ses commandemens, Moncrif voulut contribuer aux amusemens de madame la duchesse douairière ; et ce fut pour cette princesse qu'il composa, en 1732, la comédie en un acte, et en vers libres, des *Abdérites*, qu'il lui dédia. Cette pièce fut jouée à Fontainebleau, au mois de novembre de la même année ; mais elle ne parut point sur le théâtre de Paris, où nous ne devons pas dissimuler qu'elle eût eu peu de succès ; parce que ce genre d'ouvrage demande des talens particuliers, que Moncrif n'avoit pas. On lui attribue cependant encore une autre comédie, intitulée *la Fausse Magie*, représentée sur le théâtre de la Comédie Italienne. Cet auteur, dont les premiers essais lyriques avoient eu du succès, se voua, pour ainsi dire, à ce seul genre ; car ce n'étoit pas en sortir, que de faire, par intervalles, quelques couplets délicats et naïfs dans le goût de nos anciennes chansons. On le vit cependant publier, de temps à autre, quelques légères dissertations sur des matières utiles ; mais son talent particulier le ramenoit à la romance et à la muse de l'Opéra. Son acte de *Zélindor*, surtout, fit le plus grand plaisir ; et il est un des jolis ouvrages qu'on remontre au public avec le plus de confiance. Ses autres pièces sont : *l'Empire de l'Amour*, *Linus*, *Almasis*, *Ismène*, *les Génies tutélaires*, *la Sybille*, *les Ames réunies*.

SAINT-FOIX.

De quatre ou cinq volumes de pièces de théâtre que Saint-Foix avoit imprimées ou fait représenter, il n'y a guère que deux comédies qui aient surnagé ; *l'Oracle* et *les Grâces* : toutes les autres, malgré les éloges qu'il leur donne lui-même dans ses préfaces, sont à peu près oubliées. *L'Oracle* eut un succès

cès prodigieux dans sa nouveauté. Il en fut redevable, en grande partie, à la réputation et à la beauté, alors naissante, d'une actrice qui faisoit les délices de Paris, et qui, dans le rôle de Lucinde, développoit tous les charmes de sa figure et de sa voix, également faites pour l'amour. La pièce, qui d'ailleurs est écrite avec délicatesse, s'est toujours soutenue sur la scène, ainsi que *les Grâces*. Ces deux drames offrent, sur le théâtre, des tableaux séduisans. Mais oseroit-on comparer ce petit genre, fondé tout entier sur les prestiges de la féerie, au vrai genre de la comédie, fondé sur l'étude de la nature et des mœurs ? Qui ne voit qu'un acte de comédie ingénieux et gai, vaut cent fois mieux que ces bagatelles agréables, et suppose beaucoup plus de talent et d'esprit. Le dialogue naturel et la gaieté des petites pièces de Dancourt, qui pourtant ne sont que d'un comique du second ordre, ne sont-ils pas au-dessus de toutes les féeries possibles, autant qu'un joli roman est au-dessus d'un conte de fées ?

Des peintures naïves du cœur ; une diction pure, correcte, élégante ; un dialogue vif et décent, caractérisent cependant la plupart des pièces de Saint-Foix. Ses plaisanteries sont rarement hasardées ; et son badinage fait d'autant plus de plaisir, qu'il a toujours l'air naturel, même en offrant des traits ingénieux.

DE L'ISLE.

Cet auteur a mené une vie fort obscure ; ce qui est cause qu'avec beaucoup de talent pour le genre dramatique, il a été peu connu des gens du monde, qu'il fuyoit. Ses pièces, dont plusieurs lui font honneur, sont : *Arlequin Sauvage, Timon le Misantrope, le Banquet des Sept Sages, le Banquet ridicule, le Faucon, les Oies de Bocace, les Bergers d'Amphrise, Arlequin Astrologue, Arlequin Grand Mogol, le Valet Auteur, les Caprices du cœur et de l'esprit, Danaüs, Abdilly.*

BOISSY.

On ne trouve pas toujours dans les comédies de Boissy un plan bien imaginé, ni une intrigue bien conduite ; il savoit composer une scène, et non une pièce entière ; semblable à cet artiste d'Horace, qui rendoit parfaitement, avec le ciseau, toutes les parties isolées du corps humain, et ne savoit pas faire une statue. Tous ses drames ne doivent cependant pas être compris dans cette critique générale. Quelques pièces que nous avons de lui, prouvent qu'il observoit quelquefois les règles du théâtre : ses caractères ont communément peu de naturel et de vérité ; parce qu'il ne les peignoit que d'après son imagination, et qu'elle ne lui présentoit que des êtres chimériques. On seroit tenté de croire qu'il ne se sentoit pas assez de force pour traiter certains sujets importans, et dignes de la censure théâtrale ; car ses moralités ne roulent ordinairement que sur les ridicules des abbés, des gens nobles, des financiers, des petits-maîtres, des gascons, etc. Pour remplir le vide d'un acte ou d'une scène, il avoit recours à des portraits qui plaisent, à la vérité, par le ton et la vivacité des couleurs ; mais dont l'assemblage ne peut jamais former un grand tableau. Son esprit lui eût fourni les moyens de remplir plus glorieusement sa carrière, s'il se fût donné la peine d'étudier les hommes, et d'approfondir les principes de son art ; il auroit fortifié ses talens naturels ; et en étendant les bornes de son génie, il ne se seroit pas vu réduit à la foible ressource du portrait et de la nouvelle du jour, qui font la base de toutes ses œuvres dramatiques. Aussi a-t-il eu très-peu de réputation de son vivant, et beaucoup moins depuis sa mort. Il y a peu de lectures aussi fastidieuses que celle de ses ouvrages. Son esprit est frivole, son style froid et plein d'affectation ; ses scènes sont remplies de hors-d'œuvres et de morceaux de commande, qui nuisent à ce qu'on appelle le dialogue; il ne procède que par définitions et par tirades; et ces tirades, quoiqu'avec beaucoup de prétention à l'esprit, sont toujours communes et médiocres. On n'a pas retenu de lui un seul vers vraiment comique ; il ne savoit que saisir, avec un empressement puérile, tous les événemens du jour, qui ne pouvoient faire qu'un vaudeville passager. On joue encore de lui trois ou quatre petites pièces infiniment médiocres, que le jeu des acteurs a fait supporter au théâtre. La seule où il y ait quelque talent, est celle de *l'Homme du jour*, qui pourroit être au rang de nos bonnes pièces, si elle n'étoit pas aussi foiblement écrite.

PIRON.

Ce poëte commença sa carrière dramatique par des opéras comiques et des parodies, qu'il composa tantôt seul, tantôt en société avec Le Sage et d'Orneval, pour les spectacles forains. Il débuta, en 1721, par *Arle-*

quin Deucalion, qui fut suivi de vingt autres pièces de ce genre, dont il n'y avoit qu'un très-petit nombre qui eussent été imprimées, avant que Rigoley de Juvigny eût publié une collection complète en sept volumes des œuvres de ce poëte. On connoît l'opéra comique qui a pour titre *le Pucelage*, ou *la Rose*, qu'on a redonné souvent, et imprimé sous celui des *Jardins de l'Hymen*. Mais Piron eut l'ambition de briller sur un théâtre plus élevé, et composa des comédies, des tragédies et des pastorales. Son début comique fut *l'Ecole des Pères*, connue d'abord sous le titre des *Fils ingrats*. Cette pièce est du genre noble : le dénoûment en est pathétique ; mais l'auteur a introduit un paysan qui y jette une sorte de gaieté. Le roman de Tharsis et Zélie a donné à Piron l'idée de sa pastorale des *Courses de Tempé*. Tendresse, galanterie, enjouement, traits comiques, terreur même et pitié, et jusqu'à du burlesque, il entre de tout dans cette pièce, qui réunit à la fois les fleurs des champs et celles des parterres, les mœurs des villes et celles de la campagne. *La Métromanie* et *Gustave*, la première surtout, assure à son auteur, dans le genre comique, la réputation d'homme de génie. Son succès au théâtre prouve le discernement, le goût et l'équité du public. Cette pièce, la meilleure qui ait paru depuis le Joueur de Regnard, est ingénieuse, plaisante, semée de traits neufs, bien conduite et bien écrite. Son succès fut éclatant; et on ne s'en lassera jamais au théâtre et à la lecture : tout y est préparé, amené, contrasté comme dans les ouvrages des plus grands maîtres. Le caractère de Franc-Aleu est d'un comique charmant ; et les autres personnages de la pièce ne sont pas moins agréables à voir sur la scène. Le *Gustave*, le *Callisthène* et le *Fernand Cortez* de Piron, ont des beautés particulières qui décèlent un génie original ; mais sa versification flatte peu l'oreille, et par conséquent ne va point au cœur.

L'ABBÉ D'ALLAINVAL.

Il y a d'excellentes choses dans sa comédie de *L'Embarras des Richesses*, dont cet auteur, extrêmement pauvre, n'a pas dû prendre l'idée d'après sa propre expérience. On voit reparoître de temps en temps au Théâtre Français son *Ecole des Bourgeois*, avec d'autant plus de plaisir, qu'elle est pleine de ce bon comique, qui caractérise les ouvrages de Molière.

ROMAGNÉSI.

Romagnési est, dans ses ouvrages, ce qu'il étoit sur le théâtre, acteur intelligent dans tous les rôles, et excellent dans ceux de son genre. Né avec un esprit fin, plaisant et juste, instruit des principes de tous les genres dramatiques, il auroit réussi dans plusieurs, s'il s'y fût borné, et sérieusement appliqué. Ses comédies sont de deux espèces : dans celles qui ont les mœurs pour objet, il a su donner à la marche de l'action, cette simple aisance, qui semble l'ouvrage de la nature, et à ses caractères, leur air, leurs traits, leur physionomie. Les autres ne sont, à proprement parler, que des divertissemens sur toutes sortes de sujets ; mais on trouve un sel fin, une plaisanterie, tantôt douce, enjouée, tantôt piquante, quelquefois amère ; en un mot, du vrai comique, et quelques bouffonneries assez divertissantes dans les dernières. Son style a le tour de son esprit, libre, aisé, net : c'est partout celui de la chose, plutôt que de l'auteur. On pourroit lui reprocher d'avoir composé un trop grand nombre de ces ouvrages, qui n'ont, en quelque sorte, aucun but, et de n'avoir point employé son talent à se rendre plus utile à ses compatriotes. Peut-être que sa fortune ne lui permettoit pas d'abandonner le théâtre, ou que son zèle, pour l'intérêt de sa troupe, l'a porté à lui sacrifier celui de sa gloire.

PHILIPPE POISSON.

Il étoit fils de Raimond, dont nous avons parlé, et joignoit au naturel que son père mit dans ses comédies, plus d'exactitude dans la conduite, plus de décence et de pureté dans l'expression. Il dialogue et versifie avec facilité, entend l'art des contrastes, et sait égayer les sujets qu'il traite; en un mot, il figure avec honneur dans la classe de ces écrivains, qui, sans avoir atteint le sublime de l'art, l'ont enrichi de productions utiles et agréables. On sait trop que cette classe, beaucoup plus nombreuse que la première, l'est et le sera toujours bien moins, que celle qui vient après. Ses deux meilleures pièces, *le Procureur Arbitre*, et *l'Impromptu de Campagne*, reparoissent très-souvent sur la Scène Française.

D'AIGUEBERRE.

D'AIGUEBERRE.

Cet auteur ne jugea pas à propos de poursuivre la carrière dramatique, à laquelle il s'étoit livré pendant sa jeunesse. Les dispositions heureuses qu'on remarque dans quelques-unes de ses comédies, font regretter qu'il ait abandonné ce genre. Il y a toute apparence, qu'avec un peu de culture, ses talens lui auroient fait un nom parmi les auteurs du théâtre. Sa pièce des *Trois Spectacles* annonce vraiment un esprit propre à occuper la scène, et à y recueillir des applaudissemens.

PANARD.

Sous le règne de l'ancien Opéra Comique, avant que l'uniforme ennui des ariettes eût pris la place de la gaieté piquante de nos vaudevilles, Panard se distingua particulièrement parmi les auteurs de ce genre : quelques personnes l'appeloient le La Fontaine du Vaudeville ; parce qu'il lui ressembloit en effet par quelques endroits, et dans ses ouvrages, et dans la conduite de sa vie. Il eut, comme le fabuliste, la plus grande incurie pour sa fortune ; il vécut pauvre, et mourut de même. C'est dommage qu'il n'ait pas été porté dans le grand monde ; ses idées, dans ses vaudevilles, eussent été moins circonscrites. Ses traits ne tombent guère que sur quelques états, marchands, commis, procureurs, banquiers, gens de lettres, etc.

FAGAN.

Fagan, né avec des talens réels, sembla d'abord devoir augmenter le nombre de nos grands comiques. Ses premiers pas le conduisirent assez loin dans cette carrière, aujourd'hui si peu fréquentée. Il fixa les regards du public, et contracta avec lui un de ces engagemens difficiles à remplir, celui de faire mieux, après avoir bien fait, ou du moins, de ne pas décliner. *Le Rendez-vous*, et *la Pupille*, obtiendront toujours des suffrages. On doit, surtout, regarder *la Pupille* comme le chef-d'œuvre de cet auteur. Si l'idée n'en est pas absolument neuve, elle le devient par la manière dont elle est rendue. Fagan eut depuis d'autres succès ; quelques autres de ses comédies sont même restées au théâtre ; mais rarement il est, dans ses pièces, tout ce qu'il pouvoit être : les unes pèchent par le sujet, les autres par l'exécution. Ses vers, et surtout les vers libres, sont très-inférieurs à sa prose, qui, elle-même, n'est point sans défauts; trop de négligence la dépare. Son grand mérite est la simplicité; et ceux qui écrivent, savent combien cette élégante simplicité coûte à soutenir. D'un autre côté, l'auteur n'examinoit pas toujous assez le fonds sur lequel il bâtissoit une intrigue, témoin, entr'autres pièces, *l'Amitié rivale* ; c'est construire sur un terrain mouvant, un vaste et pesant édifice; ou, si l'on veut, c'est semer sur une terre aride et stérile : mais il faut l'avouer, Fagan savoit quelquefois tirer parti d'un sujet vicieux. Il conduit sagement et vivement une intrigue ; il supplée aux détails par des situations piquantes et variées; il remplace les mots par des choses, et préfère les beautés naturelles du génie, aux faux brillans du bel esprit. Le genre et l'étendue de ses productions permettent de le placer, tout au plus, parmi les comiques du second rang; peut-être eût-il approché des maîtres de l'art, s'il les eût plus souvent consultés ; si l'étude et le travail eussent en lui secondé la Nature.

LAUNAY.

Les comédies qui sont véritablement de Launay, ou du moins que personne ne lui conteste, sont: *la Vérité Fabuliste*, et *le Paresseux*. On y remarque l'empreinte de l'esprit et du talent. Launay avoit étudié les vrais principes de son art; il ne perdoit point de vue les grands modèles; et il est à croire qu'un plus grand nombre de productions dramatiques eût complété sa réputation dans ce genre.

PONT-DE-VEYLE.

Le marquis de Pont-de-Veyle voulut essayer ses forces dans le genre dramatique; il donna (en gardant l'incognito) la comédie du *Complaisant*, pièce de caractère, qui est restée au théâtre, et qu'on revoit toujours avec plaisir. Mademoiselle Quinault, excellente actrice, avec laquelle il étoit lié, avoit été frappée de l'usage qu'on pouvoit faire sur la scène du *Gascon puni;* elle l'avoit proposé à plusieurs auteurs, entr'autres à la Chaussée; il n'avoit pas cru pouvoir traiter décemment un pareil sujet. Pont-de-Veyle l'entreprit, et en fit *le Fat puni*, qui réunit au mérite de la difficulté vaincue, celui d'une intrigue bien conduite, sans indécence, malgré le sujet, et d'un style vif, naturel et plein de traits, sans aucune affectation. Il a eu aussi une très-grande part à la comédie du *Somnan-bule*, petite pièce qui a eu et a toujours beaucoup de succès. On ne parle point de plusieurs autres ouvrages de société, des comédies, des scènes d'opéras, des prologues, des complimens, enfin jusqu'à des parades.

LA CHAUSSÉE.

La Chaussée s'est exercé, avec succès, dans un genre qu'on avoit perdu de vue, mais dont il n'est pas l'inventeur. Je mettrois à la tête de ses comédies, *l'Ecole des Mères*; et le premier de ses drames romanesques seroit, à mon goût, *Mélanide*. *Maximien* a des beautés, ainsi que *le Préjugé à la mode*, qui est extrêmement intéressant ; mais, après ces quatre pièces, je ne vois plus guère que des ouvrages médiocres, souillés d'un mauvais goût de roman ; qui déprime beaucoup le talent de la Chaussée. Rien de vrai, rien de naturel, point de ces plans heureux, qui se développent sans peine, et qui nous offrent une action qui attache sans fatiguer.

Cependant le genre qui distingue cet auteur a eu des adversaires ardens, des sectateurs zélés, des imitateurs illustres; et, ce qui prouve encore plus en sa faveur; il s'est fait souvent applaudir du public. Il est difficile que toute une nation ait tort d'avoir du plaisir ; se borner à un seul genre, c'est adopter une fleur dans un riche parterre, et faire inhumainement arracher toutes les autres : c'est ressembler à ce philosophe, qui ne voyoit qu'une couleur dans toute la nature. L'admirable Molière, et ceux qui l'ont suivi de près ou de loin, se sont attachés à peindre nos ridicules ; et sans doute, le comble de l'art est de nous divertir par cette peinture : d'autres se sont bornés à conduire, à dialoguer vivement une intrigue plaisante ; quelques-uns à développer le sentiment dans tout son naturel ; quelques autres à y porter la métaphysique la plus déliée, et quelquefois la plus abstraite.

Le genre de la Chaussée tient en partie de tous les précédens ; il y joignoit le pathétique, ce qui valut à ses pièces le surnom de comédies larmoyantes ; surnom moins ridicule qu'on ne l'a cru, puisqu'il a été un temps où l'on nommoit comédies, les tragédies mêmes. Eh quoi ! ne devons-nous donc nous attendrir que sur les malheurs ou les foiblesses des grands ? L'esprit de subordination ne s'étend point jusque-là ; il dégénéreroit en esclavage, en fanatisme. La vie humaine est semée de circonstances tour à tour agréables, touchantes, bizarres ou ridicules : toutes les conditions peuvent en fournir des exemples; et ces sortes de tableaux plairont toujours par la vérité de l'imagination.

Ce qui paroît avoir le plus révolté dans ce nouveau genre, est le passage subit du comique au sérieux, et souvent le mélange de l'un et de l'autre; mais rien de plus ordinaire que de voir un valet rire, tandis que son maître s'afflige; que de voir la tristesse et la joie habiter un même séjour, partager une même famille; et, qui plus est, agiter une même personne : mais, pour bien exprimer un pareil constraste, il faut être pour le moins un Rubens en poésie. La Chaussée ne seroit donc, tout au plus, blâmable que dans l'exécution; quant à son projet, il est fondé sur la nature, les mœurs du temps et l'expérience de chaque jour. On voit de plus, que cet auteur connoît le théâtre : il entend la coupe d'une pièce ; il sait filer une scène; son dialogue est facile, et sa versification quelquefois élégante : avec tous ces avantages, il ne paroît pas avoir perfectionné le genre auquel il s'est attaché. Il peint beaucoup moins qu'il ne disserte; il veut toujours instruire, et ignore l'art de joindre les fleurs aux fruits; ses moralités, trop fréquentes et trop longues, dégénèrent en froids sermons; j'en excepte *le Préjugé à la mode* et *Mélanide*, où la morale est presque toujours en situation. C'est sur ces deux pièces, que la réputation de la Chaussée paroît le mieux établie ; elles serviront de passe-port à son nom, et ne risquent pas d'être promptement oubliées; l'une est fondée sur la nature, qui est à peu près toujours la même; l'autre, sur un préjugé qu'elle n'a pas, à beaucoup près, détruit : en un mot, la Chaussée tiendra un rang parmi ces auteurs, dont le mérite est suffisant pour se faire long-temps applaudir, mais non pour se faire admirer.

MORAND.

Pierre de Morand composa la tragédie de *Téglis*, qui eut quelque succès. Cette pièce offre des situations nobles et touchantes, et beaucoup d'intelligence de l'art dramatique; il ne lui manque, ainsi qu'à ses autres ouvrages, qu'un coloris plus brillant. Il donna ensuite *Childéric*, pièce extrêmement compliquée, mais pleine de traits de force et de génie, et
faite

faite sur le modèle d'*Héraclius*. *L'Esprit de divorce* vint après ; c'est une des meilleures pièces de notre poëte.

LE FRANC DE POMPIGNAN.

En lisant les ouvrages dramatiques de Le Franc, on sent que cet auteur connoît les bonnes sources, et qu'il sait y puiser. Sage, mais libre dans son essor, il étale dans sa tragédie de *Didon*, toutes les beautés du quatrième chant de l'Enéide : on parle uniquement de celles qui ont rapport à l'expression ; car il sait enchérir sur les caractères. Le sentiment, la pitié, voilà les ressorts qu'il emploie pour nous émouvoir ; et ces ressorts maîtrisent à coup sûr nos âmes. Le sujet de Didon avoit toujours paru peu dramatique ; cependant Le Franc l'a mis sur le théâtre avec un succès distingué. Le style de sa pièce est pur et coulant ; mais le défaut de contraste dans les caractères, n'en rend pas la lecture aussi agréable que la représentation ; et il n'y a pas assez de ces différentes passions qui, se croisant les unes avec les autres, produisent l'intérêt qu'on prend à la tragédie. *Didon* est la meilleure réponse qu'on puisse opposer aux détracteurs de Racine ; à ceux qui prétendent que s'il n'eût paru que dans notre siècle, il eût trouvé peu d'admirateurs. Se faire applaudir dans un genre, qui a été celui de ce grand poëte, n'est-ce pas prouver le mérite du modèle par celui de l'imitation? Pourquoi donc l'auteur s'est-il borné à cet heureux coup d'essai? Craignoit-il des revers? Ses premiers lauriers n'en eussent point été flétris. Il est peu de grands hommes, qui aient éprouvé des succès toujours constans. Quoi qu'il en soit, Le Franc nous a dédommagés de cette réserve par des productions d'un genre très-opposé, et d'un mérite à peu près égal. Couronné par Melpomène, il a dérobé à Thalie un de ses crayons; elle-même lui a fourni les principaux traits des *Adieux de Mars*; et dans ses opéras, l'heureux tour de ses vers facilite l'art du musicien.

LA BRUÈRE.

On doit présumer que La Bruère étudia son génie et le genre qui lui étoit propre. Sa petite comédie des *Mécontens*, quoique bien écrite, paroît lui avoir ôté le dessein d'en faire d'autres. Il sentit que la morale de Thalie devoit être débitée par les ris; qu'elle devoit instruire, mais surtout amuser; et on voit qu'il étoit né sérieux. Le genre lyrique parut lui offrir plus de facilité; du moins, il s'y livra plus constamment, et y réussit mieux. Une poésie délicate et naturelle, caractérise tous ses opéras. Il a su être énergique sans être dur, et ingénieux, sans s'écarter de l'expression du sentiment.

LA GRANGE.

On remarque dans plusieurs des pièces de la Grange, le talent de bien conduire un sujet, et dans toutes, l'art de bien filer une scène. Il sait amener un divertissement et assaisonner un vaudeville; il n'en est aucun de ceux qui terminent ses comédies, qu'on ne puisse entendre avec plaisir, et retenir avec facilité; enfin, cet auteur a été et peut encore être utile aux différens théâtres, pour lesquels il s'est exercé.

L'ABBÉ LE BLANC.

L'Abensaïd de l'abbé Le Blanc, est un sujet intéressant, traité par un homme d'esprit, qui sait nouer une intrigue, préparer une catastrophe, ménager des coups de théâtre, tracer des caractères; mais qui ne sait pas écrire avec cette douceur élégante, qui n'est point incompatible avec la précision et la force.

LANOUE.

Les ouvrages de Lanoue décèlent un génie flexible, un goût sûr, le ton le plus propre au sujet qu'il traite, et de l'aptitude à traiter plus d'un genre. Il paroît également à son aise, et dans le cothurne et dans le brodequin : tel fut en lui l'auteur ; et ces traits lui peuvent être également appliqués dans son autre profession ; c'est dans toutes les deux, le même goût.

La *Coquette corrigée* est une des meilleures pièces de caractère, qui aient été faites de nos jours, quoiqu'elle ne soit pas non plus exempte de défauts. Il n'y a pas de théâtre de province où elle ne reparoisse trois ou quatre fois par an, et toujours avec de nouveaux applaudissemens. On la revoit avec le même plaisir dans la capitale. Cette pièce offre des détails très-piquans, et des vers que tout le monde sait par cœur. Tels sont ceux entr'autres, qui règlent la conduite d'un honnête homme, trompé par une maîtresse perfide :

Le bruit est pour le fat, la plainte pour le sot,
L'honnête homme trompé s'éloigne et ne dit mot.

Ces vers sont applicables à plus d'une circonstance de la vie.

LAFFICHARD.

Cet auteur avoit l'esprit plaisant et juste ; et s'il eût joint l'étude des règles à celle des poëtes dramatiques ; s'il avoit fréquenté les gens du monde, et qu'il eût eu moins d'indifférence pour la célébrité ; en un mot, s'il se fût plus occupé de son art et de la gloire qu'il procure, il avoit assez d'esprit et de gaieté, pour se faire de la réputation dans un genre, où il ne s'est exercé que par amusement.

GUYOT DE MERVILLE.

Il donna plusieurs pièces au Théâtre Français ; mais ni ses chutes, ni ses succès, ne purent le réconcilier avec ceux des acteurs dont il croyoit avoir à se plaindre. Les applaudissemens que le public donna à quelques-unes de ses pièces, et surtout au *Consentement forcé*, qu'on regardera toujours comme un chef-d'œuvre dans son genre, auroient dû faire cesser toute cette querelle ; mais de nouveaux dégoûts l'obligèrent de renoncer à ce théâtre ;

et de porter ses ouvrages aux comédiens Italiens. Il y eut encore de grands succès, et de plus grandes tribulations ; car il ne sut jamais fléchir le genou, ni écarter des concurrens par des intrigues, ni se procurer des succès apparens, par des démarches humiliantes. Il avoit pris Molière pour modèle, tâchant d'imiter dans son style et dans ses peintures des mœurs, la simplicité de ce grand homme.

CAHUZAC.

L'opéra est ce qui occupa principalement cet auteur. Tous ses ouvrages furent honorés de la musique de Rameau ; et il eut le bonheur de ne point éprouver de chute dans cette carrière, dans laquelle il parut s'ouvrir une route nouvelle. L'art de lier les divertissemens à l'action, de les en faire naître, de les varier, de les rendre animés, sembloit lui être réservé. Il a rappelé sur la scène lyrique, la grande machine si négligée depuis Quinault, et si nécessaire à ce théâtre.

PESSELIER.

Pesselier commença à travailler pour le théâtre en 1737, et a donné trois comédies ; *la Mascarade du Parnasse, l'Ecole du Temps,* pièce qui fut applaudie pour la légèreté du style et les agrémens de la versification, mais dans laquelle on souhaiteroit plus d'unité dans le dessein, et moins de longueurs : *Esope au Parnasse*, petite comédie estimable par la facilité de l'expression, le discernement, le jugement et le goût qui y règnent.

BERNARD.

L'opéra de *Castor* est un modèle de poésie ingénieuse et tendre, aussi propre à s'allier avec la musique, qu'à lui fournir les moyens de déployer toutes ses richesses. Le plan en est finement conçu, l'intérêt vif; les scènes sont bien distribuées, les airs bien amenés, les sentimens aussi variés que naturels : le poëte a su y mettre en jeu, et toujours à propos, les différens ressorts du théâtre, pour lequel il travailloit. Il seroit à souhaiter que le génie de Rameau eût toujours été aussi heureusement secondé par tous les ouvrages qu'il a honorés de sa musique.

FAVART.

Le Théâtre de Favart, si piquant par sa singularité, par la variété des compositions, et par les agrémens répandus dans toutes ses pièces, réunit presque tous les genres, qui, depuis 60 ans, ont fait l'objet de nos spectacles; opéras comiques, parodies, comédies lyriques, pastorales, pièces de sentimens, etc. : tout ce que le Théâtre Italien et celui de la Foire ont produit de plus ingénieux dans les nouveaux genres qui s'y sont introduits successivement, se trouve ici rassemblé. Ainsi, ceux qui voudront connoître les divers génies de ces deux théâtres, dans la durée du temps qu'embrasse la collection de ses ouvrages, les y reconnoîtront sans peine ; parce qu'il leur a souvent donné le ton, au lieu de le prendre; ce qui montre, dans cet agréable écrivain, une supériorité de talent, qu'on ne met plus en question. L'histoire des productions de Favart est donc, en quelque sorte, celle des deux théâtres auxquels il s'est le plus attaché ; et l'on verra qu'aucun auteur n'a mieux réussi à varier nos amusemens. Dans le recueil imprimé des œuvres de Favart, 1763, 10 vol. in-8°., le cinquième tome a été mis sous le nom de sa femme, qui a eu effectivement part aux pièces où l'on a mis son nom : elle réunissoit le talent de la composition à ceux de l'action.

MONDORGE.

MONDORGE.

On doit le compter parmi le petit nombre d'hommes favorisés de la fortune, qui ont cultivé les lettres avec quelque succès. Peut-être devroit-on plutôt le ranger parmi les amateurs, que parmi les auteurs, quoiqu'il ait donné quelques ouvrages. Lorsqu'il composa *les Fêtes d'Hébé*, plus connues sous le nom des *Talens lyriques*, il eut le bonheur de rencontrer pour musicien le grand Rameau; et quoique ses paroles n'eussent ni toutes les grâces de Quinault, ni toute la finesse de la Motte, elles fournissoient un assez beau canevas au génie du musicien. Avec un homme tel que Rameau, il n'étoit guère possible qu'un ouvrage, même médiocre, n'eût qu'un médiocre succès. *Les Fêtes d'Hébé* furent assez bien reçues : on ne sauroit nier qu'elles ne méritassent, à certains égards, le succès qu'elles obtinrent. Le sujet étoit heureusement choisi ; et l'on trouve, de temps en temps, quelques détails dignes du sujet. Ce qu'il faut remarquer, surtout, c'est que cet opéra est un des premiers, où l'on ait essayé de venger cette espèce de poëme du reproche de fadeur et de foiblesse, que les bons juges lui ont fait souvent, avec quelque raison. L'acte de *Tyrtée* ne roule point sur ces lieux communs de morale lubrique, réchauffés par les sons de Lully, et censurés par le sage Despréaux. La harangue de ce libérateur des Spartiates, est du ton le plus noble; c'est vraiment une harangue militaire.

L'ABBÉ DE LA MARRE.

La Marre, un des auteurs du dernier siècle, qui aient eu les talens convenables à la scène lyrique, laissa l'opéra de *Titon et l'Aurore*, imparfait : on le mit entre les mains de Mondonville, qui ne soupçonnoit point encore qu'il eût le talent d'écrire la scène lui-même; mais qui, dans les corrections et les additions dont cet ouvrage eut besoin, s'en tira assez bien, pour qu'on ne pût distinguer ce qui étoit de l'abbé de la Marre ou de lui. Il joignit à cet opéra, le prologue de *Prométhée*, qu'il emprunta de la Motte; et cette pastorale réunit tous les suffrages en 1753, ainsi que le *Carnaval du Parnasse*. La Marre n'étoit ni sans esprit, ni sans talens; mais une vie dissipée ne lui permit pas de s'élever au-dessus de la médiocrité. Plus d'étude et plus d'attention à former son goût, auroient perfectionné ses heureuses dispositions pour la scène lyrique. On remarque dans sa *Zaïde, Reine de Grenade*, de l'ordre dans le plan, de l'intelligence dans la distribution des scènes, du naturel et de la vivacité dans les idées et les expressions, du sentiment et du pathétique dans les situations.

GRESSET.

On dit que les remords d'avoir travaillé pour le théâtre, ont fait supprimer à Gresset, et livrer aux flammes, plusieurs pièces dont il auroit pu enrichir le recueil de ses œuvres. On doit présumer qu'elles en étoient dignes, du moins quant au style; car on pense qu'il étoit difficile à ce poëte, de mal versifier. Il n'en est pas toujours ainsi du plan d'une pièce de théâtre, de la marche, de l'effet qu'elle doit produire, du choix du sujet et du caractère, en un mot, de ce qui constitue le poëme dramatique en général ; car dans cette partie, Gresset n'a réussi que médiocrement : il suffit, pour s'en convaincre, de relire ses trois pièces, *Edouard III*, *Sidney*, *le Méchant*. Que de beautés de détail dans ces deux dernières pièces, et surtout dans la seconde ! Quelle abondance d'heureux tours ! Quelle harmonie dans la versification! Quel coloris dans les tableaux! Quelle délicatesse dans les nuances! Ce qui distingue surtout Gresset des autres poëtes comiques, c'est l'excellente morale dont il a rempli sa pièce ; morale qui n'a pu le rassurer sur les dangers du théâtre ; parce qu'étant débitée par des gens qui passent pour n'avoir que peu ou point de mœurs, elle manque son effet.

LE PÈRE BRUMOY.

Ses œuvres dramatiques sont les tragédies d'*Isaac*, de *Jonathas*, du *Couronnement du jeune David*, et les comédies de *la Boîte de Pandore* et de *Plutus* ; « toutes pièces, dit » Voltaire, qui font voir qu'il est plus aisé » de traduire les anciens, que de les imiter. » En effet, son Théâtre des Grecs lui a fait beaucoup plus d'honneur, que ses poésies dramatiques ; on y trouve cependant des beautés, et plusieurs imitations de Racine fort heureuses. L'auteur y a peint son caractère doux et aimable : *David*, *Jonathas*, *Isaac* ne débitent que ses propres sentimens. Il excelle à peindre les passions douces et tendres ; mais sa versification est lâche et foible ; il ne s'élève jamais ; et il règne partout une certaine froideur, qui laisse l'âme dans l'indifférence. Ses petites comédies sont ses moindres ouvrages ; les traits de mœurs qu'on y trouve, sont vagues et usés. En général, quoique les tragédies de collège soient rarement bonnes, elles valent toujours beaucoup mieux que les comédies, par la raison qu'un homme de collége ne connoît pas assez le monde pour en peindre les mœurs.

D'ARNAUD.

Si l'on considère cet auteur du côté de la chaleur, du sentiment et du pathétique, on trouvera qu'aucun des poëtes de nos jours ne l'a surpassé à cet égard. *Le Comte de Comminge*, *Euphémie*, *Fayel*, *Mérinval*, seront toujours regardés comme des pièces, où la sensibilité respire presque à chaque scène, avec une énergie capable d'attendrir l'âme la plus froide.

Remarquons cependant que dans ces pièces, d'Arnaud substitue l'horreur au pathétique. En effet, des cercueils, des fosses entr'ouvertes, des ossemens, des têtes de mort, tout cet appareil funéraire pourroit former, sans doute, un spectacle horrible, dégoûtant même ; mais qui ne feroit que mieux sentir le défaut de génie d'un auteur qui ne se croit tragique qu'avec de pareilles ressources. L'éloquente douleur de Phèdre, un seul vers d'Iphigénie porte dans l'âme des spectateurs un saisissement bien plus terrible que tout cet attirail de fossoyeurs, trop sérieux pour une parade, et trop ridicule pour une tragédie.

La révolution française permit à beaucoup d'auteurs de faire représenter des ouvrages qui, dans l'ancien régime, n'avoient été qu'imprimés ; on peut citer Ericie ou la Vestale, par M. de Fontanelle ; l'Honnête Criminel de Fenouillot de Falbaire, et surtout le Comte de Comminge de d'Arnaud, imprimé en 1754, et joué, pour la première fois, le 14 mai 1790. L'auteur a retranché à la représentation plusieurs tirades qui sont dans l'ouvrage imprimé, et qui auroient ralenti la marche de l'action.

Ce drame fut remarquable par le soin qu'on mit à le monter : la sévérité du costume et de tous les accessoires rendit encore plus frappant le jeu des acteurs ; mademoiselle Desgarcins, surtout, mit dans le rôle d'Adélaïde, l'accent déchirant du désespoir le plus profond ; Saint-Phal joua Comminge avec une grande sensibilité ; Talma se fit remarquer dans le rôle ingrat de Dorvigny.

COLLÉ.

C'est à Collé, secrétaire ordinaire et lecteur du duc d'Orléans, que nous devons un Théâtre qu'il appelle de Société, 1767, 2 vol. in-8°.; 1777, 3 vol. in-12, parce que le ton libre de la plupart des pièces qu'il renferme, ne permet pas qu'on les joue sur des théâtres publics : elles n'en sont que plus agréables et plus piquantes pour des théâtres particuliers, pour des sociétés d'amis qui voudront les représenter entr'eux, soit à la ville, soit à la campagne. Il n'y a point de collection de ce genre, où il y ait plus d'esprit naturel, plus d'imagination, plus de talent, plus de vrai comique. Cet auteur a ouvert un vaste champ, par ses pièces de société, à ceux qui voudroient travailler dans ce goût. On a dans cette espèce de comédie, une liberté qui est interdite aux autres pièces qui sont représentées sur un théâtre réglé ; mais il faut que cette liberté ne dégénère pas en licence ; et tout le monde est convenu que Collé n'avoit point passé le but : il y règne une gaieté, qui adoucit et fait passer ce qu'il prend de liberté.

Nous avons eu peu de poëtes dramatiques, à qui l'on ait pu accorder, avec autant de justice qu'à lui, cette entente du théâtre, cette énergie des caractères, cette vérité du dialogue, cette intarissable saillie, cette force comique que les Romains admiroient dans Plaute, et qu'ils ne trouvoient pas dans Térence. Quelle sagacité à saisir les ridicules ! Quelle habileté à les rendre ! Quels tableaux piquans des mœurs de tous les ordres de citoyens ! Quelques personnes se sont élevées contre les mœurs trop libres de son théâtre, avec d'autant plus de zèle, qu'ils y trouvoient plus de génie ; mais l'auteur a fait voir qu'il n'avoit pas besoin de cette ressource pour réussir. *Dupuis et Desronais*, et *la Partie de Chasse de Henri IV*, ont été joués sur des théâtres publics avec le succès le plus constant et et le plus mérité. Ces deux pièces ne sont pas jetées dans un moule ordinaire ; et il n'est pas donné à tout le monde d'en composer de pareilles.

VOISENON.

Le Théâtre de l'abbé de Voisenon seroit beaucoup plus considérable, si l'on y eût inséré toutes les pièces du même auteur, que d'autres

tres se sont attribuées ; mais pour ne parler que de celles qui sont incontestablement de lui, toutes soutiennent avantageusement la lecture ; on n'en excepte pas même celles qui ne purent soutenir la représentation : toutes, en général, caractérisent l'homme répandu dans le monde; et l'auteur instruit des secrets de son art, trace des tableaux et des préceptes également vrais. Le tour de ses vers est heureux, facile et élégant ; son style a tout le brillant qu'exige le goût du siècle, et tout le naturel, toute la solidité dont le siècle fournit peu d'exemples. Il est fertile en tirades, mais il sait les placer; et *la Coquette fixée* prouve qu'il sait conduire une intrigue, et, qui plus est, qu'il peut peindre des caractères. Les points de ressemblance qui se trouvent entre cette comédie et la Princesse d'Elide, ne dérobent rien au talent du poëte moderne; c'est, et ce sera, sans doute, encore plus par la suite, le sort des pièces nouvelles, d'avoir, quant au fonds, du rapport avec les anciennes. Les ridicules peuvent être inépuisables ; mais les combinaisons théâtrales ne le sont pas. Un autre mérite qui distingue notre auteur, ce sont les efforts qu'il fait pour rappeler la comédie à son vrai ton. Il eût pu, comme bien d'autres, s'égarer dans des routes nouvelles, mais tristes ou obscures; il leur a préféré les voies connues, mais riantes et agréables : il a imité ces citoyens, plus jaloux de cultiver le sol de leur patrie, que d'y introduire de ces productions étrangères; presque toujours superflues et souvent nuisibles.

DORAT.

On aperçoit dans *la Feinte par Amour*, comédie de cet auteur, représentée en 1773, un écrivain qui connoît le monde, qui observe la société, et qui en saisit les ridicules avec une fidélité frappante. Il joint à des perceptions très-fines, le vrai comique et les développemens les plus heureux. Quant aux détails, aux portraits, etc., on paroît s'être accordé à dire que, depuis Gresset, ce peintre charmant; personne n'en avoit présenté sur la scène d'aussi saillans et d'aussi bien exprimés.

On ne peut pas faire le même éloge des autres comédies que Dorat a données : quant à ses tragédies, elles n'ont eu aucun succès; et tout le monde convient que ce genre étoit au-dessus de ses forces.

BRET.

Ses comédies, en général, sont écrites avec une élégante facilité, dialoguées avec beaucoup de naturel et de justesse ; et la liaison, la progression des scènes annoncent une grande connoissance de l'art dramatique ; il sait, avec esprit, faire sortir d'une situation des traits de plaisanterie, des peintures de mœurs ; il sait amuser, intéresser dans des scènes entières, par des portraits vrais, des attitudes ridicules, des touches de pinceau agréables et variées. Nous croyons que nos lecteurs verront ici volontiers le jugement que M. Palissot, très-bon juge en cette partie de notre littérature, a porté de cet auteur, dans ses Mémoires Littéraires, relativement au théâtre.

« Il seroit à souhaiter, dit-il, que M. Bret
» ne se fût jamais écarté, par complaisance
» pour le goût du siècle, des vrais princi-
» pes qu'il a sur son art. *La Double Ex-*
» *travagance*, pièce d'intrigue, et l'un de ses
» premiers ouvrages, étoit dans le bon gen-
» re comique ; mais depuis il semble que
» cet auteur ait cru devoir faire violence à
» ses propres talens, en faveur du genre sé-

» rieux, qui prenoit de jour en jour plus de
» crédit sur nos théâtres. Ce n'est pas que
» M. Bret soit tombé dans des excès mons-
» trueux où nous avons vu se précipiter
» quelques dramatiques modernes. Si l'on
» trouve dans son *Faux Généreux* des si-
» tuations pathétiques, elles ne produisent
» que cette émotion naturelle et douce, que
» les maître de l'art se sont quelquefois per-
» mis d'exciter dans leurs meilleures comé-
» dies. Mais en général, M. Bret est de-
» venu, dans la plupart de ses pièces, trop
» réservé sur le comique; comme s'il eût
» craint qu'il ne fût pas possible de rame-
» ner la nation au bon goût. On pourroit
» aussi lui reprocher de n'avoir pas tou-
» jours assez travaillé ses vers; mais cette
» négligence se fait moins sentir dans le sty-
» le familier de la comédie, que dans tout
» autre genre de poésie. »

Cet auteur a fait imprimer, en 1778, 2 vol. in-8°. de pièces de théâtre.

DE LA PLACE.

La tragédie d'*Adèle de Ponthieu*, par de la Place, renferme de belles scènes, et des sentimens élevés. *Venise sauvée* se joue encore, et a eu, dans sa nouveauté, le succès le plus éclatant et le mieux mérité.

LINANT.

Ce poëte entendoit assez bien le théâtre; mais il avoit plus de goût que de génie. Sa versification est souvent très-foible : sa tragédie d'*Alzaïde* a quelques beaux endroits; celle de *Vanda*, reine de Pologne, est romanesque et mal écrite.

MARMONTEL.

Toutes les tragédies de Marmontel sont remplies de pensées hardies, d'expressions fortes et de grands sentimens. La versification en est imposante; mais le plan et la conduite ne répondent pas aux beautés de détails; et dans ces détails mêmes, le déclamateur fait quelquefois disparoître le poëte tragique. Marmontel a donné à l'Opéra Comique, plusieurs pièces qui ont été courues et applaudies.

VADÉ.

Vadé est le Teniers de la littérature; et Teniers est compté parmi les plus grands artistes : quoiqu'il n'ait peint que des fêtes flamandes, il n'y a point de connoisseur qui ne soit enchanté de ses tableaux ; comme il n'y a point d'homme de lettres ni d'amateur, qui n'ait vu jouer, avec plaisir, les opéras comiques de Vadé.

MADAME DE GRAFIGNY.

Le drame de *Cénie* est un de ces romans qu'on appelle comédies larmoyantes. Il est écrit avec délicatesse, plein de traits finement tendres, et de choses bien senties. Après *Mélanide*, c'est la meilleure pièce que nous ayons dans le genre attendrissant, c'est-à-dire, dans le second genre. *La Fille d'Aristide*, autre pièce dans le genre de *Cénie*, fut moins applaudie, et méritoit moins de l'être.

MOISSY.

Un style aisé, noble et coulant, une intrigue filée avec adresse, beaucoup de sentiment, et peu d'action, voilà ce qui distingue le théâtre de Moissy. Dans toutes ses pièces, on remarque cette riche aisance, et cette connoissance du monde, qui s'acquiert dans la bonne compagnie. On désireroit plus de précision dans le dialogue, plus de force, plus de comique, plus de mouvement, plus d'intérêt.

DE CAUX.

Sa tragédie de *Marius* fut jouée, pour la première fois, en 1715; elle eût dans sa nouveauté un succès d'estime; on la voit reparoître de temps en temps sur la scène, et y être reçue avec applaudissemens. On trouve, en général, dans cette pièce, une certaine élévation de pensées, un style assez correct: le caractère du vieux Marius n'est pas sans beautés, et celui d'*Hiempsal* retrace assez bien la légèreté et la mauvaise foi dont l'histoire accuse les Numides; enfin, on y distingue des récits bien versifiés.

L'auteur, parent de Corneille, est mort en 1733.

DESMAHIS.

Cet auteur donna, dès sa plus tendre jeunesse, des preuves de la délicatesse de son esprit, et sut mêler aux plaisirs l'étude et la philosophie. On a de lui la comédie du *Billet perdu*, ou de *l'Impertinent*, qui fut applaudie. Ce n'est pas, à la vérité, le ton de Molière; mais on y trouve de jolis portraits, des saillies heureuses, des pensées fines; et le caractère principal est assez bien peint.

SAURIN.

Il y a dans la tragédie de *Spartacus*, de Saurin, des traits comparables à ceux de la plus grande force de Corneille : c'est Voltaire qui lui donne cet éloge. Sa comédie des *Mœurs du Temps*, paroît devoir rester au théâtre, aussi long-temps que les ridicules qu'on y relève subsisteront dans nos mœurs.

GUIMOND DE LA TOUCHE.

L'Iphigénie en Tauride de cet auteur, représentée en 1757, est une des pièces du siècle dernier, qui a eu le plus de succès, après celles de Voltaire ; ce sujet heureux et tragique, malgré l'inconvénient presqu'inévitable du dénoûment, échauffa la verve un peu tardive de Guimond de la Touche, qui avoit plus de 40 ans quand il le traita. Il fut applaudi au théâtre avec enthousiasme, et déchiré avec indécence quand il eût imprimé son ouvrage. Le grand effet du troisième acte pouvoit justifier l'enthousiasme; parce qu'on n'est pas obligé de mettre des bornes au plaisir que nous font les beautés. Mais rien
ne

ne pouvoit excuser l'amertume des censures qu'il essuya, parce que du moment où le talent se manifeste par des beautés réelles et durables, tous les défauts possibles ne peuvent dispenser le critique qui les relève, du ton d'estime et du tribut d'éloges qu'il doit payer. Iphigénie en Tauride méritoit cette justice honorable.

M. PALISSOT.

Etant encore très-jeune, M. Palissot composa sa tragédie de Ninus second. Un plan plus sage qu'on ne devoit l'attendre de l'extrême jeunesse de l'auteur, des situations intéressantes, un style pur, naturel et facile, sembloient lui promettre des succès dans cette carrière; mais lorsqu'avec des yeux plus éclairés, il eût observé la perfection de Racine, il a eu le courage d'abandonner un genre, dans lequel il n'est plus permis d'être médiocre.

La comédie offroit à notre poëte une carrière moins fréquentée, et à laquelle il se sentoit appelé plus impérieusement par son génie. Son premier essai dans ce genre, annonça les plus brillantes dispositions. Le public crut retrouver, dans sa comédie des *Tuteurs*, la gaieté de Regnard; et le discours qui précède cette pièce, parut ajouter encore aux grandes espérances qu'on avoit conçues des talens de l'auteur : on remarque, surtout, le naturel et la vivacité du dialogue, le ton exquis du personnage de la soubrette, une versification pleine de sel et du meilleur coloris; en un mot, le vrai style du genre, abandonné depuis long-temps : on eût souhaité seulement plus de ressort comique, et plus de variété dans l'intrigue.

Il semble que M. Palissot ait eu envie de lutter encore contre Regnard, dans sa pièce du *Rival par ressemblance*. C'étoit le sujet des *Ménechmes*, ennobli et rendu plus vraisemblable aux yeux, par une idée ingénieuse ; mais il perdit peut-être en gaieté, ce que l'auteur y avoit ajouté en finesse ; et cette perte, quoique peu frappante à la lecture de cette comédie très-agréablement écrite, ne pouvoit guère manquer de se faire sentir à la représentation.

On crut apercevoir le même défaut dans la petite comédie du *Cercle*; mais on y trouva des ridicules saisis avec beaucoup de sagacité. Cette pièce eut même l'avantage de faire une époque célèbre dans la carrière dramatique de M. Palissot, parce que son caractère satirique commençoit à s'y développer. Cet auteur, à qui l'on avoit apparemment reproché de sacrifier un peu trop la gaieté comique à la finesse, emprunta des Mille et une Nuits, le sujet du *Barbier de Bagdad*, et y mit en action toute la plaisanterie, toute la folie même, dont cette bagatelle étoit susceptible : on regrette, en la lisant, qu'il n'ait jamais pensé à la donner au théâtre. Rien ne seroit plus propre, que de pareilles pièces, à nous guérir de la manie sombre et lugubre, qui semble s'être emparée de nos spectacles.

Enfin, la comédie des *Philosophes* parut. Nous emprunterons, pour la caractériser, les propres paroles d'un auteur contemporain qui a donné, en quatre volumes, des Mémoires pour servir à l'histoire des Révolutions de la République des Lettres; et nous les empruntons de préférence, parce que cet auteur étoit attaché à un parti, où l'on ne peut être soupçonné de flatterie.

« M. Palissot, à l'imitation d'Aristophane,
» qui ne respectoit rien, qui divertissoit les
» Grecs aux dépens du mérite envié, a tâ-
» ché de couvrir d'opprobre des gens, qui,

» s'ils sont réellement philosophes, ont les
» plus grands droits à l'estime publique.
» Tout a paru surprenant dans cette comé-
» die; l'idée de la pièce, l'exécution, le style
» nerveux et correct, le ton satirique, le
» succès prodigieux, le nombre des repré-
» sentations, l'affluence des spectateurs, etc.,
» etc. »

M. Palissot ne s'est pas montré inférieur à lui-même dans *l'Homme dangereux* : on y retrouve le même style, la même énergie, la même vigueur comique. La comédie des *Courtisanes*, sujet non moins hardi que celui des *Philosophes*, est d'une utilité morale beaucoup plus sensible. Ces deux pièces furent jouées, lorsque l'une et l'autre avoient eu plusieurs éditions, et par conséquent n'a-voient plus l'attrait de la nouveauté.

HENRI POINSINET.

Ce jeune homme, né avec de l'esprit, ne se donna pas la peine de le cultiver. La liste de ses ouvrages est très-nombreuse, quoique sa carrière n'ait pas été longue; et depuis 1753, qu'il publia une parodie de l'opéra de *Titon et l'Aurore*, il n'a cessé de se faire jouer consécutivement sur tous nos théâtres. Il n'a pas eu la consolation de voir représenter, avant sa mort, l'essai qu'il avoit fait du genre larmoyant dans *les Amours d'Alix et d'Alexis*, espèce de tragédie bourgeoise, en ariettes et en deux actes, empruntée d'une romance de Moncrif.

Ses autres ouvrages sont peu dignes d'être cités, si l'on en excepte *le Cercle*, ou *la Soirée à la mode*, comédie à tiroirs en un acte, pleine de détails piquans, et restée au Théâtre Français; mais quelques-uns ont refusé de le reconnoître pour auteur de cette pièce : on la lui contestoit en présence de l'abbé de Voisenon, et on disoit que Poinsinet n'avoit pas été admis en un certain monde, pour le peindre si bien. *Si cela est* (dit l'abbé de Voisenon), *il faut avouer qu'il a bien écouté aux portes.*

POINSINET DE SIVRY.

On a remis au théâtre, à différentes reprises, et même dans ces derniers temps, la tragédie de *Briséis*; le sujet, sauf les détails, est le même que celui de l'Iliade, c'est-à-dire, la colère d'Achille. Cet ouvrage a été donné, pour la première fois, en 1759. Les amateurs de l'antique littérature et de la scène française, ont vu le succès de Briséis, avec d'autant plus de plaisir, qu'ils croyoient applaudir Homère en applaudissant le poëte Français; en effet, toutes les beautés de la pièce sont puisées dans l'immortel écrit du poëte Grec, et c'est surtout les imitations de l'Iliade qui excitent de grands applaudissemens.

ANSEAUME.

Le genre auquel Anseaume s'est particulièrement livré, celui des pièces mêlées d'ariettes, n'est pas celui de la vraie comédie; cependant il a ses difficultés : il exige de la légèreté, de la combinaison; une coupe relative à cette espèce de drame; l'art de ménager au musicien ses avantages, sans lui sacrifier ceux du poëte. Anseaume a connu ces principes, et s'en est rarement écarté, surtout lorsqu'il a travaillé seul. Il connoissoit l'effet théâtral d'une scène, et ne mettoit en chant, que ce qui étoit susceptible d'expression ou d'image. On remarque dans son dialogue, et de l'aisance et de la justesse; en un mot, ses ouvrages sont, en général, marqués au coin du talent dirigé par le goût, et éclairé par la réflexion. *Le Peintre amoureux de son Modèle*, *le Médecin de l'Amour*, et *l'Ecole de la Jeunesse*, trois pièces que personne ne lui dispute, peuvent aller de pair avec certaines comédies restées au Théâtre Français, et qu'on y revoit toujours avec plaisir. L'Ecole de la Jeunesse, surtout, est, aux ariettes près, une comédie du meilleur genre.

SEDAINE.

Nous croyons que Sedaine a été jugé un peu trop rigoureusement par l'auteur des Trois Siècles de la Littérature, l'abbé Sabatier, dans le passage que nous citons ici, sans adopter ni rejeter son jugement.

« Peu d'auteurs dramatiques, dit-il, ont eu une destinée aussi singulière que Sedaine : heureux dans la représentation de ses pièces, la lecture devient pour elles un poison mortel : la raison de cette différence de fortune sur un même objet, est assez sensible : Sedaine s'est plus attaché à peindre aux yeux qu'à l'esprit : quelques situations, quelques traits de sentiment, une pantomime aussi adroitement ménagée qu'il est possible de le faire, peuvent amuser quelques instans le spectateur, mais sont entièrement perdus pour le lecteur, à qui rien ne fait plus illusion.

» D'après ce principe, les lauriers de Sedaine ne dureront que tant qu'on jouera ses pièces, parmi lesquelles le public a distingué *Rose et Colas*, *le Roi et le Fermier*, *le Déserteur*, plus amusantes par quelques ariettes, heureusement mises en musique, que par le fonds de l'intrigue et l'intérêt des caractères.

» Il n'a pas été aussi heureux sur le théâtre de l'Opéra, où sa *Reine de Golconde* a paru très-inférieure à l'Aline de M. le chevalier de Boufflers, qui lui en a fourni le sujet.

» La Scène Française ne lui doit encore que *le Philosophe sans le savoir*, qu'on peut dire être tous les jours applaudi sans savoir pourquoi. En effet, ce drame ne répond ni à son titre, ni aux règles du théâtre; il est assez difficile d'en définir les caractères; celui du Philosophe, surtout, est rempli de bizarreries, d'invraisemblances et de puérilités. De petits détails, de petits moyens; de petits sentimens, de petites peintures, de petites simagrées, sont les seuls ressorts qui en composent tout le mérite. Malgré cela,

cela, le peuple des esprits en est extasié; et se plaît à le voir souvent représenter. On ne doit pas lui envier ce plaisir, en attendant que nous ayons des auteurs plus capables de l'amuser, sans lui faire illusion. •

Ce ne fut qu'en 1784, et après le succès de *Richard cœur de Lion*, que Sedaine fut reçu de l'Académie Française. Son style avoit servi de prétexte pour l'en écarter jusqu'alors. On ne voit pas que depuis ce temps, il ait moins travaillé qu'auparavant, ni qu'il fît de moins bons ouvrages, ni qu'il les écrivît mieux; ce qui laisse à leur même place la gloire de l'Académie et la sienne.

Sedaine est mort le 28 floréal an V, âgé de 78 ans.

ROCHON DE CHABANNES.

Les vrais littérateurs ne reconnoissent dans l'accueil fait à *Heureusement* et à *la Matinée à la mode*, que la corruption du goût des spectateurs; et dans les auteurs, que l'impuissance d'atteindre à ce vrai comique, sans lequel il n'est plus de comédie.

Les Amans généreux ont eu beaucoup de succès; la petite comédie du *Duel*, imitée de l'allemand comme la précédente, est d'un grand intérêt et d'une excellente moralité. Le Théâtre de cet auteur, suivi de quelques pièces fugitives, a été publié en 1786, 2 vol. in-8°.

Rochon de Chabannes, qui avoit le talent de saisir les ridicules, mais qui se contenta de les effleurer, auroit pu prétendre à la gloire de réussir dans le haut comique, s'il ne se fût pas laissé trop entraîner au ton dominant. Ce n'est pas au caprice du public à diriger la manière des auteurs ; c'est aux bons auteurs à fixer le caprice du public, en lui présentant des ouvrages d'accord avec le goût et la raison.

BRUNET.

Cet auteur, mort jeune, donna aux Français *les Noms changés* ou *l'Indifférent corrigé*. Cette pièce, sans avoir un grand succès, y fut entendue sept fois de suite ; et il est rare que le coup d'essai d'un jeune poëte ait un accueil plus heureux. L'envie de se produire sur tous les théâtres, le porta ensuite à la Comédie Italienne, où, associé avec le sieur Sticotti, un des acteurs de ce spectacle, il fit jouer *les Faux Devins* et *la Rentrée des Théâtres*. Brunet voulut aussi se montrer sur les tréteaux de la Foire, où il donna *la Fausse Turque*; il ne manquoit plus à la muse errante de notre auteur, que de paroître sur la scène lyrique. Il fut chargé par les directeurs de ce théâtre, de faire des changemens dans l'opéra de *Scanderberg*, et dans celui d'*Alphée et Aréthuse*. Il donna l'entrée du *Rival favorable*, qu'on ajouta aux fêtes d'*Euterpe*, et l'opéra d'*Hippomène et Athalante*.

IMBERT.

Cet auteur donna, en 1782, au Théâtre Français, une comédie en cinq actes, *le Jaloux sans Amour*. Dans la nouveauté, le public ne trouva pas qu'un mari, qui sans aimer sa femme, en est jaloux à l'excès, fût un caractère vrai et dramatique, et la pièce n'eut qu'un succès très-médiocre. Trois ans après, on la redonna avec des coupures et des corrections heureuses : les connoisseurs convinrent alors, que si le caractère tracé par l'auteur n'étoit pas exactement dans la nature, il étoit certainement dans les mœurs d'un siècle, où l'égoïsme est devenu presque une passion. Cette comédie réunit à une grande variété de tableaux et de scènes comiques; un style piquant et des détails brillans d'esprit.

BELLOY.

Cet auteur a donné à tous nos poëtes dramatiques, l'exemple de puiser leurs sujets dans l'histoire de la nation, et de consacrer leurs veilles à la gloire de leur patrie. Cet amour de l'héroïsme français suppose nécessairement une âme élevée, qui donnera toujours à ce poëte, un caractère distingué, même aux yeux de ses contemporains. Le Siége de Calais, de Belloy, a intéressé tous les cœurs français. Cette pièce lui a mérité les applaudissemens du public et les faveurs de la cour. Gaston et Bayard, ainsi que Gabrielle de Vergy, sont ses dernières pièces, et ne sont pas les plus mauvaises.

Feu M. Gaillard, de l'Académie Française, a publié les œuvres de Belloy, en 1779, 6 vol. in-8°. : il a placé à la tête de cette collection, une vie de l'auteur, qui ne la dépare point.

DE LA HARPE.

Le Warvick de la Harpe, ouvrage bien conduit et bien écrit, a été suivi d'autres productions de ce genre, qui, sans avoir le mérite du premier, donnent une idée très-avantageuse du génie dramatique de cet auteur, qui possédoit le vrai talent de l'art d'écrire.

On connoît le succès soutenu dont jouit, depuis 1783, la tragédie de Philoctète, heureuse imitation de Sophocle.

M. CAILHAVA.

La plupart de ses pièces contiennent une infinité de traits qui annoncent de vrais talens. Il y règne de la gaieté, du comique de situation, du naturel et de la vivacité dans le dialogue. L'intrigue en est bien conduite, et le style éloigné de toute affectation. Quand cet auteur n'auroit eu que le courage de résister au goût dominant du siècle dernier, pour les comédies langoureuses, larmoyantes, ou philosophiques, de mépriser le genre bâtard, quoique plus facile et plus applaudi par la multitude, et de s'être uniquement attaché aux bons modèles ; cette preuve de jugement suffiroit seule pour lui mériter des applaudissemens.

Sa comédie de *l'Egoïsme* convient à tous les pays ; on peut la jouer sur le théâtre de toutes les nations : le dialogue en est simple, aisé, enjoué, naturel et précis; l'intrigue se forme et se dénoue sans embarras; le style est le seul qui convienne à la comédie faite pour les spectateurs de tous les ordres et de tous les états : la pièce est remplie de scènes, de vers et de situations vraiment comiques.

Le Tuteur dupé, comédie en cinq actes, étoit autrefois représenté sur le Théâtre Français : cette pièce y faisoit le plus grand plaisir, surtout aux amateurs de la franche comédie. Elle en a disparu, depuis que les acteurs ont voué presqu'exclusivement leurs talens aux comédies qui ne font pas rire, et auxquelles il ne manque que d'être comiques.

M. Cailhava a publié, en 1781, le recueil de ses comédies avec des mémoires historiques sur chacune, et des réflexions sur les causes de la décadence du théâtre, 2 vol. in-8°.

M. MERCIER.

Après avoir donné plusieurs ouvrages en divers genres, qui lui ont acquis de la réputation, M. Mercier a commencé à travailler pour le théâtre en 1769, et a fait paroître successivement *Jenneval* ou *le Barnevelt Français*, *le Déserteur*, *Olynde et Sophonie*, *l'Indigent*, *le Faux Ami*, *Jean Hennuyer*, *Evêque de Lisieux*, etc. ; ce dernier a été imprimé sous le nom de Voltaire, et l'auteur a joui quelque temps de la méprise. Ses autres drames ont été traduits en italien et en allemand, et représentés sur presque tous les théâtres de province.

Toutes les pièces de M. Mercier ont un but moral bien caractérisé : il ne s'est point rendu imitateur ; et l'on peut dire que son génie lui appartient ; en 1773, il a composé un ouvrage très-considérable sur le théâtre, dans lequel il soutient que l'ancien système dramatique doit nécessairement changer, pour le plaisir, l'instruction et l'utilité publiques.

BEAUMARCHAIS.

Voici le jugement qu'a porté des drames de cet auteur d'*Eugénie* et des *Deux Amis*, M. Palissot, dans ses Mémoires Littéraires : « Ces drames sont écrits en prose guin-
» dée, et partagés en cinq actes. M. de
» Beaumarchais, persuadé que la perfec-

» tion est l'ouvrage du temps, et qu'à bien
» des égards, notre art dramatique est en-
» core dans l'enfance, paroît s'occuper uni-
» quement de ses progrès, et des moyens de
» plaire, que Molière a eu, selon lui, le
» malheur de négliger.

» Il a surpassé Diderot, par l'attention
» scrupuleuse avec laquelle il décrit le lieu
» de la scène, et jusqu'à l'ameublement dont
» il convient de le décorer. Il a la bonté de
» noter avec le même soin, les différentes
» inflexions de voix, les gestes, les posi-
» tions réciproques et les habillemens de ses
» personnages.

» Pour sacrifier davantage au naturel,
» M. de Beaumarchais a imaginé d'introduire
» dans la comédie des *Deux Amis ;* un valet
» bien bête ; ce qui est d'une commodité
» admirable pour les auteurs qui voudront
» se dispenser d'avoir de l'esprit. Mais une
» découverte plus singulière, plus heureu-
» se, et dont toute la gloire appartient à
» Beaumarchais, c'est le projet qu'il a dé-
» veloppé dans la préface de son drame
» d'*Eugénie,* pour désennuyer les specta-
» teurs, pendant les entr'actes ; il voudroit
» qu'alors le théâtre, au lieu de demeurer
» vide,

» vide, fût rempli par des personnages pan-
» tomimes et muets, tels que des valets,
» par exemple, qui frotteroient un appar-
» tement; balayeroient une chambre, bat-
» troient des habits, ou régleroient une
» pendule; ce qui n'empêcheroit pas l'accom-
» pagnement ordinaire des violons de l'or-
» chestre. » Beaumarchais, lorsqu'on portoit ce jugement de ses ouvrages, n'avoit
pas fait encore ni son *Barbier de Séville*,
pièce d'un autre genre et qui a réussi, ni
le Mariage de Figaro, qui, par un événement
sans exemple, s'est maintenu, pendant près
de trois ans, sur les affiches des spectacles,
et n'a pas eu moins de cent représentations.

La Folle Journée parut imprimée avec
une longue préface, et ce fut alors seulement que l'opinion se fixa. Figaro n'est qu'un
bouffon assez plaisant : on fut étonné de voir
Beaumarchais l'ériger en philosophe profond,
en prédicateur sévère, en réformateur des
mœurs publiques. Il faut avouer que la prétention étoit par trop forte, et tout l'esprit du monde ne pouvoit rendre probable
un si étrange paradoxe. Beaumarchais ne devoit pas abuser jusque-là de la complaisance du public; s'il a eu la bonté de rire

constamment de ses plaisanteries tant bonnes que mauvaises, il a dû bâiller à ses réflexions morales : raisonner et persifler sont deux choses fort différentes ; et ceux même qui ont applaudi au persiflage de la comédie, ont sifflé les raisonnemens de la préface. Quant à la pièce, peu de vraisemblance, encore moins de conduite ; un assemblage de scènes qui, sans être bien liées ensemble, soutiennent cependant l'attention, une complication d'incidens qui attache l'esprit, tandis qu'une multitude de jeux de théâtre, un spectacle très-varié, fixe les yeux ; de l'indécence dans les mœurs, une charge burlesque dans les caractères, un style tantôt d'une familiarité basse, tantôt précieux et brillant, étincelant de sarcasmes, de jeux de mots et de traits satiriques ; un ton goguenard, un persiflage continu répandu sur le dialogue, surtout beaucoup de gaieté ; tout cela formoit un imbroglio très-piquant, très-analogue à l'esprit du jour et au ton dominant, une espèce de farce qui a amusé et qui a fait beaucoup rire ; mais plus plaisante qu'estimable, et plus semblable aux parades foraines, qu'aux bonnes comédies du théâtre national.

CARMONTEL.

On a applaudi à une nouvelle sorte d'amusement, qui est très-agréable en société, et qui n'exige ni les apprêts, ni les dépenses qu'on est obligé de faire, lorsque l'on veut monter un spectacle en règle. On est moins difficile pour les acteurs; et l'on a presque toujours le plaisir de la surprise. Ce sont des espèces de petites comédies dont Carmontel est, pour ainsi dire, le Molière; et dans celles qu'il nous a données, il se rencontre souvent des scènes qui feroient honneur aux meilleures pièces. Il n'en est pas une, où l'on ne trouve une esquisse vraie des ridicules et des mœurs actuels. On voit que c'est l'ouvrage d'un homme du monde, qui, sans apprêt et sans prétention, s'amuse à crayonner le matin, ce qu'il a remarqué la veille.

Il faut certainement beaucoup d'imagination pour inventer tant d'aventures, plus plaisantes les unes que les autres. On trouve dans les Proverbes dramatiques de Carmontel, de la vérité, de la facilité dans le dialogue, de la justesse dans l'application des maximes qui font la morale de chacun de ces petits drames ; et l'on conviendra qu'un auteur qui avoit tant de fécondité dans le choix des sujets et de ressources dans les détails, pouvoit aspirer, plus que personne, à l'honneur d'enrichir la scène de nouvelles intrigues et de nouveaux caractères.

Les pièces qui composent le Théâtre de Campagne de Carmontel, en 8 vol. in-8°., décèlent la plupart beaucoup d'esprit et d'imagination. Il y en a quelques-unes qui sont moins piquantes ; mais, en général, ce recueil est de la plus grande ressource pour les personnes qui aiment à jouer la comédie, sans beaucoup d'apprêt et de peine : on peut même y choisir plusieurs petits drames, dont l'exécution, très-propre à former la jeunesse des deux sexes, lui procureroit un divertissement honnête et un exercice utile.

BARTHE.

L'Homme personnel a des beautés qui peuvent compenser ses défauts. La plupart des scènes, où l'auteur a développé le caractère de son principal personnage, sont bien faites séparément : la pièce est, en général, bien écrite ; cependant elle est au-dessous de ce qu'on attendoit d'un écrivain aussi distingué, et surtout de l'auteur des *Fausses Infidélités*, pièce que la Harpe appelle un petit chef-d'œuvre.

D'HÈLE.

D'Hèle, né en Angleterre, commença à se faire connoître en 1778, par *le Jugement de Midas*. Cette pièce, qui est d'une gaieté charmante, a eu le plus grand succès : les paroles sont pleines de saillies, de finesse et de traits d'esprit ; le dialogue en est vif et naturel : on croiroit difficilement que c'est un étranger qui en est l'auteur. D'Hèle a donné, dans d'autres pièces, des preuves d'un talent marqué : on peut citer, entr'autres, *l'Amant jaloux*, *les Evénemens imprévus*, etc.

LEMIERE.

La tragédie d'*Hypermnestre*, son coup d'essai dramatique, eut beaucoup de succès au théâtre. Il faut sans doute, dit la Harpe, se prêter aux invraisemblances mythologiques, et même à l'impossibilité réelle de marier en un jour cinquante filles d'un même père, à cinquante fils de son frère : on peut pardonner au poëte cette supposition hors de nature, sans laquelle il n'y auroit pas de sujet : si le sujet, d'ailleurs, est tragique, et il l'est, la marche de la pièce l'est aussi ; elle est claire, simple, rapide, attachante ; elle offre des situations théâtrales, surtout celle d'Hypermnestre un poignard à la main, et de Lyncée s'offrant dans ce moment à ses yeux.

Il étoit très-hasardeux, dit le même critique, de montrer sur le théâtre l'aventure de Guillaume Tell, où la bizarrerie touche de si près au ridicule : la terreur a couvert l'un et l'autre, et justifié la pomme de Guillaume Tell, comme la pitié justifia les petits enfans d'Inès. On ne peut s'empêcher de frémir au moment où ce malheureux père se résout à cette douloureuse épreuve, et pressant son enfant dans ses bras, et lui mettant un bandeau sur les yeux, s'efforce de lui faire bien comprendre que son salut dépend de son immobilité ; quand il l'attache à un arbre, et qu'adressant sa prière au ciel, il lance, à genoux, la flèche fatale... ; et la joie, les transports de la mère, quand elle rentre sur le théâtre, au bruit des cris de *vive Tell !* qui lui annoncent que son fils est sauvé ; quand elle se précipite vers lui, et serre tour à tour contre son sein, et son fils et son époux ! c'est une pantomime, sans doute ; mais elle est dramatique ; elle tient immédiatement au sujet, et s'y mêle avec la terreur. Ajoutez à ce mérite celui de l'exécution, ici d'autant plus remarquable qu'il est plus rare dans l'auteur. Le père ne dit que ce qu'il doit dire, et la diction est naturelle et vraie. Le poëte a su parler au cœur, et n'offense pas l'oreille : il y a plus ; dans cette pièce, où la dureté des noms du pays a dû augmenter celle qui est naturelle à l'auteur, la versification est généralement meilleure que dans ses autres tragédies.

Les deux premiers actes de *la Veuve du Malabar* sont froids ; le troisième est plein de beautés du premier ordre ; le quatrième est un peu languissant, et la catastrophe est magique. Le style de cette pièce est tour à tour nerveux, fier, dur, barbare, négligé ; on y trouve des pensées fortes, et d'autres un peu hasardées ; de la douceur, de la sensibilité. Le caractère de Montalban produit généralement la plus grande sensation.

FLORIAN.

Les Deux Billets, *le Bon Mari*, et autres pièces de cet auteur, ont eu et méritent beaucoup de succès. Considéré comme poëte dramatique, Florian ne s'est montré l'égal d'aucun de nos grands maîtres ; mais il a un caractère qui lui est propre ; il a respecté la langue et les mœurs; il a fait sourire l'esprit en même temps que le cœur étoit touché : en un mot, il a marqué sa place, et c'est toujours un mérite dans une carrière, où il y a tant de places prises.

DE MAISONNEUVE.

La tragédie de *Roxelane et Mustapha*, a eu le plus brillant succès en 1785. Quoique le style ne soit pas bien vigoureux, ni d'une élégance soutenue, il a plu par un grand nombre de vers de sentiment, dont cette pièce est semée; et à l'égard de la conduite, on y a trouvé beaucoup d'art et d'intelligence.

CHABANON.

On trouve dans les *Œuvres de théâtre et autres poésies* de cet auteur, 1788, in-8°., *l'Esprit de Parti, et le Faux Noble,* comédies non représentées.

Rien de plus moral que de faire voir que l'esprit de parti triomphe de toutes les affections

tions de l'âme, comme de toutes les lumières de l'esprit ; qu'il fait oublier et fouler aux pieds, raison, nature, devoirs, intérêts.

Le Faux Noble, comparé à *l'Esprit de Parti*, nous paroît annoncer un talent encore plus décidé, plus ferme, plus créateur, plus fait pour aller au grand, dans ce genre.

CHAMFORT.

C'est par le style, que sa tragédie de *Mustapha et Zeangir* a réussi en 1777. On n'étoit plus accoutumé, depuis long-temps, à entendre aux pièces nouvelles, une versification noble, élégante et soutenue.

Dans sa *Jeune Indienne*, il mit aux prises et offrit en contraste, les sentimens de la nature et les préjugés de la civilisation, les vertus natives des peuples sauvages et les vices acquis des peuples policés. *Le Marchand de Smyrne* abonde en traits plaisans et en bons mots qui naissent du sujet.

FABRE D'ÉGLANTINE.

Le Philinte de Molière est la comédie la plus belle, la plus forte de conception, la plus morale, la plus intéressante, en un mot, qui ait paru depuis long-temps. Un

Philinte, homme du monde, égoïste froid et dur, de glace sur les maux d'autrui, au désespoir quand le malheur lui arrive : combien de Philintes dans la société ! Alceste, humoriste sombre, mais d'une vertu intègre, froid sur ses maux, sensible à ceux d'autrui, obligeant ses amis, au péril même de sa liberté ; voilà bien le misantrope de Molière. Un avocat pauvre et honnête homme, un procureur riche et fripon, une épouse sensible et douce, qui sait supporter et plaindre les défauts de son mari ; tous ces caractères sont tracés avec la plus grande énergie, dans l'ouvrage de Fabre d'Eglantine : le style de cette pièce paroît par fois un peu négligé ; mais il offre aussi des tirades fortement écrites, de grandes pensées, des tournures de phrases hardies et pleines d'expression, et partout une grande facilité ; en un mot, c'est un ouvrage plein de sens, de chaleur, de verve, d'énergie, et qui prouve une profonde connoissance de la scène, des mœurs et du cœur humain.

L'Intrigue Epistolaire, du même auteur, a eu le plus grand succès. Il y a bien du mérite à faire marcher, pendant cinq actes, une intrigue entre deux personnes qui n'ont aucun aide, aucun confident, et à ne pas laisser se refroidir un instant l'attention et l'intérêt du spectateur ; et la conduite d'un ouvrage si différent de couleur du *Philinte de Molière*, prouve infiniment de ressource et de talent comique dans l'esprit de l'auteur. On estime encore deux de ses autres comédies, savoir : *le Convalescent de Qualité*, et *le Présomptueux Imaginaire*.

Fabre d'Eglantine ne vit dans la révolution, qu'un moyen de faire fortune, et il chercha à s'affranchir de cette misère qui le mettoit à la merci d'une foule de gens, auxquels il rougissoit d'avoir des obligations. Ayant été nommé membre de la Convention, il porta ombrage à Robespierre, et périt sur l'échafaud, le 16 germinal an II, à l'âge de 39 ans.

DUMOUSTIER.

Le Conciliateur, ou *l'Homme aimable*, a obtenu un grand succès, en 1791, sur le *Théâtre de la Nation*, dans un temps où on ne voyoit paroître que des pièces de circonstances, ou des drames bien noirs. L'homme aimable est plus souvent, dans cette pièce, un homme adroit, qu'un véritable conciliateur : il y a quelques traits précieux, et maniérés dans le style; mais, en général, cet ouvrage, écrit avec esprit, grâce et facilité, est rempli de détails charmans.

DUBUISSON.

Sa tragédie de *Nadir* ou *Thamas Kouli-Kan*, mérite de grands reproches; elle pèche quelquefois contre le costume des mœurs orientales; on y trouve beaucoup de réminiscences : l'auteur paroît s'être livré trop souvent à une facilité presque toujours dangereuse; cependant cette pièce annonçoit de la sensibilité et de la chaleur.

On doit des remercîmens à M. Dubuisson, pour l'intention morale de sa comédie du *Vieux Garçon* : il est heureux, en effet, qu'il existe des écrivains qui entreprennent d'offrir le mariage sous des couleurs favorables, et qui osent combattre le système des célibataires; système destructeur du repos et du bonheur des citoyens, autant que contraire à la sûreté des Etats.

LE BLANC DE GUILLET.

Il y a des vices cachés dans les meilleures sociétés, sur lesquels les lois n'ont point de prise : il y a des erreurs destructives de l'humanité ; et la tragédie peut, en attaquant ces vices et ces erreurs, en mettant ces rapports en action, avoir, dans tout pays, un but moral, qui lui donne une utilité plus générale et plus durable que celle de la tragédie grecque.

C'est sous cet aspect que M. le Blanc a envisagé la tragédie dans *Manco* : il a mis en opposition la liberté naturelle et la contrainte des lois, pour faire sentir les dangers de l'une et la nécessité des autres; idée grande, et peut-être la plus utile qu'on ait jamais présentée aux hommes : par malheur cette idée, ou le sujet que M. le Blanc y avoit adapté, est peu dramatique.

Le sujet des *Druides* est l'abolition des sacrifices du sang humain, qui ont déshonoré les premiers âges de presque toutes les nations. Il paroît presqu'inutile, aujourd'hui, de s'élever contre l'usage monstrueux de ces sacrifices. S'il y a des peuples soumis encore à cette horrible superstition, ils ne liront pas la tragédie de M. le Blanc; mais c'est un très-grand bien que d'inspirer l'amour de l'humanité, et c'est le sentiment qui domine dans cette tragédie ; elle avoit eu le plus grand succès en 1772; et en 1784, elle a obtenu les applaudissemens les plus vifs et les plus unanimes. La critique impartiale est forcée de convenir qu'il y a quelquefois de la déclamation dans le style, ce qui n'empêche pas qu'il n'y ait plus souvent encore de la force, de très-beaux vers, exprimant de grandes et d'utiles vérités.

DE BIÈVRE.

La comédie du *Séducteur*, eut du succès à Paris, dans sa nouveauté, en 1783, quoiqu'elle n'en eût point eu à la cour : la Harpe croit que c'est la cour qui avoit raison; la versification lui paroît mériter de l'estime à quelques égards; mais il soutient que le drame n'en mérite aucune.

M. DE SÉGUR L'AINÉ.

Coriolan, tragédie de cet auteur, perdue, en quelque sorte, au milieu des quinze *Proverbes* que contient le *Théâtre de l'Ermitage de Catherine II*, se montre avec si peu de prétention, et, pour ainsi dire, dans un tel abandon, qu'elle ne doit pas être jugée à la rigueur. Il y a du talent et de l'art dans la scène de l'entrevue de Coriolan, au cinquième acte, avec sa femme et sa mère ; dans les nuances caractéristiques du langage des deux femmes, dans la gradation du dialogue, enfin, dans les sentimens et dans l'expression. On sait que l'auteur s'est fait connoître dans ces derniers temps, par d'ingénieux vaudevilles, du genre de ceux qui peuvent plaire au goût et à la raison.

DE SÉGUR LE CADET.

La versification de sa comédie, intitulée *le Retour du Mari*, est élégante et facile ; les principales scènes sont filées avec art : ce charmant ouvrage a été fort applaudi. L'auteur avoit publié, avant la révolution, deux comédies-proverbes, intitulées *le Parti le plus gai, le Parti le plus sage* ; elles tiroient leurs titres de la manière dont deux maris, d'humeurs différentes, supportoient un petit accident fort commun dans ce temps-là ; il falloit s'en amuser ou se taire ; tout autre parti auroit été le plus sot. On a le recueil des *comédies, chansons et proverbes* de cet auteur, 1802, in-8°. Il est mort le 27 juillet 1805.

FENOUILLOT DE FALBAIRE.

Il n'est personne qui ne connoisse le sujet de *l'Honnête Criminel*, drame en cinq actes et en vers : c'est un fait historique, tiré de la Poétique de Marmontel. Le héros est le fils d'un honnête protestant, qui vient à bout de dégager son père, chargé d'une fausse accusation ; se livre à sa place, et se laisse condamner aux galères, où il est resté sept ans.

Cet ouvrage, où l'on célèbre l'héroïsme filial, où l'on cherche à intéresser en faveur des victimes de l'intolérance, a essuyé, à Paris, une proscription de 23 ans ; il avoit cependant été joué, depuis 1767, dans toutes les provinces, et même à Versailles, par ordre de la reine ; ce qui prouve bien, comme l'observe un homme de beaucoup d'esprit, que le despotisme est plus souvent sur les marches du trône, que sur le trône même.

L'Honnête Criminel fut enfin joué, pour la première fois, à Paris, le 4 janvier 1790, et il obtint le plus brillant succès. Cette pièce est écrite en vers souvent très-heureux ; les situations en sont attachantes : elle fait

couler

couler de douces larmes; et en admettant le genre des drames, il faut convenir que celui-ci est un des meilleurs qui aient paru sur la scène.

On a du même auteur la comédie des *Deux Avares*, qui est restée au théâtre.

Fenouillot de Falbaire est mort en 1801. Son théâtre a été recueilli en 1787., 2 vol. in-8°.

DESFORGES.

La comédie de *Tom Jones à Londres*, a eu du succès, par son grand intérêt, par des traits fortement prononcés et qui annonçoient dans l'auteur un homme fait pour observer la nature, pour la saisir et la porter sur la scène d'une manière utile et agréable.

Dans *le Temple de l'Hymen*, comédie épisodique, en trois actes, le choix des moyens plutôt bouffons que comiques, pouvoit faire tort à l'auteur, si son ouvrage n'eût pas été semé de traits de sentiment, d'esprit et de raison, faits pour captiver tous les suffrages.

Quoique la musique de M. Grétry ait beaucoup contribué au succès de *l'Épreuve Villageoise*, on doit cependant dire qu'il y a dans cette pièce des traits d'esprit et de gaieté, tels que la scène du miroir, qui ont été fort applaudis.

La Femme Jalouse, comédie en cinq actes, a eu un grand succès en 1785. Les caractères en sont tracés avec les couleurs qui conviennent à chacun d'eux : on désireroit que le style de cette pièce fût moins hérissé d'épithètes.

FLINS DES OLIVIERS.

Son *Réveil d'Épiménide* eut un grand succès à Paris, en 1790. L'année suivante, l'auteur donna au Théâtre Français, *le Mari Directeur* : il y a dans cette pièce des gaietés poussées un peu loin ; la versification en est facile. Tout le monde sait par cœur les couplets qui se trouvent dans *la Jeune Hôtesse*.

DAMPIERRE.

Le Bienfait rendu ou *le Négociant*, comédie en 5 actes et en vers, doit être plutôt considéré comme un ouvrage raisonnable, que comme une production capable de produire l'effet que le théâtre exige. Cette pièce a été recueillie avec d'autres du même auteur, sous le titre de *Théâtre d'un Amateur*, 1787, 2 vol. in-18.

FORGEOT.

Les comédies des *Rivaux Amis*, des *Epreuves*, de *la Ressemblance*, du *Bienfait de la Loi* ou du *Double Divorce*, représentées sur le Théâtre Français, lui ont fait honneur. L'auteur est mort en 1803. Il avoit fait jouer *les Dettes*, au théâtre de l'Opéra Comique.

LE MONNIER.

Pierre-René le Monnier, ancien commissaire des guerres, qui déjà a été confondu plusieurs fois avec l'abbé le Monnier, naquit à Paris en 1731, et mourut à Metz le 19 nivôse an IV (8 janvier 1796), à l'âge de 64 ans. Il avoit fait d'excellentes études : ses talens et sa probité lui procurèrent des emplois importans, qu'il occupa toujours avec distinction.

Il a donné au Théâtre Français, *le Mariage Clandestin*, comédie en trois actes et en vers, représentée, pour la première fois, le 12 août 1775 : elle est imitée de l'anglais de Garrick.

Toutes les pièces de le Monnier sont écrites avec élégance, et la poésie en est facile et gracieuse; toutes eurent un grand nombre de représentations. Beaucoup de personnes se rappellent encore aujourd'hui les couplets charmans du *Cadi Dupé*, de *Renaud d'Ast*, de *l'Union de l'Amour et des Arts*, etc., etc.; pièces qu'on jouoit encore peu de temps avant la révolution. Un morceau très-agréable du dernier opéra, par exemple, eut à Paris et dans toute la France un succès prodigieux; il étoit chanté par tous les amateurs, et exécuté dans tous les concerts; c'est le trio du troisième acte, qui commence par ces vers :

>Aimable jeunesse,
>Livrez-vous à la tendresse;
>Souffrez que l'amour vous blesse :
>Dans ses nœuds tout intéresse.
>La froide vieillesse,
>Malgré l'austère sagesse,
>S'en va regrettant sans cesse
>Des momens
>Charmans.
>Etc., etc. . . . .

PARISAU.

On remarque dans les différentes pièces de cet auteur, telles que *la Soirée d'Été*, *les Deux Rubans*, etc., un esprit brillant et original, qui donne aux moindres détails une grâce toute particulière. Parisau a été une des victimes de la révolution.

PATRAT.

Ce poëte, mort en 1801, a donné au théâtre plusieurs comédies qui ont reçu un accueil favorable. Il y a des situations du meilleur comique dans *les Méprises par Ressemblance*, comédie en trois actes et en prose, représentée sur le Théâtre Italien, en 1786. *L'Officier de Fortune*, *l'Espiègle*, *la Conciliation à la Mode*, *le Fou Raisonnable* ou *l'Anglais*, *les Deux Morts* ou *la Ruse du Carnaval*, *l'Heureuse Erreur*, *le Contretemps*, *le Point d'Honneur*, *les Etrennes* ou *les Débats des Muses*, *les Amans Protées*; toutes ces pièces, et plusieurs autres, sont pleines de jolis détails.

M. DE SAUVIGNY.

Il y a dans sa tragédie de *Gabrielle d'Estrées*, représentée à Versailles en 1778, et à Paris en 1783, plusieurs traits qui justifient les applaudissemens qu'elle a reçus, et qui ne démentent point la réputation que l'auteur s'est acquise par sa tragédie des *Illinois*, l'une des meilleures qui ait paru dans la dernière moitié du 18e. siècle.

M. DUBOIS-FONTANELLE.

Ericie a produit peu d'effet, en 1789, au Théâtre Français : ce n'est pas qu'il n'y ait dans cette pièce de très-belles données dramatiques, des mouvemens tragiques d'un grand intérêt ; mais deux personnages seulement y développent leurs caractères, et il en résulte un peu de monotonie dans la marche des scènes.

Cette tragédie étoit imprimée depuis 1769 ; mais des raisons de police en avoient empêché la représentation sur la Scène Française, où elle avoit été reçue avant son impression : depuis, elle a trouvé une rivale redoutable dans la Mélanie de la Harpe.

M. VIGÉE.

Il y a de la gaieté, de la grâce, de l'esprit et des étincelles d'un comique très-agréable dans la petite comédie des *Aveux difficiles*. Le style de la *Fausse Coquette* est une imitation fort exacte du jargon qui étoit à la mode en 1785, dans les cercles les plus renommés.

M. BLIN DE SAINMORE.

Sa tragédie d'*Orphanis*, représentée, pour la première fois, en 1773, a joui constamment des applaudissemens du public et du suffrage des hommes éclairés; le cinquième acte est l'un des plus beaux et des plus pathétiques de la scène française ; aussitôt qu'elle fût imprimée, la Harpe en rendit, dans le *Mercure*, un compte très-étendu et très-partial, dans lequel on ne remarque que les exhalaisons de la haine et le désespoir de la vanité. Il faut croire qu'il a reconnu, sur la fin de ses jours, l'indécence et l'injustice de cette diatribe, puisqu'elle n'est pas consignée dans le *Cours de Littérature*.

M. BEFFROY DE REGNY.

Peu d'écrivains ont une imagination plus féconde, des idées plus fraîches et plus riantes : peut-être a-t-il à se fâcher contre sa facilité, qui lui a fait produire un très-grand nombre de pièces. Il est auteur du *Club des Bonnes Gens*, de *Nicodéme dans la Lune*, de *l'Histoire Universelle*, etc.

Il s'est chargé du rôle difficile d'égayer ses contemporains : il y a réussi, et on le citera au nombre de ceux qui ont fait servir leurs talens à inspirer le goût des choses honnêtes et à faire aimer la vertu.

M. BROUSSE DES FAUCHERETS.

Sa comédie du *Mariage Secret* est bien intriguée ; elle offre d'heureuses situations, des détails brillans et variés, et un bon ton de comédie. Le ton qu'a pris cet auteur dans une autre comédie, intitulée *le Portrait*, a paru bien au-dessus du sujet, qui est fort léger. En effet, on ne devoit pas s'attendre aux formes et au style du drame, et c'est ce qu'on remarque dans les deux tiers de cette pièce.

Le titre imposant donné à sa comédie des *Dangers de la Présomption*, promettoit des effets que l'on n'y a point trouvés à la représentation. L'intrigue de cette pièce n'est pas remplie : on y remarque l'écrivain ingénieux ; mais le style ne suffit pas pour faire une bonne pièce de théâtre.

COLLIN D'HARLEVILLE.

Cet auteur a obtenu, au théâtre et à la lecture, les succès les plus marqués. *L'Inconstant*, la première de ses pièces, a sur la seconde, l'avantage d'être plus comique : *l'Optimiste* est plus moral. On rit aux dépens de l'Inconstant. La plus ancienne des deux pièces est

est écrite avec plus de vivacité, de légèreté, d'enjouement; l'autre, avec plus de grâce, de douceur et de sensibilité. L'action de *l'Optimiste*, quoique foible, vaut mieux et est plus complète que celle de *l'Inconstant*; mais les détails de *l'Inconstant* sont plus brillans que ceux de *l'Optimiste*.

Les Châteaux en Espagne, *le Vieux Célibataire*, *le Vieillard et les Jeunes Gens*, et quelques autres pièces, sont écrites de ce style aimable et facile qui caractérise les deux premières comédies de cet auteur, enlevé trop tôt à la république des lettres. Son Théâtre a paru en 1805, chez Duminil-Lesueur, imprimeur-libraire, rue la Harpe, 4 vol. in-8°. : il est accompagné de *Poésies Fugitives*.

DUDOYER.

Adélaïde ou *l'Antipathie par Amour*, comédie, représentée sur le Théâtre Italien, en 1780, est une pièce remarquable par la simplicité intéressante de l'action, par la vérité touchante des caractères, et par le charme d'un style doux et facile. L'auteur est mort en 1798.

M. DUCIS.

On reconnoît dans ses tragédies, les élans d'une âme sensible, et non les résultats d'une combinaison adroite; c'est dans son cœur qu'il puise ses moyens; il ne séduit pas par le prestige d'un vain spectacle, mais il émeut, il ébranle par le tableau fier et mâle des grandes passions. Pourquoi faut-il que son enthousiasme l'emporte souvent au delà du vrai? que n'a-t-il un style plus égal, plus pur, plus harmonieux! que n'a-t-il, surtout, l'art de construire un plan, de combiner les incidens d'une fable dramatique! De beaux détails, des traits sublimes, mais peu de liaison et d'ensemble.

M. FRANÇOIS DE NEUFCHATEAU.

Sa comédie de *Paméla* a eu un très-grand succès. Le plan de cette pièce est bien tracé. On doit le même éloge aux caractères; on y remarque, d'ailleurs, des situations touchantes, et des développemens heureux : il y a de l'aisance et de la pureté dans le style.

M. LAUJON.

La comédie de cet auteur, intitulée *l'Inconséquent* ou *les Soubrettes*, n'a point eu

de succès au Théâtre Français, en 1777.
Mais quelle moisson de lauriers n'a-t-il pas
cueillis sur d'autres théâtres ! Nous ne citerons
que son *Amoureux de quinze ans*, représenté, en 1771, au Théâtre Italien ; comédie inimitable, suivant Collé, dans la suite
de son *Journal historique*, et qui restera au
théâtre, tant qu'il y aura des théâtres en
France et qu'on parlera français.

MADAME DE GENLIS.

Avant la publication du *Théâtre de Société* par cette femme célèbre, on ne connoissoit point d'ouvrages dramatiques dont
le but moral fût aussi marqué que dans les
comédies qui le composent, et cependant les
leçons qu'elles offrent continuellement, sont
bien loin d'avoir de l'affectation ; c'est qu'elles
sortent toujours du fonds du sujet. On peut
regarder ce Théâtre comme une espèce de
Traité de Morale en action ; mais l'âme qui
l'a dicté, le style facile et naturel de l'auteur, la profonde connoissance du monde et
du cœur humain, la délicatesse d'une infinité de traits différens, les sentimens de bonté
et de bienfaisance qui y sont répandus,
rendent cette morale attrayante.

M. CHENIER.

Les ouvrages dramatiques de M. Chenier méritent, à plus d'un titre, l'attention de tous ceux qui s'intéressent aux progrès des arts. Voltaire avoit prédit, dans une lettre à Saurin, qu'un jour la Saint-Barthelemi enrichiroit notre scène ; et c'est à 22 ans que M. Chénier a rempli le vœu de Voltaire, dans la tragédie de *Charles IX.* Il falloit pour cela du talent, du courage et du caractère.

Dans la tragédie de *Henri VIII*, le talent de l'auteur se fit reconnoître avec des progrès sensibles de maturité.

Les tragédies de *Calas*, de *Caïus Gracchus*, et de *Fénélon*, soutenues par leur propre mérite et par celui des circonstances, obtinrent les plus grands succès. M. Chenier a tâché de se rapprocher de Voltaire par un style toujours analogue à son sujet ; il s'en est rapproché encore par son discours préliminaire de la tragédie de *Charles IX*, qui suffiroit seul pour prouver qu'en vers comme en prose, il est un de nos littérateurs les plus distingués.

Le Théâtre de M. Chenier forme 2 vol. petit in-12, imprimés en l'an IX, par Didot l'aîné.

M. LEGOUVÉ.

On a été agréablement surpris, en 1792, quand on a vu le sujet simple de *la Mort d'Abel*, se développer de la manière la plus vraie, la mieux sentie, la plus touchante, et présenter, sous le charme d'un style pur, facile et nerveux, un intérêt croissant de scène en scène.

La tragédie d'*Epicharis et Néron*, offre des beautés du premier ordre : celle d'*Etéocle et Polinice* rappelle la belle simplicité d'Euripide.

L'auteur a eu de grandes difficultés à surmonter en composant sa *Mort d'Henri IV*. Une action trop récente, une popularité contraire aux effets tragiques, un dénoûment prévu, l'animosité excitée par la manière dont il avoit conçu son sujet : comment se persuader que, sans un mérite réel, son ouvrage auroit pu vaincre tant de préventions, surmonter tant d'obstacles ? Le plan en est défectueux, sans doute, mais les scènes sont adroitement filées : le style est attachant.

M. ARNAULT.

On désireroit dans la tragédie de *Marius à Minturnes*, plus d'adresse dans la contexture, plus de liaison dans les scènes, plus d'effet théâtral; mais l'auteur n'avoit que 21 ans lorsque cette pièce fut représentée : et cette excuse est d'autant plus valable, que les légers défauts de l'ouvrage sont amplement rachetés par de grandes beautés de détail.

La tragédie de *Lucrèce* est défectueuse par le plan, et peut-être ce défaut tient-il au sujet; mais on n'y reconnoît pas moins l'empreinte d'un talent supérieur. Le style offre des pensées énergiques et brûlantes : le caractère de Brutus est vraiment dramatique; sa feinte stupidité répand sur l'ouvrage une couleur sombre et terrible; enfin, cette production obtint un véritable succès d'estime, et confirma les heureuses espérances que l'auteur avoit fait concevoir de son talent.

M. ANDRIEUX.

La petite pièce d'*Anaximandre*, représentée en 1783, lorsque l'auteur n'avoit encore que vingt-deux ans, annonçoit un homme fait pour se distinguer. L'intérêt en est foible, mais la marche prouve de l'intelligence, de la connoissance du théâtre, et de la justesse dans les idées. Ce joli petit ouvrage a été repris avec succès, au Théâtre Français, en 1805.

Les Etourdis sont pleins de traits heureux, de détails piquans, de mouvemens plaisans et comiques.

Dans *la Suite du Menteur*, M. Andrieux a complétement rempli le vœu que Voltaire avoit exprimé, et l'attente des hommes éclairés; on doit, en effet, lui savoir gré d'avoir remis en valeur un ouvrage qui laisse encore briller de superbes détails de P. Corneille, et qui, faute d'une restauration utile, auroit peut-être fini par être entièrement condamné au plus profond oubli.

Si la conception totale du *Trésor* répondoit à celle de quelques scènes et à la perfection du style, cet ouvrage se placeroit à côté de ceux de nos plus grands auteurs.

Un critique a très-bien dit, au sujet de *Molière avec ses Amis* ou *la Soirée d'Auteuil*, que c'est un hommage très-ingénieux rendu à Molière par l'un de ses plus fidèles disciples.

M. BAOUR-LORMIAN.

Le succès complet et mérité de la tragédie d'*Omasis* ou *Joseph en Egypte*, paroît également honorable pour l'auteur et pour le public; pour l'auteur, qui s'est placé sur la ligne des grands écrivains dramatiques, par un style à la fois noble et simple, poétique et touchant, harmonieux et vrai; honorable pour le public, en ce qu'il n'a suscité aucune de ces bourrasques si fréquentes et si déplacées aux premières représentations. Ce succès, d'ailleurs, vaut mieux que celui de satirique injuste, auquel l'auteur prétendoit dans sa première jeunesse.

MM. BOUILLI ET PAIN.

M. Bouilli, auteur de *l'Abbé de l'Epée*, des *Deux Journées*, et de *Fanchon la Vielleuse*, a l'avantage, assez rare, d'avoir donné à trois théâtres différens, et dans trois genres opposés, les trois ouvrages les plus productifs dans leur nouveauté. Il a partagé le succès du dernier avec son associé ordinaire en vaudevilles, M. Joseph Pain.

Jadis un succès d'affluence, quelqu'éclatant qu'il fût, n'étoit pas une preuve positive du mérite intrinsèque d'un ouvrage; à cet égard, les exemples fourmillent: *Timocrate, les Battus payent l'Amende, le Moine, Madame Angot*, sont des monumens de vogue passagère, qui démontrent qu'une fois l'enthousiasme refroidi, le prestige peut disparoitre;

roître; mais aujourd'hui que le public est plus sévère, moins accessible à certaines préventions, il faut qu'il y ait dans un ouvrage une magie réelle pour déterminer la réussite complète et l'affluence soutenue; il faut que cette magie soit encore plus forte quand le succès s'obtient et se conserve en dépit d'inconvenances très-visibles, et de défauts très-prononcés. C'est l'histoire de *Fanchon la Vielleuse*.

M. DUMANIANT.

La comédie de *Guerre Ouverte* ou *Ruse contre Ruse*, 1787, in-8°., imitée, quant au fonds, d'une pièce du théâtre espagnol, intitulée *la Chose Impossible*, ne sera pas mise, sans doute, au rang de nos chefs-d'œuvres; car c'est par la perfection du style et des détails que tout ouvrage d'esprit peut mériter cet honneur : mais pour la vivacité de l'intrigue, pour le jeu théâtral, et les situations comiques, elle peut aller de pair avec les meilleures pièces que nous ayons en ce genre.

M. ALEXANDRE DUVAL.

La comédie des *Tuteurs Vengés*, a une marche rapide qui ne languit pas un seul instant. Une intrigue simple, bien conduite, un dialogue semé d'excellens traits comiques, doivent faire mettre sa petite pièce des *Projets de Mariage* au nombre des meilleurs ouvrages en un acte que l'on donne à la Comédie Française. Nous ne louerons pas son *Lovelace Français* ou *la Jeunesse du Duc de Richelieu*, pièce composée en société avec M. Monvel. Ces deux écrivains ont travaillé sur des *Mémoires* qui ne sont rien moins qu'authentiques : la décence théâtrale réprouve ce genre d'ouvrages.

M. Alexandre Duval aussi est auteur des charmans opéras comiques du *Prisonnier*, et de *la Maison à Vendre*.

M. CARRION DE NISAS.

Montmorency, tragédie en cinq actes et en vers, est le premier ouvrage de cet auteur. On y trouve des vices essentiels de contexture et de conduite, et de très-beaux vers ; des caractères largement dessinés, mais souvent placés hors de convenance ; de fort beaux discours, mais point d'action. Le sujet présente quelqu'intérêt, et comme sujet national, assez rapproché de l'époque où nous sommes, et comme nous retraçant des temps et des mœurs, dont la comparaison avec le temps et les mœurs actuels, n'est pas sans charmes pour l'observateur.

Jamais chute n'a peut-être porté le caractère de celle que le public a fait subir, en l'an XII, à l'auteur de *Pierre-le-Grand*. Jamais aussi un auteur ne provoqua plus imprudemment la sévérité de ce juge redoutable. Le style de cette pièce est fort inégal, quelquefois énergique et serré, quelquefois incorrect et diffus ; d'ailleurs, quelques beaux vers, quelques tirades passablement écrites, ne suffisent pas pour assurer le succès d'une tragédie.

M. LA CHABEAUSSIÈRE.

L'Eclipse totale pétille d'esprit, de traits et de détails charmans. Le style d'*Azemia* ou *les Sauvages*, a de la grâce, de la fraîcheur, et il rend souvent, d'une manière très-agréable, des idées très-piquantes. On doit aussi beaucoup d'éloges à ses *Maris corrigés*, au *Corsaire*, aux *Deux Fourbes*, au *Sourd*, à *la Confiance Dangereuse*. M. la Chabeaussière rédige avec autant de goût que d'impartialité, la partie dramatique de *la Revue* ou de l'ancienne *Décade*.

M. FRAMERY.

Cet auteur a composé les pièces suivantes : *Nanette et Lucas*, *la Paysanne Curieuse*, *Nicaise* de Vadé, remis avec des ariettes ; *l'Indienne*, *le Projet*, *l'Illusion* ou *le Diable Amoureux* ; enfin *la Colonie*, pièce qui est restée au théâtre et qui y aura du succès, tant qu'il y aura des amateurs de bonne musique.

M. HOFFMAN.

Nous avons de cet auteur les opéras suivans : *Adrien, Empereur de Rome* ; *Stratonice*, *Nephté* et *Médée* : il y a de l'élégance et du naturel dans ces productions.

M. MONVEL.

Il seroit difficile de donner un nom à sa pièce des *Trois Fermiers* : ce n'est ni un opéra comique, ni une comédie ; et dans l'acception générique du mot, ce n'est pas même un drame, puisqu'il n'y a ni intrigue, ni action ; mais c'est une galerie de tableaux intéressans, tous pris dans la nature et dans le sentiment, et qui amènent un dénoûment fort touchant.

L'Amant Bourru est de ce genre mixte qui réunit la gaieté et l'attendrissement ; le mélange de sensibilité dans l'âme et de grossièreté dans les manières, est un caractère fort théâtral. Il y a du naturel et de l'esprit dans le dialogue.

On connoît assez les autres pièces de l'auteur, entr'autres *Clémentine et Desormes*, *les Victimes Cloîtrées*, etc. : cette dernière excita le plus vif enthousiasme en 1790.

M. QUÉTANT.

Sa célébrité s'est bornée à l'opéra-comique : *le Maréchal Ferrant*, *le Maître en Droit*, *les Femmes et le Secret*, etc., ont eu des succès.

M. PIGAULT-LE-BRUN.

Le Blanc et le Noir, drame en quatre actes; *Charles et Caroline*, comédie en cinq actes, ont eu du succès. *L'Amour et la Raïson*, comédie en un acte, jouée, dans l'origine, sur les Boulevards, fut ensuite jugée, par les Comédiens Français, digne de figurer sur leur répertoire. Cette pièce est dialoguée avec beaucoup d'esprit, et les scènes en sont parfaitement filées.

M. GUILLARD.

Il seroit impossible de détailler les beautés d'*Iphigénie en Tauride*; chacun des personnages a le style qui convient à son caractère connu, et aux différentes situations dans lesquelles il se trouve; aussi jamais opéra n'a fait une impression si forte et si générale, dès sa première représentation, en 1779; la musique est du célèbre Gluck.

Nous avons encore de cet auteur *Œdipe à Colonne*, où l'on reconnoît toute la simplicité de la pièce grecque, plusieurs scènes pathétiques et versifiées avec force; les *Horaces*, *Electre*, *Alvire et Evélina*, etc.

M. Guillard a composé, en société avec MM. Andrieux et le Moine, *Louis IX en Egypte*.

M. LANTIER.

Sa comédie de *l'Impatient* a obtenu un succès mérité; on a cependant trouvé le principal personnage souvent plus étourdi et plus indiscret qu'impatient. On a remarqué des longueurs et des invraisemblances dans la comédie du *Flatteur*; mais on y a applaudi des traits d'esprit, de caractère, et de fort heureux détails.

M. LÉGER.

L'Homme sans Façon ou *le Vieux Cousin*, *la Gageure Inutile* ou *plus de Peur que de Mal*, et plusieurs autres petites pièces, donnent une idée avantageuse de cet auteur. Il y a des scènes charmantes dans *l'Homme sans Façon*. M. Léger passe, avec raison, pour l'un des créateurs du vaudeville moderne.

M. MARSOLLIER DES VIVETIÈRES.

Le style du *Vaporeux*, comédie en deux actes et en prose, a de la vérité, de la grâce; le dialogue ne mérite pas moins d'éloges. *Nina* ou *la Folle par Amour*, a fait répandre beaucoup de larmes. On a encore de cet auteur, entr'autres pièces, *la Fausse Délicatesse*, *Camille* ou *le Souterrain*, *le Connoisseur*, *la Pauvre Femme*, *Adèle et Dorsan*, *les Détenus* ou *Cange*, *une Matinée de Catinat*, etc.

Beaucoup de naturel, de la sensibilité et des situations intéressantes, caractérisent toutes les productions de cet estimable écrivain.

M. LEMERCIER.

M. le Mercier paroît s'être profondément pénétré, en composant sa tragédie d'*Aga-*

memnon, des beautés mâles de l'antiquité. Comme Eschyle, il a puisé dans Homère ; mais en conservant ce coloris antique si précieux, il a profité des fautes de ses modèles, pour régulariser davantage sa marche et ses effets dramatiques : c'est donc un fort bel ouvrage que cette tragédie ; et elle doit faire d'autant plus d'honneur à l'auteur, qu'elle a le mérite du style ; et qu'à cet égard il y a une distance immense entre cette pièce et les ouvrages que M. le Mercier a publiés depuis.

M. PETITOT.

Le plan de *Pison* parut foible, la marche lente, le style froid et sans couleur. Sa pièce intitulée *Laurent de Médicis*, représentée en 1799, a un plan assez sage, assez régulier ; les situations en sont assez bien amenées, mais le style est froid, sentencieux et monotone. La tragédie de *Géta* est mieux écrite, mais elle a le défaut de rappeler à chaque instant les situations de Britannicus, et le parallèle nuisit sans doute à son succès.

M. PICARD.

Cet auteur étoit déjà connu par des pièces agréables, lorsqu'il fit représenter *les Amis de de Collége ;* cette pièce fit le plus grand honneur à ses talens. Un ouvrage encore plus important pour sa réputation, est la comédie intitulée : *Médiocre et Rampant* ou *le Moyen de parvenir.*

L'Entrée dans le Monde, est assez fortement intriguée pour que l'intérêt ne se refroidisse jamais. La marche est uniforme, claire et rapide ; peu d'événemens, mais une action bien établie, bien suivie, sagement conduite, et qui se déroule avec beaucoup d'art. Les caractères sont peints avec des couleurs toujours fortes et toujours vraies.

Le Collatéral, au mérite d'exciter continuellement le rire, joint celui d'offrir une intrigue charmante, des caractères originaux, une verve étonnante de composition et un style pressé, rapide et plein de trait.

Le succès prodigieux et mérité du *Collatéral*, dans lequel M. Picard avoit esquissé déjà quelques portraits de provinciaux, l'a sans doute engagé à composer la *Petite Ville*, tableau plus en grand, et dans lequel rien ne manque à la fidélité des peintures. Cette ressemblance est si frappante, que plusieurs villes ont cru que l'auteur les avoit prises pour modèles.

C'est à une espèce de cartel littéraire que nous devons *les Provinciaux à Paris*. Un journaliste avoit défié l'auteur de *la Petite Ville*, de mettre la grande ville sur la scène ; soit que le titre de *la Grande Ville*, qu'avoit d'abord cette comédie, effarouchât les Parisiens, qui ne voulurent pas se reconnoître dans un miroir trop fidèle ; soit que le public le trouvât beaucoup trop vaste pour une comédie ; soit tout autre motif, enfin, l'ouvrage essuya beaucoup de contradictions les premières fois qu'il parut. Mais depuis, l'auteur ayant changé le titre et fait quelques légers changemens, le succès des *Provinciaux à Paris* ne trouva plus de contradicteurs. Néanmoins la contexture de cette comédie prête à la critique, le plan en est irrégulier, et la plupart des situations forcément amenées. Ces défauts tiennent au sujet ; mais on doit convenir que les personnages sont peints d'après nature ; que Paris n'offre que trop de ces hommes soi-disant en crédit et riches, et de ces femmes soi-disant distinguées, malheureuses et sensibles, dont tout le patrimoine est fondé sur la crédulité de ceux qui ont le malheur de tomber entre leurs mains.

Les talens et les succès de M. Picard sont

assez connus, pour que nous nous abstenions de parler de ses autres pièces.

M. PIEYRE.

L'Ecole des Pères a obtenu un beau succès, en 1787. La morale de cette pièce est douce, pure et propre à tous les états : c'est un tableau de ce qui se passe dans une infinité de familles ; et c'est là peut-être le principal motif du grand intérêt que cette pièce a inspiré, et de la préférence qu'on lui a donnée sur la plupart des comédies modernes, où les mœurs sont le plus souvent idéales et factices.

M. PUJOULX.

C'est un agréable et intéressant tableau, que *les Dangers de l'Absence* ou *le Souper de Famille*, comédie représentée en 1788. Cette pièce contient des traits charmans, des détails domestiques de la plus grande vérité. Le caractère du mari est plein de sensibilité, de raison et de décence ; celui de la femme est peut-être un peu trop fortement prononcé dans quelques instans.

Les Modernes Enrichis, qu'on ne peut regarder comme un ouvrage dramatique régulier, sont remplis de traits d'un excellent comique. Il y a eu du courage à attaquer de front les modernes Turcarets ; et il faut que l'auteur ait tranché au vif, puisque tous les fournisseurs de Paris, étoient persuadés qu'il avoit écouté à leurs portes.

M. ROGER.

Les jolies comédies de la *Dupe de soi-même*, de *Caroline* ou *le Tableau*, de *l'Epreuve délicate*, de *l'Avocat*, prouvent que M. Roger paroît appelé à faire la bonne comédie ; en cultivant ses heureuses dispositions, il pourra traiter de grands sujets, et mériter des succès encore plus brillans.

M. RAYNOUARD.

On se rappelle le grand succès de la tragédie des *Templiers* : ce succès n'étoit point une belle erreur du public, comme on l'a écrit ; de beaux vers, une grande élévation de pensées, le ressort de l'admiration poussé au plus éminent degré dans le personnage du Grand Maître et du jeune Marigni, tout cela devoit assurément produire son effet, tout cela méritoit d'être applaudi ;

mais il résulte d'un examen approfondi de cette pièce, que l'auteur a fait un ouvrage estimable, et qu'il n'a pas fait une bonne tragédie ; qu'il a dû être applaudi et critiqué ; que dans la pièce il a montré plus de talent d'écrire, que de véritable connoissance de l'art dramatique ; qu'il a tracé avec habileté un caractère imposant ; mais qu'il n'a pas su fondre les nuances environnantes qui devoient donner de l'ensemble au tableau ; qu'il a besoin d'étudier l'art de lier les scènes et de graduer les émotions ; que le style est souvent élevé, toujours correct, et pourtant quelquefois sec et un peu monotone ; mais qu'au total, c'est la preuve d'un beau talent, et qu'il faut attendre, pour le juger mieux encore, que dans d'autres sujets l'auteur ait donné la mesure réelle de ses forces et de ses ressources.

MM. RADET, BARRÉ, BOURGUEIL, PIIS, DESFONTAINES, DESCHAMPS, DESPRÉS, PHILIPON-LA-MADELEINE ET AUGER.

Si nous devons nous élever contre l'invasion de l'insipide calembourg, du froid jeu de mots, et de l'odieuse personnalité, qui ont souvent déshonoré la scène du Vaudeville ; nous devons féliciter les auteurs, lorsque dédaignant le triomphe facile des scènes décousues, des pièces sans actions, et des épigrammes sans objet, ils savent réunir dans une juste mesure, la morale et la gaieté, un plan raisonnable et des situations attachantes. Le chef-d'œuvre des pièces de ce genre est, sans contredit, celle qui a pour titre, *Monsieur Guillaume* ou *le Voyageur inconnu*. Les auteurs ont eu raison de dire qu'on aimeroit cet inconnu ; sa mémoire, en effet, nous sera long-temps chère et douloureuse ; c'est le respectable Malesherbes, dont les vertus et les talens n'ont pu désarmer les tigres sanguinaires qui dépeuploient la France. M. Guillaume a pour auteurs, MM. Radet, Barré, Desfontaines et feu Bourgueil.

On peut encore citer *Santeuil et Dominique*, par M. Piis ; *Lamothe-Houdard*, par MM. Piis et Auger ; *René le Sage*, par MM. Deschamps, Després, Radet et Barré ; *le Quart d'Heure de Rabelais*, par MM. le Prevost d'Irai et Dieu-la-Foi ; *Chaulieu à Fontenay*, par MM. Ségur l'aîné et Philipon-la-Madeleine ; *Gentil Bernard*, par MM. le

Prévost et Philipon ; *Piron avec ses Amis*, par M. Deschamps.

La pièce de M. Després, intitulée *le Poëte satirique*, étincelle de saillies vives et ingénieuses : il y a un couplet dont la facture précise et nourrie est digne de rivaliser avec tout ce que Panard et Collé ont pu produire dans ce genre.

Nous avons de M. Piis, une foule de pièces charmantes ; nous n'en citerons que quelques-unes, telles que *les Déesses rivales*, *les Solitaires de Normandie*, *les Vendangeurs* ou *les Deux Baillis*, *la Fausse Paysanne*, *les Deux Panthéons*, etc. Les amateurs du vaudeville doivent beaucoup de reconnoissance à cet auteur ; il a composé en société avec M. Barré, *la Matinée et la Veillée Villageoises*, *les Amours d'Eté*, *Cassandre Oculiste*, *l'Oiseau perdu et retrouvé*, etc.

Les bornes de cet ouvrage ne nous permettent pas de rappeler les succès de MM. Charlemagne, Chazet, Desfontaines, Despréaux, Dupaty, Etienne, Faur, Gouffé, Goulard, Jaure, Laya, Ligier, Longchamp, Martainville, Mérard-Saint-Just, Moline, Morel, Nanteuil, Pixérécourt, Seguier, Sewrin, Souriguère.

Recueil de Tragédies et Comédies.

Si le nombre de cent volumes qui composent la *Petite Bibliothèque des Théâtres*, publiée en 1786 et années suivantes, par MM. Baudrais et Le Prince, effraye les gens de goût, ils pourront se contenter de deux recueils moins volumineux, qui sont : 1°. *le Théâtre Français, ou Recueil des meilleures Pièces de Théâtre; Paris, Nyon père et fils,* 1737, 12 vol. in-12.

2°. *Le Répertoire du Théâtre Français, ou Recueil des Tragédies et Comédies restées au théâtre depuis Rotrou, avec des notices sur les auteurs, et des examens de chaque pièce, par M. Petitot; Paris,* 1803 et 1804, 23 vol. in-8°.

M. Blin de Sainmore avoit publié, en 1796, le prospectus d'un recueil du même genre : M. Petitot l'a adopté jusque dans les moindres détails. On a été choqué du ton de suffisance qui règne dans ses notices; et si on vouloit l'attaquer sur le choix des pièces qui composent son recueil, il y auroit beaucoup à dire, et sur celles qu'il admet, et sur celles qu'il exclut : nous avons tâché de de mettre plus d'impartialité dans nos jugemens.

Voici le titre des pièces qui composent les deux recueils; nous avons fait précéder d'une étoile celles qui se trouvent dans l'un et dans l'autre.

État des pièces de Théâtre, contenues dans le recueil de Nyon (1).

*Absalon, T. Duché, IV.
Adraste, T. Ferrier, IX.
Agamemnon, T. Boyer, IV.
Alcionée, T. Du Ryer, III.
L'Amour tyrannique, T. Scudery, VII.
Anne de Bretagne, T. Ferrier, IX.
Antigone, T. D'Assezan, IX.
Les Apparences trompeuses, C. Roisrobert, VI.
Aspasie, C. Desmarets, VII.
Basile et Quitterie, T.-C. Gaultier, XII.
Brutus, T. Mademoiselle Bernard, V.
Les Carrosses d'Orléans, C. Lachapelle, X.

---

(1) Les majuscules T., C., T.-C., et D. qui suivent les titres, indiquent des tragédies, des comédies, des tragi-comédies ou des drames; les chiffres romains indiquent les volumes.

Cassandre, T. Boisrobert, VI.
Caton d'Utique, T. Deschamps, XI.
Cléopatre, T. Lachapelle, X.
Cosroès, T. Rotrou, II.
*Crispin Rival de son Maître, C. Le Sage, XI.
Les Dames vengées, C. Visé, VIII.
Les Danaïdes, T. Gombauld, VI.
Débora, T. Duché, IV.
La Devineresse, C. Visé et T. Corneille, VIII.
Le Divorce de l'Amour et de la Raison, C. Pellegrin, XII.
Don Bernard de Cabrère, T. C. Rotrou, I.
La Dragonne, ou Merlin Dragon, C. Desmarres, VIII.
Electre, T. Longepierre, X.
L'Esprit Follet, C. Douville, VII.
Esther, T. Du Ryer, III.
La Folle Gageure, C. Boisrobert, VI.
Géta, T. Péchantré, V.
Hercule mourant, T. Rotrou, I.
Hypermnestre, T. Riupeirous, XI.
Les Intrigues de la Loterie, C. De Visé, IX.
Iphigénie, T. Leclerc, IX.
Le Jaloux Invisible, C. De Brécour, VIII.
Jephté, T. Boyer, IV.

Jonathas, T. Duché, IV.
Judith, T. Boyer, IV.
Laodamie, T. Mademoiselle Bernard, V.
Laure persécutée, T.-C. Rotrou, I.
Mahomet II., T. Chateaubrun, XI.
La Mariane, T. Tristan, II.
* Marius, T. De Caux, XI.
* Médée, T. Longepierre, X.
La Mère Coquette ou les Amans Brouillés,
 C. Visé, VIII.
Momus Fabuliste, C. Fuselier, XII.
La Mort de Chrispe, T. Tristan, II.
Mustapha et Zeangir, T. Belin, IX.
La Noce de village, C. De Brécour, VIII.
Le Nouveau Monde, C. Pellegrin, XII.
Panthée, T. Tristan, II.
* Pénélope, T. Genest, V.
Philoclée et Téléphonte, T.-C. Gilbert,
 VII.
* Saül, T. Du Ryer, III.
Scévole, T. Du Ryer, III.
Solyman, ou la Mort de Mustapha, T.
 Mairet, II.
Sophonisbe, T. Mairet, II.
Téléphonte, T. Lachapelle, X.
Thémistocle, T. Du Ryer, III.
Les Trois Orontes, C. Boisrobert, VI.

Les Trois Spectacles ou Polixène, T. L'A-
vare Amoureux, C. Pan et Doris, Pas-
torale héroïque. D'Aigueberre, XII.
* Turcaret, C. Le Sage; XI.
* Venceslas, T.-C. Rotrou, I.
Le Véritable S. Genest, T. Rotrou, I.
Les Visionnaires, C. Desmarets, VII.
Zaïde, T. Lachapelle, X.
Zénolide, T. Genest, V.

*État des pièces contenues dans le Recueil
de M. Petitot.*

* Absalon, T. Duché, II.
Amasis, T. La Grange, II.
L'Andrienne, C. Baron, X.
Andronic, T. Campistron, I.
L'Aveugle Clairvoyant, C. Dufresny, XVIII.
L'Avocat Patelin, C. Brueys, XVI.
Le Babillard, C. Boissy, XXI.
Béverley, D. Saurin, VII.
Blanche et Guiscard, T. Saurin, IV.
Les Bourgeoises de Qualité, C. Dancourt, XVII.
Le Bourru Bienfaisant, C. Goldoni, XXIII.
Caliste, T. Colardeau, V.

Le Cercle, C. Poinsinet, XXIII.
Le Chevalier à la Mode, C. Dancourt, VIII.
Le Consentement Forcé, C. Guyot de Merville, XXII.
La Coquette Corrigée, C. Lanoue, XIV.
La Coquette de Village, C. Dufresny, XVIII.
La Coupe Enchantée, C. La Fontaine, XVI.
Crispin Médecin, C. Hauteroche, XVI.
*. Crispin Rival de son Maître, C. Le Sage, XIX.
Les Dehors Trompeurs, C. Boissy, XIV.
Le Dépit, C. Dufresny, XVIII.
Le Deuil, C. Hauteroche, XVI.
Didon, T. Le Franc de Pompignan, III.
Le Dissipateur, C. Destouches, XI.
Le Double Veuvage, C. Dufresny, XVIII.
Dupuis et Desronais, C. Collé, XXII.
L'Ecole des Bourgeois, C. D'Allainval, XX.
L'École des Mères, C. Lachaussée, XIII.
L'Épreuve, C. Marivaux, XX.
Esope à la Cour, C. Boursault, IX.
L'Esprit de Contradiction, C. Dufresny, XVIII.
L'Été des Coquettes, G. Dancourt, XVII.

La Fausse Agnès, C. Destouches, XXI.

Les Fausses Confidences, C. Marivaux, XX.

Les Fausses Infidélités, C. Barthe, XXIII.

La Feinte par Amour, C. Dorat, XXIII.

La Femme Juge et Partie, C. Montfleury, VIII.

Le Festin de Pierre, C. Th. Corneille, VIII.

Le Florentin, C. La Fontaine, XVI.

Le Français à Londres, C. Boissy, XXI.

Gabrielle de Vergy, T. De Belloy, V.

La Gageure Imprévue, C. Sedaine, XXIII.

Le Galant Coureur, C. Le Grand, XVIII.

Gaston et Bayard, T. De Belloy, V.

Le Glorieux, C. Destouches, XI.

La Gouvernante, C. Lachaussée, XIII.

Le Grondeur; C. Brueys et Palaprat, XVI.

Gustave, T. Piron, III.

L'Homme à Bonnes Fortunes, C. Baron, X.

L'Homme Singulier, C. Destouches, XII.

Hypermnestre, T. Lemière, VI.

Inès de Castro, T. La Motte, III.

L'In-promptu de Campagne, C. Phil. Poisson, XX.

Iphigénie en Tauride, T. Guimond de la Touche, IV.

Le Jaloux Désabusé, C. Campistron, IX.
Le Jaloux sans Amour, C. Imbert, XV.
Les Jeux de l'Amour, C. Marivaux, XIX.
Le Legs, C. Marivaux, XX.
Mahomet II, T. Lanoue, III (1).
La Maison de Campagne, C. Dancourt, XVI.
Manlius, T. Lafosse, II.
Le Marchand de Smyrne, C. Chamfort, XXIII.
Le Mari Retrouvé, C. Dancourt, XVII.
Le Mariage fait et rompu, C. Dufresny, XVIII.
* Marius, T. De Caux, II.
Le Méchant, C. Gresset, XIV.
* Médée, T. Longepierre, I.
Mélanide, C. Lachaussée, XIII.
Mélanie, D. La Harpe, VII.
Le Mercure Galant, C. Boursault, IX.
La Mère Confidente, C. Marivaux, XIX.

---

(1) Feu M. Senac de Meilhan assure, dans l'ouvrage intitulé *du Gouvernement, des Mœurs et des Conditions en France avant la Révolution*, Hambourg, 1795, in-8°., que cette tragédie est de M. Gayot, subdélégué général de l'intendant d'Alsace, ensuite préteur de Strasbourg, et quelques années après, intendant de la guerre; il n'osa point la risquer sous son nom, crainte de porter atteinte à sa considération dans les affaires, et il la fit passer sous le nom de l'acteur Lanoué.

La Métromanie, C. Piron, XII.
La Mère Coquette, C. Quinault, VIII.
Les Mœurs du Temps, C. Saurin, XXIII.
Le Muet, C. Bruéys, IX.
L'Oracle, C. St.-Foix, XXI.
•La Partie de Chasse de Henri IV, C. Collé, XXII.
* Pénélope, T. Genest, I.
Le Père de Famille, D. Diderot, VII.
Le Philinte de Molière, C. Fabre d'Eglantine, XV.
Philoctète, T. La Harpe, VI.
Le Philosophe Marié, C. Destouches, XI.
Le Philosophe sans le savoir, C. Sedaine, VII.
Le Préjugé à la Mode, C. Lachaussée, XIII.
Le Procureur Arbitre, C. Phil. Poisson, XX.
La Pupille, C. Fagan, XXI.
La Réconciliation Normande, C. Dufresny, X.
Le Rendez-Vous, C. Fagan, XXI.
Le Sage Etourdi, C. Boissy, XXI.
Le Séducteur, C. De Bièvre, XV.
Le Siége de Calais, T. De Belloy, V.
Le

Le Sommambule, C. Pont-de-Vesle, XXII.
Spartacus, T. Saurin, IV.
La Surprise de l'Amour, C. Marivaux, XIX.
Le Tambour Nocturne, C. Destouches, XII.
Le Triple Mariage, C. Destouches, XXI.
Les Trois Cousines, C. Dancourt, XVII.
Les Trois Frères Rivaux, C. Lafont, XIX.
Les Trois Sultanes, C. Favart, XXII.
Les Troyennes, T. Chateaubrun, IV.
* Turcaret, C. Le Sage, X.
Les Vacances, C. Dancourt, XVII.
* Venceslas, T. Rotrou,
Les Vendanges de Surêne, C. Dancourt, XVII.
La Veuve du Malabar, T. Lemière, VI.
Warwich, T. La Harpe, VI.

§ III. POËTES DIDACTIQUES.

BOILEAU.

Boileau est à la tête de cette classe. Son Art Poétique offre l'exemple et le précepte à la fois. Il est supérieur, par la méthode qui y règne, à celui d'Horace; et lorsqu'il imite ce poëte Latin, il semble moins copier ses pensées, que les créer. Nous croyons faire plaisir à nos lecteurs, en plaçant ici le jugement qu'a porté de cet ouvrage le duc de Nivernois, dans ses réflexions sur le génie de Despréaux.

« Ce poëte joint la vérité des images à la
» solidité des préceptes : il égaye le style
» didactique par des portraits et des com-
» paraisons. Tout y est sage et ingénieux,
» juste et fin à la fois. Bien des gens sem-
» blent vouloir le regarder comme une com-
» pilation de l'Art Poétique d'Horace. Je ne
» sais si c'est mauvais goût ou mauvaise foi ;
» mais il me semble nécessaire, que l'un ou
» l'autre ait enfanté cette opinion. Parmi
» environ douze cents vers qui composent
» l'Art Poétique de Despréaux, il n'y en a
» peut-être pas une cinquantaine d'emprun-
» tés, ou de traduits, si l'on veut, d'Horace.
» Le Tasse en a pris à proportion bien da-
» vantage chez Virgile, sans qu'on l'ait ac-
» cusé d'avoir compilé l'Enéide. D'ailleurs,
» ce n'est pas en cela que consiste la vraie
» ressemblance des ouvrages ; c'est dans
» leurs proportions, c'est dans leur empla-
» cement qu'elle se trouveroit ; mais rien
» de tout cela n'est pareil chez nos deux
» poëtes. Horace, échauffé d'un feu conti-

» nuel, ne perd jamais haleine : il se répand
» comme un torrent sur toutes les matières
» qu'il traite : sa course n'est pas réglée;
» il laisse bien des choses derrière lui; puis
» il revient sur ses pas. Il ramasse tout, il
» dit tout, mais avec trop de chaleur, pour
» ne pas blesser la régularité. Il est précis,
» bref et coupé ; peut-être même décousu ;
» mais que ses lambeaux sont précieux !
» Son ouvrage est un édifice, où tous les
» ordres d'architecture sont mêlés, et ne
» sont pas assez distingués; mais le choix
» des ornemens fait oublier ce désordre.

» Despréaux marche toujours l'équerre
» à la main. Ce n'est point un conquérant
» qui pénètre avec une rapide confiance
» jusqu'aux extrémités de la terre; c'est un
» général sage et habile, qui va pied à pied,
» mais sûrement; qui reconnoît, qui prépare
» tous les chemins, avant que de s'y enga-
» ger. Boileau manie avec une adresse ex-
» trême, l'art si difficile des transitions ;
» tout est lié; tout forme un total régulier
» et admirable. Il y a pourtant des gens de
» beaucoup d'esprit, à qui cet ouvrage ne
» paroît pas assez méthodique. N'est-ce pas
» pousser un peu loin le goût de la méthode?

» Pour moi, je crois que s'il y en avoit da-
» vantage, il y en auroit trop. Ce ne seroit
» plus que l'ouvrage d'un régent; et tel
» qu'il est, il me paroît le chef-d'œuvre
» d'un poëte. J'avouerai même que s'il m'a
» paru qu'on pût y désirer quelque chose,
» c'est de cette chaleur à laquelle Horace
» accoutume trop ceux qui le connoissent.
» Cette chaleur, dont le sentiment est la
» source, et qui est elle-même celle des
» peintures vives, manque souvent à Des-
» préaux. »

SANLECQUE.

Ce Génovéfain a fait, sur les mauvais gestes des prédicateurs, un poëme didactique, qui, ainsi que quelques autres poésies du même auteur, offre quelques saillies; mais ses vers sont, en général, très-négligés. Il y a peu d'imagination; et le style nuit souvent aux pensées.

RACINE.

Racine le fils a chanté la grâce et la religion dans deux poëmes pleins de beaux vers: le second vaut mieux que le premier; il est rempli de détails heureux; et quoique Voltaire l'ait trouvé trop peu varié, il faut avouer que l'auteur a tiré tout le parti possible de son sujet. Il entendoit la mécanique des vers aussi bien que son père; mais il n'en avoit pas l'âme ; et ce défaut de chaleur répand de la langueur sur ses ouvrages. Si l'on ne considéroit son Poëme de la Religion, que du côté de la justesse du dessein et de la solidité des preuves, il réuniroit assurément tous les suffrages des personnes éclairées; si en même temps on vouloit bien faire attention que c'est un poëme didactique sur une matière abstraite, où il ne peut entrer de grande poésie, qu'à la faveur des écarts et des épisodes, je crois qu'on seroit plus indulgent sur la forme de l'ouvrage, et sur le style en général : on se sentiroit même porté à excuser un petit nombre de pensées et d'expressions; mais le commun des lecteurs à qui l'on présente des vers sur quelque sujet que ce soit, est peu disposé à tolérer les moindres défauts. On doit reconnoître dans cet ouvrage beaucoup d'endroits bien travaillés et vraiment poétiques, et un certain nombre de vers admirables, dignes du plus grand maître; en sorte que ce ne seroit pas faire un présent désagréable au public, que de tirer de ce poëme plusieurs beaux morceaux, et d'en composer un recueil en forme de catalectes. Je ne suis point étonné du cours heureux qu'il a eu, ni des éloges que lui ont donnés, en général, les personnes de la cour, et du grand monde, qui en ont été charmés. Je ne le vois rabaissé que par quelques prétendus connoisseurs, qui ne regardent comme bons vers, que des vers propres à la tragédie ou à l'épopée; qui n'en connoissent presque pas d'autres; et qui ne jugent de ceux-ci, que par comparaison avec les vers qu'ils connoissent, comme s'il n'y avoit qu'un genre de poésie.

Le plan que Racine a suivi, est excellent, et dans le vrai goût des poëmes didactiques de l'antiquité, qui eût regardé les fictions épiques, les brillantes antithèses et les vers enflés, comme ridicules et monstrueux dans ce genre de poésie. Il n'y a point de chant dans ce poëme qui n'offre des traits sublimes, et un grand nombre de vers admirables. L'auteur a fort orné son sujet; mais ce sujet est si grand, si noble, si intéressant, qu'il auroit pu, ce me semble, se passer d'ornemens, du moins aux yeux de ceux qui aiment la religion ; rien n'est plus varié par rapport à l'instruction et aux images. Il n'est pas même possible de trouver une poésie plus diversifiée dans les choses : ce sont à chaque instant de nouveaux objets ; et l'auteur, à l'exemple de Virgile, son modèle, ne manque guère de promener ses regards sur ce qui se présente sur sa route.

Pour rendre justice à ce poëme, ce n'est pas assez d'être homme d'esprit, il faut être un peu théologien, et connoître les fondemens de sa religion ; et c'est ce que beaucoup de gens d'esprit ignorent. Cependant s'ils veulent prendre la peine de lire les remarques qui sont au bas des pages, et d'en comparer la solidité avec ce qui y a rapport dans le poëme ; je suis persuadé qu'ils en seront frappés. Ce n'est pas que je croie que Racine ait fait un ouvrage parfait. Son début est triste et prosaïque ; je voudrois qu'il eût supprimé certains petits détails du premier chant ; qu'il eût ennobli et éclairci quelques idées ; qu'il eût resserré quelques raisonnemens, et que d'autres fussent plus liés : je demanderois en quelques endroits un peu plus de chaleur et d'élévation, et que le poëte semblât un peu sortir de son sujet dans chaque chant, pour y coudre habilement un épisode sublime ou touchant, à la manière des Géorgiques, ou sur le modèle de Lucrèce; son sujet l'exigeoit plus que tout autre, étant en lui-même très-sérieux, et ayant besoin, par conséquent, de certaines images, pour délasser le lecteur.

GOUGE.

Gouge de Cessières a composé un poëme didactique sur *les Jardins d'Ornement*, qui n'est pas absolument sans mérite; il y a de la douceur, quelquefois même de l'élégance dans sa versification, et certains détails, qui sont bien rendus; mais il y règne, en général, une facilité molle, une aisance lâche, une monotonie froide, un retour trop fréquent des mêmes idées, des mêmes tours et des mêmes mots.

On attribue au même auteur, un poëme de *l'Art d'Aimer*, en quatre et ensuite en six chants, qui a été plusieurs fois réimprimé. Il est plus décent et plus méthodique que celui d'Ovide; mais Ovide a bien plus de grâces, plus d'esprit, plus d'imagination.

M. DULARD.

M. DULARD.

Lucrèce a mis en vers la philosophie d'Epicure ; M. Dulard, de l'Académie des Belles-Lettres de Marseille, a fait le même honneur au Spectacle de la Nature, ouvrage célèbre de Pluche. Il a conçu et exécuté le dessein d'embellir du coloris poétique, le tableau de l'univers.

Son poëme intitulé, *la Grandeur de Dieu dans les Merveilles de la Nature*, est, pour ainsi dire, un petit traité de physique, distribué en sept chants. L'auteur expose, dans le premier, tout ce que renferme le ciel astronomique ; dans le second, il traite de la mer, et trace dans le troisième le tableau de la terre, considérée comme élément ; le quatrième offre le spectacle de la campagne ; le cinquième roule sur le naturalisme des animaux, oiseaux, insectes, reptiles, quadrupèdes. L'âme de l'homme et ses facultés sont analisées dans le sixième ; le septième a pour objet le cœur de l'homme et ses affections. Chacun de ces chants, excepté les deux derniers, qui proprement n'en forment qu'un, est un poëme isolé, qui n'a aucun rapport avec le chant qui le précède, ni avec celui qui le suit; ils ne sont liés ensemble, que par la seule continuité des merveilles d'ici-bas. L'auteur, comme on le pense bien, ne s'est attaché qu'aux grands traits, c'est-à-dire, aux effets de la nature les plus frappans, et aux œuvres de la création le plus universellement admirées. Il a fait paroître, en 1804, une sixième édition de son poëme, revue et considérablement augmentée.

M. VERNES DE GENÈVE.

Si l'on ne trouve pas dans *la Création* ou *les Premiers Fastes de l'Homme et de la Nature*, poëme en six chants, 1804, in-18, la sublimité de conception, la magnificence de poésie, que le sujet sembloit exiger, on ne peut qu'applaudir aux intentions morales de l'auteur, à la sagesse de ses fictions, à la correction de son style.

LE P. JANVIER ET UN PLAGIAIRE ANONIME.

Le P. Janvier, chanoine régulier de Saint Symphorien d'Autun, fit imprimer, en 1742, dans cette ville, un poëme sur *la Conversation*; il devoit, ce me semble, un petit hommage au Père Tarillon, jésuite, dont il a presque tout emprunté. Le poëme français n'a pas, à beaucoup près, l'élégance et la chaleur du poëme latin, intitulé : *de Arte confabulandi.* L'original rassemble toutes les grâces de la latinité, avec un art merveilleux de présenter les objets sous la forme la plus riante. A cet égard, le P. Tarillon me paroît un bel esprit latin du premier ordre parmi les modernes. La copie ne rend point, en français, ni ces grâces de l'expression, ni cette aménité de coloris, qui charment dans l'original ; de sorte qu'on ne peut guère voir deux ouvrages plus semblables sur le même sujet et toutefois plus différens. Le poëte latin offre partout un agréable enchaînement de préceptes et d'idées qui se succèdent ; il y a dans le poëte français, beaucoup de portraits, beaucoup plus de moralités, avec quelques anecdotes déguisées sous une forme satirique.

Croira-t-on qu'en 1757, un anonyme, qu'on sait avoir été un nommé Cadot, mort la même année, publia à Paris, chez la veuve Delormel, comme une nouveauté, le poëme du P. Janvier, sous le titre de *l'Art de converser ?* Toute la métamorphose qu'il fit subir à l'ancien poëme, fut de le partager en quatre chants, de composer des prologues pour deux de ces chants, et de dénaturer quelques vers du chanoine régulier. La mort prématurée du plagiaire a pu seule le sauver de la honte qui l'attendoit.

VOLTAIRE.

Le poëme de la Loi Naturelle, par Voltaire, est au rang des poëmes didactiques. On y désireroit un ordre plus sensible, des raisonnemens plus conséquens, une versification plus exacte, une poésie plus harmonieuse.

M. DE SAUVIGNY.

La Religion Révélée est une réfutation en vers, du poëme de *la Religion Naturelle* de Voltaire; mais une réfutation sage, polie, modérée, et dans laquelle on rend justice aux talens supérieurs du poëte philosophe, qu'on entreprend de combattre. Si Voltaire triomphe par les charmes de sa poésie, son adversaire a l'avantage de soutenir une meilleure cause; et ses raisons sont aussi quelquefois embellies par les agrémens de la versification. Il divise son poëme en quatre chants : dans le premier, il fait voir que le culte extérieur vient d'un mouvement de reconnoissance naturelle à l'homme; que le plus sensé de ces cultes est le meilleur ; que l'être sensible qui n'a pas le bonheur, n'a pas tout ce qu'il lui faut : que l'homme actuel est dans ce cas; qu'il n'y a que la révélation qui en fasse connoître la véritable raison ; et que cette révélation ne se trouve que dans le christianisme. On prouve dans le second chant, que la religion a toujours été la même depuis la naissance du monde; que quelques usages ont changé; et l'on apporte les raisons de ces changemens. Le troisième chant montre que ce n'est point assez de se supporter mutuellement quand on est dans l'erreur; qu'il faut chercher à s'éclaircir pour en sortir. Le quatrième, enfin, indique les moyens de calmer les disputes de religion.

FRÉDÉRIC II, ROI DE PRUSSE.

Un grand roi, célèbre par plusieurs victoires, a chanté l'Art de la Guerre; art qu'il n'a pas étudié en vain. Ce poëme, traduit en plusieurs langues, respire le génie, même dans les endroits où l'auguste auteur a négligé de donner à sa versification, cette douceur, cette mollesse élégante, que son sujet ne comportoit peut-être pas.

La versification du poëme de *l'Art de la Guerre*, est, à peu de chose près, partout exacte, et toujours nerveuse; c'est de tous les ouvrages du roi de Prusse, celui où la beauté de l'expression répond le plus à la force des pensées; tous les détails y sont heureusement rendus; et la poésie répand son coloris brillant, sur la sécheresse et l'uniformité du genre didactique; il n'est pas même besoin d'être militaire, pour en apercevoir la justesse; elle se fait sentir aux esprits les plus pacifiques, comme l'éclat d'un beau jour frappe les yeux les moins philosophes.

DORAT.

Le poëme de Dorat, sur la Déclamation théâtrale, est plein de chaleur et d'intérêt. Son style est fleuri, abondant; ses tableaux sont rians; ses comparaisons heureuses, ses expressions bien choisies. On auroit désiré toutefois que les préceptes fussent plus multipliés; que Dorat eût approfondi ceux qu'il ne fait qu'indiquer, et qu'avec les grâces de la poésie, il eût répandu un nouveau jour sur son sujet. La plupart des règles qu'il débite, sont déposées dans les livres, ou sont vivantes sur la scène; il rend ce qu'il a pris, ou ce qu'on lui a prêté. C'est le sort de presque tous ceux qui écrivent aujourd'hui sur les arts ; mais il est un génie créateur, qui régénère tout ce qu'il touche. Pourquoi l'auteur va-t-il puiser des tours dans Despréaux, ce poète si célèbre, et si généralement connu ? Dorat eût été capable de diriger sa marche par lui-même : son ouvrage l'annonce. Il faut pourtant convenir qu'il s'est soumis à une imitation dégagée d'esclavage, et que s'il imite, il est le plus souvent digne d'être imité.

WATELET.

L'Art de la Peinture, par Watelet, est d'un homme qui sait manier le pinceau, le burin et la lyre. De beaux vers ornent ses leçons et embellissent ses préceptes.

Il y auroit de l'humeur, et un excès de délicatesse, à s'élever trop vivement contre certaines expressions, plus énergiques qu'harmonieuses, mais entièrement consacrées à l'art de peindre. Celles que l'auteur emploie dans ses deux premiers chants, étoient inévitables ; et il a su orner la sécheresse des préceptes, par tout ce qu'une imagination brillante, mais réglée, pouvoit lui suggérer. Le troisième chant joint de plus grands principes à des détails plus agréables ; le quatrième est dans l'ordre de la gradation ; il surpasse encoré les précédens du côté du style. Cette suite d'images, qui sont l'âme de la poésie, offre à la fois, des objets agréables et décens; et le pinceau du peintre aimable et galant y est toujours guidé par la sagesse du philosophe. C'est là que l'auteur, plus poëte encore que dans les autres chants, saisit avec intelligence, et met en œuvre avec une grâce particulière, tout ce qui peut embellir ses idées et ses expressions : loin de ralentir sa course, il semble avoir acquis de nouvelles forces à la fin de cette pénible carrière.

LEMIÈRE.

Nous avions deux excellens poëmes latins sur la peinture; l'un de Dufresnoy, et l'autre de l'abbé de Marsy, qui, quoique dans un genre différent, sont très-estimés des connoisseurs. Dufresnoy a répandu dans le sien, plus de préceptes que de fleurs ; l'abbé de Marsy, moins de leçons que d'images. On voit que l'un n'a voulu qu'instruire, et que l'autre s'est proposé de plaire ; tous deux ont atteint leur but. Il y a eu, de ces deux écrits, plusieurs éditions et traductions dans notre langue.

Lemière,

Lemière, qui a traité le même sujet dans un poëme en trois chants, avoit d'abord formé le projet de traduire en vers français celui de l'abbé de Marsy; mais il a pensé que les meilleures traductions n'étoient que des miroirs infidèles des ouvrages originaux ; d'ailleurs, le poëte latin n'a pas assez approfondi le grand art de la peinture ; c'est ce qui a déterminé Lemière à voler de ses propres ailes. Dufresnoy divise, en quelque sorte, son poëme en trois parties : l'invention, le dessin, le coloris. L'abbé de Marsy a suivi la même marche à peu près. Le dessin, la couleur, l'ordonnance, l'expression ; tels sont les objets des quatre chants de Watelet. Lemière, dans son premier chant, parle du dessin et quelquefois de l'ordonnance ; dans le second, du coloris; et dans le dernier, du choix des sujets, de l'expression, de l'invention, du pouvoir de la peinture.

Ce poëme, sans doute, n'est pas absolument parfait ; on y rencontre quelques landes arides, quelques comparaisons recherchées, quelques vers pénibles et mal tournés. On peut encore reprocher à l'auteur d'avoir choisi, pour ses descriptions poétiques, des traits rebattus de l'histoire, de la fable et de la vie des peintres. Si au lieu de décrire des tableaux déjà faits, il en eût tracé lui-même de nouveaux, dont il lui étoit facile de puiser les sujets dans les sources sacrées, profanes et mythologiques, il me semble que son ouvrage en eût acquis plus de piquant et d'intérêt. Les défauts qu'on peut y reprendre, n'empêchent pas que ce ne soit une des bonnes productions du siècle dernier. On y trouve de l'imagination, du sentiment, de la chaleur, de la verve, de l'enthousiasme ; enfin, l'auteur est poëte, et très-bon poëte ; il ne lui manque, pour atteindre la hauteur de son art, que d'écrire avec une force et une élégance plus continues.

SAINT-LAMBERT.

Les Saisons, par Saint-Lambert, offrent à la fois les charmes touchans de la poésie, et les beautés nobles de la philosophie. Cependant un des défauts les plus essentiels de ce poëme, est une affectation de morale prodiguée à pleines mains. Il faut être sobre, même sur les plus belles choses. On trouvera aussi que le ton de l'auteur, en général, est celui d'un homme plutôt triste qu'attendri : c'est de la sensibilité, si l'on veut ; mais une sensibilité froide, dont l'effet s'arrête à l'imagination sans aller jusqu'au cœur. Il a des tableaux excellens ; mais sa touche est quelquefois trop savante ; de plus, on peut lui reprocher une sorte de charge dans ses descriptions ; il épuise les détails, ce qui ralentit sa marche, la rend pénible et fatigue le lecteur. Ses transitions ne sont pas toujours heureuses ; elles font penser qu'il a d'abord composé par morceaux détachés, et qu'ensuite il s'est occupé du travail difficile de les coudre ensemble ; le fil est gros, et se laisse trop apercevoir. Thompson est plus lié, plus rempli, plus vif et plus animé ; les objets se précipitent en foule sous sa plume ; et pour ne pas être embarrassé du choix, il prend le parti de s'y livrer tour à tour ; c'est le génie qui ne veut point écouter le goût. Saint-Lambert, au contraire, a voulu mettre de l'ordre dans son sujet ; on le soupçonneroit d'avoir revu avec froideur, ce qu'il a peut-être arrangé avec trop de sagesse ; quelques fautes contre la langue déparent aussi son ouvrage. Ce poëme, malgré ses imperfections, est très-estimable ; il renferme de grandes beautés, et il y a beaucoup de mérite à l'avoir produit.

Didot l'aîné a publié une jolie édition des œuvres de Saint-Lambert, 1798, 2 vol. in-18 : on y trouve un poëme sur *les Consolations* de la Vieillesse, qui ne dépare point les fleurs que l'auteur cueillit dans sa jeunesse.

L'ABBÉ ROMAN.

Il y a plus à louer qu'à reprendre dans son poëme de *l'Inoculation*, 1773, in-8°. : le plan en est bien conçu ; la distribution des différentes parties ménagée avec art ; les épisodes naissent naturellement du sujet. On est fâché d'y trouver tant de termes de médecine ; des vers qui ne soient point faits pour contenir des recettes et des ordonnances : il faut réserver tous ces détails pour les livres qui traitent de cet art ; ils ne seront jamais bien placés que dans ces sortes d'ouvrages.

J'aurois donc écarté avec soin, tous les détails de médecine ; je n'aurois pris que l'historique de l'inoculation ; et je me serois attaché seulement aux avantages de cette méthode, à son origine, aux obstacles qu'elle a rencontrés, à ses progrès, et aux épisodes que le sujet m'auroit fournis.

Cérutti, dans les derniers temps, a composé quelques vers brillans, à propos du jeu des échecs. Malgré le brillant de la diction, ce n'est point un poëme ; ce nom convient beaucoup mieux à l'ouvrage de l'abbé Roman, intitulé, *les Échecs*, poëme en quatre chants, Paris, Léopold Collin, 1807, in-18. Sa versification est sage, correcte, plus douce qu'éblouissante ; sans étonner jamais le lecteur, il l'intéresse souvent.

ROSSET.

Cet auteur paroît avoir borné son ambition à rendre en vers français toutes les opérations champêtres ; et dans plus d'un endroit, il s'en est tiré avec honneur et a surmonté la difficulté. On trouvera dans son ouvrage des morceaux très-bien écrits, des vers très-bien tournés. En général, sa diction est assez correcte ; mais elle manque trop souvent d'élégance, de rime, de poésie ; tout est précepte ou description, et souvent en prose rimée, en prose sèche ou dure. Cette monotonie seroit peu supportable, même dans un ouvrage très-court : combien l'est-elle davantage dans un poëme en dix chants ? Il n'est pas rare d'y lire des vingtaines de vers de suite sans grâces, sans harmonie ; parce que l'auteur s'est obstiné à versifier des détails physiques, auxquels la poésie se refuse, ou sur lesquels, avec beaucoup de talent et de goût, on pourroit faire quatre vers heureux ; mais qui ne peuvent être approfondis sans beaucoup d'embarras, de sécheresse et d'ennui. On voit par d'autres morceaux, que Rosset avoit beaucoup de talent pour la poésie, et que son ouvrage a des beautés réelles ; qu'il lui a manqué un plan plus poétique, et une exécution plus soignée.

La première partie du poëme de *l'Agriculture* parut en 1774, in-4°.; l'auteur publia la seconde en 1782.

ROUCHER.

Il eût été à désirer que le poëme des *Mois*, 1779, 2 vol. in-4°., ou 1780, 4 vol. in-12, n'eût pas été annoncé avec tant d'emphase long-temps avant l'impression. Le sujet de Roucher n'est pas neuf ; on pourroit dire même qu'il est usé et rebattu. Si le mérite du poëme des *Saisons* n'a pu en imposer à l'auteur des *Mois*, n'a-t-il pas dû songer combien il seroit difficile d'ajouter aux richesses que nous avons déjà en ce genre ? Quelle foule d'images champêtres répandues avec profusion dans le Télémaque, dans les Géorgiques, dont M. de Lille nous a donné la propriété ; dans le charmant auteur des Quatre Parties de l'Année et des Quatre Parties du Jour ! Combien de peintures riantes, de descriptions agréables nous enchantent dans les idylles et les petits poëmes de Gessner ! L'aspect de la nature dans les différens mois de l'année, n'offroit donc au pinceau de Roucher aucun tableau qui n'eût déjà été traité avec succès par un grand nombre de peintres habiles : d'ailleurs, en consacrant un chant particulier à chaque mois, le poëte a rendu sa matière encore plus ingrate. Si un poëme héroïque en dix chants, soutenu par l'intérêt national et par l'importance des faits, a été regardé comme un ouvrage d'une difficulté prodigieuse et presque unique dans notre langue ; l'auteur des *Mois* a-t-il pu se promettre que douze chants remplis de descriptions vagues et de lieux communs, qui n'ont presque entre eux aucune liaison, fixeroient l'attention du lecteur ? Son poëme est tout entier en épisodes ; c'est un amas de déclamations ; c'est un assemblage confus de petits poëmes isolés qui ne forment point un tout ; d'où il résulte que ce poëme, quoique rempli de fort beaux détails, fatigue le lecteur et ne produit qu'un effet médiocre.

M. COURNAND.

La réputation du poëme des *Styles* est faite ; c'est un des plus jolis ouvrages de ce genre :

il annonce et beaucoup de talent et beaucoup de goût. Les principes de l'auteur sont purs, ses vers faciles, ses tableaux animés, ses portraits fidèles. La critique pourroit s'exercer sur quelques détails et sur quelques opinions; mais quel est l'ouvrage sans défauts! La meilleure édition de ce poëme est celle de 1781, petit in-8°.

M. DE LILLE.

Il étoit naturel que le traducteur élégant des Géorgiques essayât de traiter un sujet indiqué par Virgile; mais les Jardins de M. de Lille ne sont pas ceux que le poëte Latin eût désiré de chanter : des fleurs, des fruits, des ruisseaux, des légumes; voilà les objets qui tentoient autrefois la muse de Virgile. Amant de la simple nature ; il ne songeoit pas même à célébrer *ces Parcs ornés par la Victoire,* où les vainqueurs du monde

Alloient calmer leur foudre et reposer leur gloire.

Les mers comblées, les montagnes aplanies, ces chefs-d'œuvres de l'art, ces monumens du luxe des Lucullus, ne lui paroissoient pas dignes de son génie ; il détournoit les yeux de dessus ces conquérans fastueux qui bâilloient dans leurs superbes jardins,

pour

pour contempler avec volupté, auprès des murs de *Tarente*, un vieillard obscur, mais heureux dans son petit enclos, cultivé par ses mains. La muse de M. de Lille a puisé dans le commerce des grands, plus de noblesse et de fierté ; elle eût cru déroger en décrivant le jardin fruitier et potager, le parterre et le petit bois ; les jardins ordinaires lui paroissent rustiques ; les jardins superbes l'ennuient par leur régularité monotone : quelle est donc l'espèce de jardins qui soit digne de ses chants ? Ce sont ces jardins dont les Anglais nous ont donné le goût, où l'on s'efforce de réunir les divers accidens, les différens points de vue que la nature a semés de loin en loin sur la terre, où l'on rassemble les champs, les prés, les rochers, les montagnes, les rivières, les bois ; où l'on voit des masures et des palais, des temples et des églises, des ponts, des moulins, des tours, etc. ; ce ne sont donc point les beautés simples et touchantes de la nature, ce sont les efforts et les prodiges d'un luxe délicat et raffiné ; ce n'est point l'art de cultiver les jardins, c'est l'art d'embellir la nature que M. l'abbé de Lille se propose de chanter. Le premier chant de son poëme n'a point d'objet déterminé ; ce sont des maximes et des réflexions détachées sur la manière d'embellir les champs. Le second chant est moins vague ; il est tout entier consacré aux arbres : le poëte y décrit quelle espèce d'ornement il résulte des forêts, des bocages, des groupes d'arbres et même des arbres isolés ; il enseigne la manière dont il faut les disposer pour produire des effets pittoresques, et l'avantage qu'on peut retirer des arbres étrangers. Le troisième chant est très-varié : le poëte y fait passer en revue assez rapidement les gazons, les fleurs, les rochers et les eaux. Le quatrième réunit encore un plus grand nombre d'objets : les sentiers qui doivent unir toutes les parties d'un vaste jardin , les différentes scènes dont on peut l'embellir, les tombeaux et les monumens funèbres, les bâtimens de toute espèce qui contribuent à sa décoration, et entr'autres, la ferme ; les édifices antiques, tels qu'une vieille chapelle, des débris, des ruines, et enfin des statues.

On peut juger d'après cette courte analise, que ce n'est pas tout-à-fait sans raison qu'on reproche à M. de Lille, le défaut de plan et d'ensemble. Il a trouvé, dans le temps, des censeurs injustes et des panégyristes outrés. On convient aujourd'hui que les Jardins sont un ouvrage charmant, étincelant d'esprit et de traits délicats, parsemé de descriptions brillantes et de tirades délicieuses, extrêmement riche de poésie, précieux par l'harmonie de la versification, l'élégance, la précision, la finesse du style; un ouvrage, enfin, auquel il ne manque pour être parfait, qu'un sujet plus intéressant, un plan plus net, plus de naturel, et une manière plus franche.

Le poëme des Jardins, imprimé, pour la première fois, en 1782, a reparu chez Levrault frères, en 1801, dans plusieurs formats, avec des additions qui s'élèvent à onze cents vers. Le poëte a ajouté les descriptions des plus célèbres jardins de l'Allemagne, de l'Espagne, de la Russie, de la Pologne et de l'Angleterre. Après la description de Bleinheim, que le parlement fit construire pour Malborough, le poëte revient à la France d'une manière qui n'est pas trop naturelle : il n'est point, dit-il, de lieux si lointains, de climats si reculés, où le nom de Malborough n'ait volé, où il ne se mêle pas aux grands noms des Condé et des Turenne.

A ces noms, mon cœur bat, des pleurs mouillent mes yeux.
O France ! ô doux pays ! berceau de nos ayeux !
Si je puis t'oublier, si tu n'es pas sans cesse
Le sujet de mes chants, l'objet de ma tendresse,

Que de te voir jamais je perde le bonheur,
Que mon nom soit sans gloire et mes chants sans honneur:
Adieu, Bleinheim; Chambord, à son tour, me rappelle, etc.

On pense que la France auroit toujours dû être le sujet des chants de M. de Lille, quoiqu'on lise avec le plus grand plaisir la description du jardin de Pope, à la fin du troisième chant. Il se peut que les Anglais soient flattés de ses éloges; il se peut aussi qu'ils en jugent autrement. Les louanges données à la patrie, dans un poëme, intéressent et touchent surtout par le sentiment patriotique qui les a dictées. Ce n'est pas seulement aux Anglais, c'est peut-être aux Français eux-mêmes que Thompson plairoit moins, s'il avoit, dans ses *Saisons*, loué la France autant ou plus que l'Angleterre.

M. de Lille s'est moins attaché à dépeindre les salutaires effets de *la Pitié*, qu'à l'inspirer pour les malheurs dont il trace l'effrayant tableau. C'est dans le troisième chant surtout qu'il a déployé toutes les richesses de la poésie, et remué le plus vivement le cœur. Peut-être trouvera-t-on qu'il réveille avec une trop grande amertume, des souvenirs cruels qu'il importe pour le repos de la génération actuelle, de laisser éteindre.

Le premier projet de *l'Homme des Champs*, étoit intitulé, *Essai sur la Nature Champêtre* ; c'étoit le titre qui convenoit le mieux à ce poëme. On a toujours entendu par *l'Homme des Champs*, le simple habitant de la campagne, et non pas ce riche propriétaire, cet homme puissant, qui se retire par choix dans de vastes domaines, pour y jouir avec délices, pour entreprendre des travaux qui ne conviennent qu'aux puissances, creuser des canaux, élever des aquéducs, percer des montagnes ; pour connoître tous les secrets de la nature, et s'entourer de ses plus riches productions ; pour apprendre même à la chanter.

On peut remarquer par cette énumération du contenu de ce poëme, que ces sujets n'ont pas de liaison entr'eux : aussi manque-t-il d'ensemble et de plan ; mais il est impossible de ne pas admirer chaque détail : chacune de ces petites pièces sera relue séparément avec un extrême plaisir, et un grand nombre de vers recevra des applications et deviendra proverbe, comme ceux de Despréaux. Plusieurs morceaux appartenoient au poëme de *l'Imagination* ou à celui des *Quatre Règnes de la Nature* ; M. de Lille les en a dépouillés pour enrichir celui de *l'Homme des Champs.* L'association nouvelle de ces divers morceaux, tout admirables qu'ils sont, a produit le défaut d'ensemble qu'on reproche à ce poëme.

On relit tout Racine, on choisit dans Voltaire.

Cette manière précise, ingénieuse et vraie dont M. de Lille a apprécié le mérite de ces deux écrivains, peut s'appliquer à son poëme. On relira tout son premier chant, on choisira dans les trois autres. La description de la chasse et l'épisode de Dolon ne seront pas oubliés : on aimera à relire les heureuses imitations des poëtes anciens et modernes.

Il nous reste à parler de l'ouvrage qui fait le plus d'honneur au talent de M. de Lille : cet illustre poëte commença, en 1785, son poëme de *l'Imagination ;* il ne l'a publié qu'en 1806, quoiqu'il l'eût fini en 1794. De la manière dont l'auteur a envisagé son sujet, il ne pouvoit lui donner un plan régulier : il veut repousser dans sa préface le reproche qu'on lui a fait, d'avoir pris un sujet trop étendu et trop vague. On a oublié, dit-il, que Lucrèce a fait un poëme sur la nature des choses, *de Rerum Naturâ,* c'est-à-dire, sur le monde entier et sur tout ce qu'il renferme ; mais le sujet de l'Imagination, tel que l'a conçu M. de

Lille, est, si l'on peut dire, encore plus vaste ; car l'imagination embrasse non-seulement tout ce que le monde renferme, mais tout ce qu'elle-même y sait ajouter ; d'ailleurs, Lucrèce avoit un but dans son poëme ; il vouloit établir un système de philosophie. Quel but avoit M. de Lille dans le sien ? De faire de beaux vers et de plaire ; cela est assez glorieux, sans doute, et il y a réussi ; mais cela ne donne ni les bornes ni le plan d'un poëme. Osons le dire, cependant ; ce poëme, malgré ses défauts, fera toujours honneur au dix-huitième siècle qui l'a produit, et sera réclamé pour le dix-neuvième qui l'a vu paroître, par ceux qui s'efforcent de faire valoir ce siècle, aux dépens d'un prédécesseur plus facile à dépouiller qu'à surpasser en mérite littéraire. Dans cet ouvrage, M. de Lille fait aimer son caractère et son talent ; et s'il ne dédaigne pas les corrections, s'il ne répugne pas aux sacrifices, il pourra faire remonter la gloire de son poëme, à ce siècle même, que le dix-huitième et le dix-neuvième s'accordent à reconnoître pour leur modèle et pour leur instituteur.

Le poëme de l'Imagination est composé de 2 vol. in-8°.; les notes qui l'accompagnent, sont de M. Esménard.

ALIX.

Le plus important des ouvages de ce modeste écrivain, est un poëme intitulé, *les Quatre Ages de l'Homme;* dans lequel, sans avoir eu l'intention de se peindre, il a su donner de son caractère une idée faite pour lui concilier l'estime de ses lecteurs ; estime plus flatteuse encore que leurs suffrages : ce poëme, en effet, respire une morale douce et pure, qui ne peut être que l'expression d'une âme aussi vertueuse que sensible.

Cet auteur mourut subitement au commencement de la révolution, après avoir été nommé juge à Paris. La première édition de son poëme parut en 1783, in-12 ; la seconde, corrigée et augmentée, est de l'année 1784, dans le format in-18 ; toutes deux sont anonimes.

M. DE PIIS.

Voulez-vous avoir une idée du poëme de cet auteur, intitulé, *l'Harmonie imitative de la Langue Françaisè*, 1785, in-12 ? imaginez une foule de détails puériles et minutieux, une multitude d'objets sans liaison et sans suite; des modèles d'harmonie en style de *Chapelain*, des tours de force, des bagatelles difficiles, plus d'esprit d'esprit que de goût, et cependant, en beaucoup d'endroits, une trop grande épargne d'esprit ; quelques caprices heureux noyés dans des bizarreries incroyables; de tout cela résulte une espèce de monstre en poésie, un ouvrage plus singulier que piquant, qui ne ressemble à rien sans être neuf, et dont la folie même est ennuyeuse et fatigante. On sait que Boileau, Racine, La Fontaine, et quelques autres, s'imposèrent la peine de lire un certain nombre de pages de la Pucelle de Chapelain, lorsqu'il leur échappoit quelque faute contre la langue. On pourroit aujourd'hui substituer *l'Harmonie imitative* à *la Pucelle*; c'est même pour cette seule raison, que nous conseillons à un homme de goût de placer dans sa bibliothèque le poëme de M. de Piis.

MARNEZIA.

Quand l'auteur de *l'Essai sur la Nature Champêtre*, poëme en cinq chants avec des notes, 1787, in-8°., ne nous apprendroit pas qu'il l'a composé devant le modèle, on n'en pourroit douter en lisant cet ouvrage : son principal mérite est le naturel et la vérité. Les impressions douces et calmes que donne le spectacle des champs, semblent avoir passé dans les vers du poëte : quoiqu'il s'élève plus d'une fois, et sans efforts, jusqu'aux grands tableaux de la nature, il paroît choisir les scènes tendres et mélancoliques. Il décrit avec plus d'abandon et de charme, que de verve et de correction ; il inspire pour tout ce qu'il peint, plus d'amour que d'enthousiasme ; et ce caractère général doit intéresser les lecteurs, qui préfèrent la douceur à la force, la simplicité aux ornemens, et le plaisir d'être émus par des sentimens aimables à celui d'être étonnés par l'éclat d'un style savant, qui brille toujours davantage, à mesure que les difficultés se multiplient.

M. FONTANES.

On reconnoît à chaque instant, dans le poëme du *Verger*, 1788, in-8°., l'empreinte du vrai talent. M. Fontanes l'a composé de tout ce que M. de Lille avoit négligé de peindre dans son poëme des *Jardins*. L'art de construire des jardins pour des millionnaires, n'intéresse pas tous les hommes. « Comment Vir- » gile ornoit-il son enclos champêtre ? Avec » des plantes potagères, des fleurs, une ru- » che, des arbres fruitiers et des eaux. » En voilà assez pour rendre heureux. C'est ce plan de Virgile que M. Fontanes s'est proposé de suivre : il entreprend de tracer simplement

Le Jardin du berger, du poëte et du sage.

L'auteur a le courage de défendre les jardins français contre l'irrégularité souvent bizarre des jardins chinois ou anglais. Cette cause est soutenue dans les notes, par les raisons les plus fortes et les plus ingénieuses.

LE CARDINAL DE BERNIS.

Dès l'âge de vingt-deux ans, Bernis ayant renoncé à la poésie légère, composa en moins de trois mois, par les conseils du cardinal de Polignac, auteur de l'Anti-Lucrèce, le poëme intitulé, *la Religion vengée;* lequel ne parut qu'après sa mort, en 1795, à Parme, et en 1796, à Paris.

Le poëme de Bernis étoit à peu près dans l'état où nous le voyons aujourd'hui, et prêt à paroître, lorsque Racine le fils publia le sien. Le grand succès qu'eut ce dernier, et qu'il méritoit à tous égards, engagea Bernis à retirer son manuscrit, qui étoit déjà entre les mains de l'imprimeur. Cette modestie éclairée honore la mémoire de notre auteur, qui a légué, en mourant, son ouvrage au chevalier d'Azzara, son ami, ministre d'Espagne à

Rome ; celui-ci l'a fait imprimer à Parme, par les soins du cardinal Gerdil, connu depuis long-temps dans la république des lettres, qui y a joint quelques remarques, et une épître dédicatoire au pape.

L'objet de ce poëme, divisé en dix chants, est de nous montrer la Religion triomphante de l'Orgueil : cet ennemi de la Divinité arme contre elle les anges rebelles; après la création du monde, il sort des enfers pour corrompre le genre humain; à l'aide de la Volupté, il établit sur la terre l'Idolatrie, qui conduit à l'athéisme. L'Orgueil ne réussissant point à accréditer généralement cette doctrine, invite les philosophes à chercher Dieu dans les seules forces de la nature; dégoûté de cette nature déifiée, il embrasse le déisme, qui le fait tomber dans le pyrrhonisme ou l'incrédulité. N'ayant pu détruire la religion par ce moyen, l'Orgueil veut la défigurer avec le secours de l'Hérésie ; il tente un dernier effort, en s'appuyant de la licence des mœurs ; mais la Religion triomphe de tous ses ennemis : gravée dans le cœur des hommes, elle subsiste depuis l'origine du monde dans la famille des patriarches ; la loi de Moyse en développe les préceptes, et le christianisme les a perfectionnés. Telle est l'analise de ces dix chants, qui renferment divers épisodes. La division de ce poëme est un véritable désordre ; toujours du brillant et rarement de l'élévation ; des images poétiques avec des tournures prosaïques ; beaucoup de facilité et de grâces dans le style, et presque jamais de force et de correction ; de l'aménité et de l'élégance, mais peu de chaleur, de vie, c'est-à-dire, de véritable éloquence ; un luxe d'esprit qui n'est pas richesse ; plus d'idées ingénieuses que de grandes pensées : les matières les plus abstraites traitées avec autant d'agrément que de clarté ; rien cependant de bien approfondi ; nul de ces traits de lumière qui font tout ressortir ; encore moins de ces belles conceptions, qui ont immortalisé Milton et Klopstock.

L'ABBÉ RICARD.

Nous avons payé un juste tribut d'éloges à la traduction des Astronomiques de Manilius, par le célèbre P. Pingré. Quelqu'utile que fût pour nous cette traduction, comme elle est en prose, et que d'ailleurs le poëme latin n'est rien moins qu'exempt des erreurs de la sphère égyptienne, elle ne pouvoit dispenser un Français d'essayer de chanter en vers la science sublime des astres, d'après les travaux immortels des Képler, des Cassini, des Lalande et des Herschel; c'est le but de la *Sphère*, poëme en huit chants, par l'abbé Ricard, connu par une excellente traduction de Plutarque, enrichie de judicieuses observations. Quelques négligences dans les rimes, les tours ou les choix des mots, quelques vers qui enjambent l'un sur l'autre, licence trop rare peut-être dans le dix-septième siècle, mais beaucoup trop commune dans le dix-huitième, n'empêchent pas de remarquer dans ce poëme beaucoup de morceaux bien écrits. Il est accompagné de notes tirées, la plupart, des savans ouvrages de Bailly et de Lalande, et suivi d'une très-curieuse notice des poëmes grecs, latins et français, qui traitent de quelque partie de l'astromonie : ce poëme a paru en 1796, in-8°.

M. GUDIN.

Le poëme de cet écrivain, intitulé, *l'Astronomie*, Auxerre, 1800, in-8°., composé d'environ six cents vers, contient l'histoire de l'astronomie et son état actuel : il est aussi remarquable par la versification que par l'exactitude. L'auteur y a joint des notes fort étendues et fort bien faites. Suivant M. de Lalande, ce poëme est propre à faire une instruction agréable pour la jeunesse.

M. Gudin est revenu sur cette matière dans un poëme de dix-neuf mille vers, qu'il a donné en 1801, *la Conquête de Naples*, par Charles VIII, 3 vol. in-8°. On trouve dans ce poëme un tableau très-exact du système solaire, d'après l'astronomie de Lalande.

M. CASTEL.

La botanique offroit un heureux sujet de poëme didactique : c'est de toutes les sciences, la plus riante, la plus aimable, la plus sentimentale; elle parle au cœur comme l'aspect de la nature; on l'étudie dans les bois, dans les prés, sur les montagnes, au milieu des scènes enivrantes et qui mettroient en mouvement les plus tardives imaginations.

M. Castel, dans son poëme des *Plantes*, 1797, in-8°.; 1799, in-12, n'a fait qu'effleurer son sujet : il a partagé le poëme en quatre chants, dont chacun est consacré à l'une des quatre saisons; en général, le mérite de ce poëme consiste dans la correction du style, l'absence du faux goût, le naturel des pensées et des expressions ; mais aussi il manque souvent de verve, d'invention, d'images et de richesses poétiques. Le quatrième chant, celui de l'hiver, est, sans contredit, le meilleur; il offre plus de tableaux, et des tableaux mieux faits que les précédens.

M. LALANNE.

M. Delille a chanté les jardins, M. Fontanes le verger; M. Lalanne n'a pas voulu franchir les limites du *potager*. Le chou, le navet, la carotte et tous les légumes utiles, dont on n'osoit autrefois placer le nom dans un poëme, lui ont fourni le sujet de ses chants. M. Lalanne a montré de l'adresse et du goût dans l'emploi qu'il en a fait : c'est un secret que lui avoient montré Racine et M. Delille. Sa manière est facile, correcte, et annonce l'étude de bons modèles. Ce poëme a paru en 1800, in-8°.

L'auteur a publié, en 1806, un autre poëme, intitulé : *les Oiseaux de la Ferme*. On y admire à chaque instant le talent de peindre dans les divers tableaux qu'il met, pour ainsi dire, sous les yeux des lecteurs.

M. MICHAUD.

L'opposition du calme des campagnes et des orages révolutionnaires, a fourni les descriptions

criptions du *Printemps d'un Proscrit*, Paris, 1803, in-12. Il règne dans ce poëme une foule de sentimens doux, de pensées nobles et délicates, d'observations fines, d'images gracieuses : le style en est pur et souvent élégant ; mais le sujet qui obligeoit le poëte de toujours décrire, n'a pu le garantir de la froideur et de la monotonie.

M. BERCHOUX.

De la facilité, de l'esprit, de la gaieté, des saillies, quelquefois même de la verve ; après cela, des incorrections, des négligences, beaucoup de vers faits trop vite ; voilà, quant à l'exécution, ce qu'on remarque à la première lecture de *la Gastronomie* ou *l'Homme des Champs à Table, poëme didactique en quatre chants*, dont la 3e. édition parut en 1804, petit in-12. Quant à l'invention, elle est nulle ; la seule lecture de *l'Almanach des Gourmands* a pu fournir les divisions de ce poëme : au surplus, cet ouvrage se fait lire avec plaisir. On excuse aisément quelques négligences dans un style qui, partout, a de la franchise, et qui n'est jamais affadi par le jargon des héritiers de Dorat ; celui-ci est semé de vers qui se retiennent, parce qu'ils sont tournés d'une manière à la fois naturelle et piquante.

M. ALHOI.

Dévoué, dès long-temps, aux intérêts des pauvres et des misérables, M. Alhoi avoit toujours souhaité de voir célébrer, par la poésie, les secours que la société accorde à cette classe infortunée. Lorsque le poëme de *la Pitié* fut annoncé, M. Alhoi espéroit que ses désirs alloient être remplis ; mais M. de Lille n'ayant pas donné au morceau sur les hospices, tous les développemens que comportoit le sujet ; M. Alhoi s'est chargé de célébrer les bienfaits du Gouvernement pour une intéressante partie de la société, dans un poëme sur *les Hospices*, Paris, 1804, in-8°.

Le titre et le sujet de ce poëme surprendront, sans doute, beaucoup de lecteurs ; et cette association des hôpitaux et de la poésie ne leur paroîtra point heureuse : la lecture n'en est pourtant pas sans intérêt. Les vers de M. Alhoi valent autant et souvent beaucoup mieux que ceux d'une foule d'hommes de lettres par profession.

On a encore un bon poëme sur *la Construction des Hôpitaux*, par M. Theveneau ;

il se trouve dans le tome Ier. de *la Petite Encyclopédie Poétique*, dont nous parlerons ci-après.

M. RABOTEAU.

Les Jeux de l'Enfance sont un sujet doux et intéressant, que M. Raboteau a traité avec beaucoup de sensibilité et de grâces. Il passe en revue les divers amusemens de l'enfance, les hochets, les joujoux, les boules de savon, la danse de l'ours, etc. Tous ces jolis tableaux se succèdent sans effort, sans embarras et avec une gradation d'intérêt bien ménagée. Ce petit poëme a paru en 1803, in-8°.

M. ESMÉNARD.

Le poëme sur *la Navigation*, 1806, 2 vol. in-8°., étoit attendu avec impatience par les juges éclairés, qui, sur divers fragmens, avoient espéré qu'il feroit époque dans la poésie française ; par l'envie, toujours implacable envers le mérite célèbre, et par la vengeance, qui avoit à faire expier à M. Esménard, des censures piquantes insérées dans le *Mercure de France*.

L'auteur consacre les trois premiers chants au tableau de l'enfance de cet art, qui nous a rendus maîtres d'un élément redoutable et perfide : il parle de l'ancienne Egypte, des Phéniciens, de la Grèce, du voyage des Argonautes ; de l'invention des voiles, des Persans, des guerres de Rome et de Carthage, que l'existence des flottes rendit plus terribles et plus cruelles.

Ici s'ouvre une nouvelle route : le commerce et les arts se perfectionnent par la facilité des communications. On fait des découvertes. Christophe Colomb rencontre un monde inconnu (Haïti); ses succès font naître l'émulation chez tous les peuples. Les Portugais arrivent aux Indes, comme les Espagnols avoient trouvé l'Amérique. Le poëte décrit la tactique navale, et rappelle les sanglantes rivalités de la France et de l'Angleterre; enfin, M. Esménard termine son poëme par l'analise de ce que la navigation doit au progrès des autres sciences, et de ce que les sciences doivent aux périlleuses recherches des navigateurs, tels que Cook et Lapérouse. Voilà à peu près l'ensemble et la marche de ce poëme, dans lequel M. Esménard a placé de brillans épisodes. On a reproché à cet auteur, des réminiscences, des négligences et des longueurs : il a corrigé une grande partié de ces défauts dans la seconde édition de son poëme, qui est réduite à un volume.

M. CHÊNEDOLLÉ.

Je ne vois dans le poëme de M. Chênedollé, intitulé *le Génie de l'Homme*, 1807, in-8°.; que le premier chant qui ait quelque rapport au titre de son ouvrage. L'auteur y parle des grandes découvertes que l'homme a faites dans les cieux : il trace poétiquement l'histoire de l'astronomie, science admirable sans doute, et une de celles qui honorent le plus le génie de l'homme; mais heureusement le génie de l'homme ne s'est pas borné à contempler la lune et les étoiles, ni a déterminer le cours des astres et des révolutions; il est descendu sur la terre, et s'y est montré dans des ouvrages non moins grands, non moins utiles, non moins agréables que les observations célestes et les savans calculs astronomiques. M. de Chênedollé y descend aussi; mais il me semble qu'il y perd de vue le génie : qu'a-t-il, en effet, de commun avec les montagnes de la Suisse, objet à peu près le seul du second chant? Je trouve dans le troisième et quatrième chant, de fort bons morceaux de philosophie et de morale sur les contradictions de l'homme, sur les preuves de l'existence de Dieu, de l'immortalité de l'âme, sur le danger des passions, sur la religion, sur la nécessité des lois, sur la lune, l'invasion des barbares, la révolution et la terreur ; mais de tous ces objets, la plupart n'appartiennent pas au génie de l'homme, ou n'appartiennent qu'au génie du mal.

M. de Chênedollé a orné son poëme d'épisodes intéressans, tels que la mort de Pline, victime de son courage et de son ardeur pour les sciences ; la mort d'un jeune homme, victime de ses passions ; le vieillard du Mont-Jura. Cet ouvrage est en même temps philosophique, descriptif et didactique : on peut le mettre au nombre des poëmes estimables dans ces différens genres.

§ IV. POËTES LYRIQUES.

RONSARD.

Nos faiseurs d'odes datent presque du moment que nous avons eu une poésie ; mais de tous les lyriques, on ne se souvient que de Ronsard. Ce poëte, le premier de notre nation qui ait travaillé avec quelque succès à l'imitation des anciens, n'a peut-être pas un génie moins vif, moins grand que Pindare. Si ses méthapores outrées, ses expressions trop recherchées, ses épithètes multipliées sans goût, ne rendoient pas son style dur et ampoulé, les rudesses de sa langue, quoique presque inintelligible de nos jours, n'empêcheroient pas qu'on ne lui marquât une place distinguée parmi les poëtes lyriques, dont la vivacité, la force et l'imagination ont fait le caractère.

MALHERBE.

Malherbe est le premier de nos poëtes, qui ait fait sentir que la langue française pouvoit s'élever à la majesté de l'ode. La netteté de ses idées, le tour heureux de ses phrases, la vérité de ses descriptions, la justesse et le choix de ses comparaisons, l'ingénieux emploi qu'il fait de la fable, la variété de ses figures, et surtout ces suspensions nombreuses qui font le principal mérite de notre poëte lyrique, lui ont acquis une place distinguée sur notre Parnasse; mais on ne peut s'empêcher de le mettre fort au-dessous de Pindare pour le génie, et encore plus au-dessous d'Horace pour les agrémens. Dans ses vivacités il est trop raisonnable; et conséquemment c'est une fausse chaleur.

ROUSSEAU.

La poésie lyrique est le triomphe de cet écrivain. Ses odes sont pleines d'idées, de tours, d'expressions, d'images dignes d'un rival de Pindare. Nous n'avons point de poëte plus poëte que Rousseau, c'est-à-dire, qui ait porté à un si haut degré le talent de réunir dans une versification harmonieuse et pittoresque, les charmes de la musique et de la peinture. Quelle richesse de rimes! quelle noblesse de pensées! quel feu! Si l'on peut lui reprocher quelque chose, c'est d'avoir été emporté quelquefois par l'amour de la rime, à l'exactitude de laquelle il a sacrifié de véritables beautés. C'est à cette excessive et ridicule attention de rimer exactement, qu'on attribue quelques longueurs, quelques répétitions, quelques lieux communs qu'on trouve dans ses odes. On désireroit aussi que ces hardiesses d'enthousiasme, que trop de correction affoiblit, ce premier coup de pinceau, qui donne la vie au tableau, se rencontrassent plus souvent dans ses ouvrages.

LA MOTTE.

Ce poëte a voulu imiter, et a peut-être cru égaler Horace, Pindare, Anacréon; et Rousseau

seau lui-même. Il a fait des odes morales, sublimes, galantes, des cantates, des hymnes, des psaumes, etc.; mais son style est sec, raboteux comme dans son Iliade. Généralement parlant, cet auteur ne connoît point cette chaleur, ce choix d'expressions, cette harmonie du vers, ce nombre et cette espèce de plénitude dans les strophes, qui fait l'âme de la poésie lyrique. Il contrefait l'enthousiasme, et ne l'éprouve point : toujours didactique et symétrisé, ses écrits ne portent point l'empreinte de ce beau feu, de cette impétuosité, de ce délire, de ce désordre qui caractérise le génie. Il est plus spirituel que lyrique; il pense beaucoup mieux qu'il n'écrit; on voit le philosophe; et l'on demande presque toujours où est le poëte. Les odes qui portent le nom de Pindariques, ont l'air pénible et forcé ; tout y sent l'affectation : l'esprit s'y bat, pour ainsi dire, les flancs, afin de paroître le génie. Les imitations d'Horace sont d'une veine plus heureuse, surtout dans les moralités riantes. La muse de la Motte sympathise mieux avec l'enjouement de ce poëte Latin, qu'avec l'élévation de Pindare. Aussi a-t-il mieux réussi dans les odes qu'il appelle Anacréontiques ; c'est peut-être la partie la plus agréable de ses œuvres. Mais j'y trouve encore trop d'esprit et de finesse. Ce n'est plus le langage du cœur ; ce n'est plus la nature. Anacréon badinoit avec les Grâces ; et les Grâces n'ont point de fard.

LE FRANC DE POMPIGNAN.

Les poésies sacrées de le Franc de Pompignan tiendront toujours un rang distingué parmi ce genre d'ouvrages. Elles consistent dans des psaumes, des cantiques, des prophéties, des hymnes. On sait que les psaumes ont déjà exercé bien des plumes différentes, qui, pour la plupart, sont restées fort au-dessous du sujet. Il est inutile d'en excepter Rousseau, dont les odes sacrées vivront autant que la poésie française. L'attention qu'a eue le Franc de ne toucher à aucun des psaumes que Rousseau avoit traduits, fait autant d'honneur à sa modestie, que plusieurs de ses odes en font à ses talens. Les images sublimes, terribles et consolantes, n'y sont point rares ; une même ode en offre quelquefois un double exemple. Avec la même facilité, ce poëte saisit la lyre d'Horace, et la harpe de David : il embouche la trompette avec Moïse, tonne avec les prophètes ; et rendu à lui-même, il consacre nos principaux mystères, par une poésie tendre, onctueuse, sublime et pleine d'harmonie. Il est cependant vrai, que les images fortes sont plus fréquentes, que les images douces et affectueuses. Le Franc a cru, sans doute, qu'il étoit encore plus nécessaire d'effrayer les méchans, que de consoler les justes. A l'égard des cantiques, on regarde ces anciens poëmes hébreux comme le triomphe de la poésie ; et puisque le Franc a su en saisir les beautés, ce doit donc être le sien. Les deux cantiques de Moïse, celui de Judith et quelques autres, prouvent du moins que s'il reste quelquefois au-dessous du sujet, c'est que le sujet est trop au-dessus de l'homme.

SABATIER.

Sabatier, ancien professeur au collége de Tournon, est justement célèbre par les odes nouvelles qu'il publia en 1766, in-12. Il a très-bien connu l'esprit du genre lyrique. La magnificence du style et l'audace des figures brillent dans ses odes. Son style vif, pressé et impétueux, respire ce beau désordre qui est un effet de l'art. Depuis Rousseau, aucun poëte n'avoit touché la lyre avec plus de succès. L'auteur réunit la sagesse des plans et la chaleur de l'exécution, l'enthousiasme et la philosophie.

M. LEBRUN, MEMBRE DE L'INSTITUT.

On connoît la manière originale et toute de verve de M. Lebrun dans l'ode ; ce n'est pas de la hardiesse, c'est de l'audace ; je parle surtout de son style. Plusieurs de nos conventions grammaticales sont pour lui une servitude et un joug; il se soumet la langue : les métaphores, les symboles, les noms propres, tout, chez ce poëte, prend un corps, un esprit, un visage, sans que sa fougue, qu'il faut partager, lui permette d'en avertir. Ainsi, une simple rose devient inopinément à ses yeux mythologiques, une vierge ; un lis des champs est beau, non de couleur, mais d'innocence. La flamme qui, dans un incendie, promène çà et là ses fureurs irrégulières, est appelée insensée ; à la faveur d'une ellipse peu commune, qui supprime le terme de *projet*, les tyrans méditent de vastes ruines ; ils enivrent de meurtres leur tonnerre ; ils ensanglantent leurs pensées. Indigné des forfaits de l'anarchie, le Pindare Français adresse une apostrophe à son âme, et l'invite à prendre les ailes de la colombe, à fuir avec lui. C'est trop peu pour cet intrépide et franc adorateur de la liberté, de dire que la victoire est l'amie de nos soldats, elle en est l'amante. A cette énergie, qui étonne l'imagination, il joint la sensibilité qui va au cœur, et l'harmonie qui flatte ce sens de l'ouïe si difficile, que les anciens l'ont appelé orgueilleux : son oreille est altérée, affamée de sons agréables; et dans ses plus vifs transports, il phrase comme Rousseau le lyrique, il rime à la Despréaux. Ne croyez pas que, tout occupé de mouvemens, il marche sans plan et au hasard ; il a son but, auquel il tend, tel que le Nil, qui, après mille détours, se précipite dans la mer par sept immenses embouchures. Il est vrai que le goût hésite, délibère, disserte, dispute même, avant d'approuver ces associations insolites d'idées et de mots ; mais quoiqu'il ne soit pas toujours convaincu, il est presque toujours subjugué, et l'enthousiasme fait taire le raisonnement. On trouve les plus belles odes de M. Lebrun, dans *l'Almanach des Muses*, dans *la Décade Philosophique*, dans *le Mercure de France*, et dans le septième volume de *la Petite Encyclopédie Poétique*.

AUTRES POËTES LYRIQUES.

Nous n'avons eu en vue, que de parler ici des lyriques qui ont donné un recueil de leurs odes, ou qui les ont insérées dans des ouvrages périodiques; ainsi, nous passerons sous silence les odes de Racine père et fils, quoiqu'elles soient dignes d'être connues; l'ode sur la prise de Namur par Boileau, qui prouve qu'on peut très-bien sentir les beautés de Pindare, sans savoir les imiter; les odes de Voltaire, qui ne sont pas ses meilleurs ouvrages, etc., etc.

On trouve dans *le Porte-feuille d'un Homme de Goût*, ouvrage imprimé d'abord en 2 tomes in-12, ensuite en trois volumes du même format, en 1768, les meilleures odes qui aient été composées dans notre langue. Outre celles des auteurs dont nous avons déjà fait mention, on y a inséré l'ode de Chapelain au cardinal de Richelieu; celle de l'Enfant sauvé du Naufrage, par le Père de la Rue; l'ode à Vénus, par de Mimeures; à la Fortune, par l'abbé Asselin; la Vieillesse d'un Philosophe, de la Fare; la Passion du Jeu, du chevalier de Laurez; la Poltronnerie, l'Ombre d'Eglé, la Guerre, le Moi, le

Temps, etc., etc. Le VIIme. volume de *la Petite Encyclopédie Poétique* contient un bon choix d'odes pindariques morales, sacrées et anacréontiques.

Les chansons rentrent dans le genre de l'ode : le nombre est immense ; et nous en avons des recueils qui formeroient seuls toute une bibliothèque.

On peut se contenter du Petit Chansonnier Français, 1780, 3 vol. in-8°., et du choix de chansons que contient le VIIIme. volume de *la Petite Encyclopédie.*

Les cantates sont, ainsi que les chansons, l'ouvrage de la poésie et de la musique ; mais elles sont susceptibles de bien plus de beautés. Rousseau en est le créateur.

§ V. POËTES BUCOLIQUES.
RACAN.

Racan, dans la poésie lyrique, est demeuré, dit la Harpe, fort au-dessous de son maître (Malherbe) ; mais comme poëte bucolique, il a justifié l'éloge qu'en en fait Boileau. Il a, le premier, saisi le vrai ton de la pastorale qu'il avoit étudiée dans Virgile : son style, malgré les incorrections et les irrégularités que Malherbe lui reprochoit avec raison, respire cette mollesse gracieuse et cette mélancolie douce, que doit avoir l'amour, quand il soupire dans une solitude champêtre, et qui rappelle ce mot d'une femme d'esprit, à qui l'on demandoit, dans ses dernières années, ce qu'elle regrettoit le plus de sa jeunesse, un beau chagrin dans une belle prairie.

SEGRAIS.

Plusieurs de nos auteurs ont couru la carrière de l'églogue française ; Segrais, Fontenelle, la Motte et madame Deshoulières. Le premier a été cité par Boileau, comme un modèle en ce genre ; mais c'est un modèle que bien peu de gens de lettres seront tentés de prendre pour leur objet d'imitation. Ce n'est pas que Segrais n'ait assez bien pris le ton pastoral ; mais sa versification est languissante, et sa poésie est sans images.

FONTENELLE.

Il n'y en a pas davantage dans les pastorales de Fontenelle. « Quel style, dit l'abbé
» Desfontaines, dans les Bucoliques de Vir-
» gile ! Quel langage romanesque et prosaï-
» que, que celui de toutes nos églogues mo-
» dernes ! Otez-en les mots de hameaux, de
» brebis,

» brebis, de fleurs, de bois, de fontaines; et
» substituez-y ceux de Versailles, de Paris,
» d'Opéra, de Tuileries, de bal, etc., ce ne
» seront plus des églogues, mais des entre-
» tiens de cour, et des discours de ruelle. »
Notre critique avoit en vue les pastorales de
Fontenelle, qui ne sont, à la vérité, ni dans
le goût de Théocrite, ni dans celui de Virgile; mais il ne faut pas pour cela les dédai-
gner. C'est un nouveau genre pastoral qui
tient un peu du roman. L'Astrée de d'Urfé, et
les comédies de l'Aminte et du Pastor Fido en
ont fourni le modèle. L'esprit de galanterie, les
grâces fines et délicates, sont les principaux
ornemens des pastorales de Fontenelle.

LA MOTTE.

La Motte a laissé vingt églogues, précédées
d'un discours sur ce genre, où l'on trouve des
idées neuves. Quant aux églogues, plusieurs
avoient été couronnées aux Jeux Floraux. Il y
a de la douceur dans sa versification, et de
l'esprit dans les entretiens des bergers; ils se
disent souvent des choses fines, qui ne sont
guère à leur portée; mais qui couloient de
source chez l'auteur qui les fait parler.

MADAME DESHOULIÈRES.

Les idylles françaises peuvent être rangées dans le genre pastoral. Personne n'a mieux réussi que madame Deshoulières : ses idylles sur les fleurs, sur les oiseaux, sur les moutons, offrent de rians tableaux de la campagne, une morale touchante, un badinage qui cache des idées très-philosophiques, une versification aisée, et des tours heureux dans les expressions. On a prétendu que les efforts continuels qu'elle fait pour démontrer l'impuissance de la raison, ne sont propres qu'à énerver l'âme, et à la priver de cette force, de cette énergie qui enfante les vertus. Cette idée nous paroît plus subtile que vraie.

D'ARNAUD.

Dans les églogues de d'Arnaud, on trouve des bois, des prés, des ruisseaux, des oiseaux, des bergers et des bergères, comme dans toutes les églogues du monde; mais ce qu'on n'y trouve pas également, c'est la pureté du langage de celles de Virgile, et cette délicatesse de pensées qui fait le mérite de celles de Fontenelle. D'Arnaud y peint le plaisir avec des couleurs touchantes; et son pinceau, quoique négligé, ne laisse pas de faire illusion.

BERQUIN.

Dans ses idylles, pour la plupart imitées de Gessner, et d'autres poëtes Allemands, il y a de la grâce, de la douceur et de l'élégance, quoique le style puisse en être plus travaillé, et que quelquefois il se rapproche trop de la prose.

La meilleure édition des idylles de Berquin, est celle de Renouard, 1803, in-12 avec figures.

LÉONARD.

Cet estimable écrivain s'est exercé, avec succès, dans le genre de l'idylle : son ton est, en général, doux, simple, naïf; ses tableaux champêtres offrent un agréable tissu de pensées naturelles, délicates, embellies par une versification simple, facile, qui forme le vrai caractère de cette production, dont la tendresse est l'âme, et l'aménité le coloris. La meilleure édition des idylles de Léonard, est celle de 1782, in-8°.: on a publié ses œuvres en 1798, 3 vol. in-8°.

§ VI. POËTES SATIRIQUES.

REGNIER.

Regnier, le premier poëte Français qui ait composé des satires, dont les gens de goût puissent soutenir la lecture, met dans ses peintures, autant de force que de gaieté. Ses expressions sont vives et énergiques ; mais sa muse n'est pas assez décente. L'auteur qui, quoiqu'ecclésiastique, avoit fréquenté les réduits de la débauche, en avoit rapporté un langage qui a passé dans ses satires. Il enseigne le vice, en peignant les vicieux.

BOILEAU.

Boileau, beaucoup plus réservé que Regnier, a moins de verve que lui, moins de naïveté, moins de grâces. Ses satires ont plus de sel que d'enjouement, plus d'énergie que de finesse. Mais sa versification est autant au-dessus de celle de Regnier, que le siècle de Louis XIV étoit au-dessus du siècle de Henri III. Si toutes les satires de Boileau ressembloient à celle qu'il a adressée à son esprit, il auroit égalé Horace, autant qu'on peut l'égaler dans une langue si inférieure à la langue dans laquelle Horace écrivoit.

Cette satire est un chef-d'œuvre : la justesse du raisonnement, la force des pensées, l'élégance du style, l'harmonie des vers, les grâces de l'ironie la plus piquante et la mieux ménagée, en rendent la lecture délicieuse.

ROUSSEAU.

Depuis Boileau, nous n'avons point eu de poëte, du moins célèbre, qui ait donné un corps de satires; mais nous avons eu beaucoup d'écrivains satiriques, qui ont épanché leur bile dans diverses pièces en vers. Rousseau et Voltaire sont les plus connus dans cette foule immense : le premier respire le fiel; et l'on ne peut citer de lui, que quelques épigrammes, qui soient dignes d'un homme d'esprit qui se venge. Dans ses épîtres, on voit trop souvent l'homme atrabilaire, qui n'ayant pas assez de philosophie pour maîtriser son ressentiment, saisit les injures les plus fortes qui se présentent à sa plume, pour en accabler ses ennemis.

VOLTAIRE.

Voltaire est plus gai; il excelle dans l'art de saisir tout ce qui peut rendre ses adversaires ridicules. Il a un genre d'ironie et de plaisanterie, qui n'est qu'à lui ; mais il sort souvent de ce genre, et se permet trop de personnalités : il attaque jusqu'aux mœurs de ceux qu'il veut rendre odieux, et dont il veut se venger. Il est douloureux d'avoir à faire cet aveu sur un homme justement célèbre par plus d'un talent.

GILBERT.

Boileau et Régnier, plus enjoués que véhémens, s'attachèrent à graver dans la mémoire de leurs lecteurs, des maximes pleines de sens; leurs ouvrages sont rarement des tableaux distinctifs des mœurs particulières de leur siècle ; ils ont plutôt peint les vices de l'humanité, que ceux de leurs contemporains; et quelques-unes de leurs productions critiques sont moins des satires que d'excellentes épîtres morales. Gilbert s'est frayé, dans la satire, une route nouvelle, et il a marqué ses ouvrages d'un caractère original. Ses satires sont remarquables par la bonté du style et l'utilité de leur objet; elles seroient plus précieuses à la postérité, si elles contenoient l'histoire fidèle des mœurs de notre siècle ; mais souvent le dépit a fait tracer à l'auteur de faux portraits; nous croyons cependant que les gens de goût liront avec plaisir le recueil de ses œuvres, de l'édition de M. Desessarts, 1806, in-8°.

M. CLÉMENT.

Des portraits bien tracés, des traits pleins de force, firent le succès des satires de M. Clément. Lorsqu'elles parurent en particulier, l'on avoit tout lieu d'attendre que l'âge, l'étude et l'exercice donneroient au pinceau du poëte cette douceur, ces grâces, cette correction continue qui sembloient lui manquer. Le recueil de ses satires, sans démentir tout-à-fait, n'a pas assez justifié nos espérances; leur grand défaut est de ne renfermer aucun de ces traits piquans, qui sont l'âme et la vie du genre satirique; c'est, en général, une exposition assez froide des maximes de la philosophie moderne, relevée par quelques beaux vers.

Le recueil des satires de M. Clément parut en 1786, in-8°. : on les trouve aussi dans *les Satiriques du dix-huitième siècle*.

M. DESPAZE.

Les Quatre Satires ou la fin du 18°. *siècle*, 1800, in-8°., assurent à leur auteur une place distinguée parmi les poëtes satiriques; elles sont dirigées contre *les musiciens*, qui n'aiment que le pathos et le bruit; contre *les acteurs tragiques et comiques de la Scène Française*, et contre *des gens de lettres*, contre *les mœurs du temps* et contre *les partis*. M. Despaze a donné, depuis, une *cinquième satire*, où il discute plusieurs questions relatives à ce genre : on y trouve, comme dans les autres, un style correct et énergique, mais quelquefois vague et de mauvais goût; on y désireroit un plus grand nombre de ces traits saillans, de ces vers remarquables qu'on voit, comme dit Boileau, devenir proverbes en naissant. La satire est la mère du vaudeville; l'une doit faire répéter ses bons mots, comme l'autre fait chanter ses refrains.

Nous avons un ample recueil de satires, dans la collection *des Satiriques du dix-huitième siècle*, Paris, Colnet, 1806, 7 vol. in-8°. On y trouve les satires de *Voltaire*, celles de *Gilbert* et de *Clément*, de *Chénier* et de *Despaze*, *l'Ombre de Duclos*, par la Harpe, et *les remercîmens faits au Curé de Mélanie*. Plusieurs autres pièces du même genre et peu connues, complètent ce recueil.

§ VII.

§ VII. POËTES ÉLÉGIAQUES.

MÉNAGE.

Nos anciens poëtes cultivèrent ce genre de poésie ; mais aucun ne mérite d'être nommé. Ménage, vers le milieu du dix-septième siècle, fit des élégies; mais en pédant sans génie, qui entasse les épithètes, au lieu de rassembler des images.

MADAME DE LA SUZE.

Madame la comtesse de la Suze effaça ce mauvais poëte ; ses élégies sont tendres et délicates ; sa versification manque quelquefois d'exactitude et d'harmonie ; mais elle a de la facilité et de l'élégance.

LA FONTAINE.

L'élégie que fit ce poëte sur la disgrâce de Fouquet, a des beautés touchantes ; et on y voit avec plaisir un poëte sensible, un homme généreux, qui ne craint point de déplorer la disgrâce d'un protecteur qui avoit déplu à un monarque très-puissant.

MADAME DESHOULIÈRES.

L'élégie fut maniée ensuite par bien des poëtes ; mais placés, la plupart, dans la dernière classé du Parnasse, si l'on en excepte madame Deshoulières. Quelques-unes de ses élégies peuvent servir de modèle : on y trouve des comparaisons heureuses, qui ne servent qu'à irriter sa douleur ; des images tristes, dont la recherche n'est que trop naturelle à une personne véritablement touchée : elle semble prendre plaisir à augmenter ses peines, en envisageant tous ceux qui jouissent des biens qu'elle n'a plus.

D'ARNAUD.

S'il y a quelque chose à reprendre dans les élégies de d'Arnaud, c'est qu'elles tiennent un peu trop de la satire ; mais en général elles sont pleines de sentiment et de bonne poésie ; peut-être auroit-il dû mettre moins d'esprit dans quelques endroits, et surtout dans la vingt-deuxième, où il n'a pas suivi ce précepte de Boileau :

Il faut que le cœur seul parle dans l'élégie.

COLARDEAU.

Au milieu du dix-huitième siècle, l'héroïde a pris la place de l'élégie. L'épître d'Héloïse à Abailard, par Colardeau, a tourné beaucoup de poëtes vers ce genre, qui demande de la chaleur dans l'âme et dans l'imagination de ceux qui s'y destinent. L'ouvrage de Colardeau est plein de feu ; et la poésie en est à la fois brillante et pathétique.

DORAT.

On connoît l'abondance heureuse du style de Dorat ; ses héroïdes se ressentent de cette qualité, qui lorsqu'elle n'est point dirigée par le goût, peut devenir un défaut. Il joint toujours l'esprit au sentiment, sans que l'un affoiblisse l'autre.

M. BLIN DE SAINMORE.

Nous avons de M. Blin de Sainmore, quatre héroïdes, recueillies en 1768, in-8°. Vous trouverez à cet écrivain le mérite de traiter chaque sujet, du style qui lui est propre. Par exemple, dans la lettre de Biblis, qui paroît être le premier essai de l'auteur, la situation est violente ; c'est celle d'une âme fortement agitée entre l'amour de la vertu et les mouvemens involontaires d'une passion incestueuse. Aussi le style du poëte est-il tantôt vif et impétueux, tantôt doux et touchant, suivant que l'âme de son héroïne est emportée par la fougue de ses sentimens, ou qu'accablé des combats qu'elle s'est livrés, elle retombe, pour quelques instans, dans un état plus calme. Ce flux et reflux de passions me semble supérieurement exprimé.

DE LA HARPE.

De la Harpe a couru, dans sa première jeunesse, la carrière de l'héroïde; et lorsqu'il fit imprimer les siennes, il se permit de critiquer sévèrement celles de Fontenelle, dont on n'a point parlé. La raison de ce silence est que l'on pense à peu près sur les pièces de ce philosophe, comme de la Harpe. Il règne un froid et sec entortillage dans les lettres héroïques de Fontenelle; son style est sans chaleur et sans images. On peut dire, à la louange de son critique, qu'il ne l'a pas imité dans ses défauts.

BARTHE.

Le style de Barthe, dans son héroïde de l'abbé de Rancé, est noble, animé, plein de force. Plusieurs autres poëtes ont cultivé le chant fécond de l'épître héroïque; mais il étoit à craindre que la facilité apparente que ce genre promet à un génie médiocre, ne dégoûtât le public de ce même genre, qui demande une âme sensible et un goût délicat : c'est ce qui est arrivé. Le public a cependant accueilli dans ces derniers temps, deux nouvelles héroïdes, savoir : les *derniers momens de la Présidente de Tourvel*, par M. Laya, et *Werther à Charlotte*, par M. Lablée.

LE CHEVALIER DE BERTIN ET M. DE PARNY.

Depuis long-temps nous n'avions plus de poëtes élégiaques dans notre langue ; et cette place restoit vide dans notre littérature. Deux jeunes poëtes, nés tous les deux sous le ciel de l'Inde, se sont présentés dans le même temps pour la remplir, M. de Parny et feu M. de Bertin ; et les gens de lettres ont jugé que tous les deux étoient dignes de la prendre. En imitant Tibulle et Properce, ce sont leurs amours qu'ils peignent ; et dans l'un et dans l'autre, on sent à chaque vers que ces amours ne sont pas une fiction. Leurs vers sont l'histoire fidèle de leur cœur et de leur vie ; en passant d'une élégie à l'autre, on retrouve les mêmes noms d'Eucharis, d'Eléonore, de Catilie ; et cette unité de passion, pour ainsi dire, y joint l'intérêt du roman.

Les élégies ou *les Amours* du chevalier de

Bertin forment le premier volume de ses œuvres recueillies, pour la première fois, en 1785, 2 vol. in-18. Les élégies de M. de Parny se trouvent aussi dans le premier volume de ses œuvres diverses, 1802, 2 vol. in-12.

§ VIII. ÉPIGRAMMATISTES FRANÇAIS.

Clément Marot est le premier en date et peut-être en mérite. Sa muse a du naturel, de l'enjouement, de l'énergie; mais elle se permet des libertés dignes d'un cynique.

Saint-Gelais, son contemporain, dit des choses fort communes en rimes riches. Quelques-unes de ses bonnes épigrammes font oublier les mauvaises.

La clarté et la précision sont le mérite des poésies de Mainard; mais on y désireroit plus de pureté dans le style, et plus de finesse dans les pensées.

Brébeuf a des épigrammes dignes de Martial. Nous en avons cent de lui sur une femme fardée; et la plupart sont agréables.

Le chevalier de Cailli a laissé un recueil d'épigrammes; son style est naturel, mais foible; il y en a pourtant qui réunissent l'esprit et la naïveté : presque toutes sont morales.

Les épigrammes de Saint-Pavin sont heureuses pour le tour ; mais les expressions n'en sont pas toujours décentes.

Chapelle a aussi quelques épigrammes, dont la pointe est assez piquante.

Racine avoit un talent particulier pour ce genre ; mais nous n'avons qu'une très-petite partie des épigrammes que son génie naturellement satirique avoit produites.

Boileau a conservé soigneusement les siennes ; le plus grand nombre ne méritoit pas cet honneur ; et il valoit mieux comme satirique que comme épigrammatiste.

Rousseau lui est infiniment supérieur ; et si l'on excepte peut-être Marot, son modèle, il n'a point d'égal dans ce genre. Une expression forte et énergique, des tours originaux, une pensée fine et bien amenée, caractérisent ordinairement ses épigrammes.

Bruzen de la Martinière avoit donné un recueil des épigrammatistes Français, en deux volumes in-12. Cette collection a été recherchée ; mais on lui préfère aujourd'hui la nouvelle Anthologie Française, ou recueil de Madrigaux et d'Epigrammes, depuis Marot jusqu'à présent ; Paris, 1769, 2 volumes in-12.

Le VII.me volume des *Satiriques du dix-huitième siècle*, contient un choix d'épigrammes contre les hommes en place et les hommes de lettres, depuis Marot jusqu'à nos jours.

Comme l'épitaphe tient le milieu entre le madrigal et l'épigramme, nous terminerons cet article en indiquant à nos lecteurs un recueil d'*Epitaphes sérieuses, badines, satiriques et burlesques*, etc.... ; *ouvrage moins triste qu'on ne pense*, par de la Place, 1782, 3 vol. in-12. On pourroit désirer que l'éditeur se fût borné à citer les épitaphes d'hommes connus et vraiment célèbres, ou celles qui seroient distinguées par quelque genre de mérite frappant ; il eût retranché alors la moitié d'une multitude d'épigrammes, soi-disant épitaphes, fabriquées à plaisir par des anonimes, sur des êtres de raison, et qui ne subsistent que par une équivoque, un mauvais jeu de mots, ou une pensée devenue triviale à force d'être répétée.

Mais malgré ce défaut, assez ordinaire à tous les recueils ; celui-ci est vraiment amusant, par la quantité d'anecdotes curieuses et piquantes, que l'éditeur a eu soin de rechercher et d'ajouter à l'épitaphe des noms connus.

connus. Ce n'est pas la partie la moins intéressante de cette compilation, et celle qu'on lira avec le moins de plaisir et de fruit.

§ IX. POËTES FABULISTES.

LA FONTAINE.

La fable est une instruction déguisée sous l'allégorie d'une action. Esope, l'inventeur de l'apologue, ne prit d'abord pour acteurs que des animaux. Le tableau de leurs ruses et de leurs finesses étoit un miroir, dans lequel l'homme se voyoit tout entier. Les fables d'Esope ont été traduites dans toutes les langues en vers et en prose : on a déjà fait connoître Phèdre qui l'imita parmi les Latins. Les fables de cet élégant écrivain sont autant de miniatures admirables pour la simplicité, la vérité et le naturel.

La Fontaine, qui a été son rival parmi nous, a des couleurs plus vives, sans en avoir moins de naïveté et de grâces : il nous tint lieu d'Esope, de Phèdre et de Pilpai. Il semble que par ses apologues, dit la Motte, il ait voulu rendre aux mœurs, ce qu'il leur avoit ôté par ses contes. Indépendamment de la morale que ses fables renferment, il enchante par les grâces piquantes de son style : on y sent, à chaque ligne, ce que la gaieté a de plus riant, et ce que le gracieux a de plus attirant. Il joint à toute la liberté de la nature, tous les agrémens de l'esprit : on lui reproche seulement de n'avoir pas toujours su finir où il falloit. On souhaiteroit que son style fût plus châtié, plus précis, et qu'en surpassant Phèdre en délicatesse, il l'eût égalé dans la pureté de l'élocution. Ses moralités sont quelquefois tirées de trop loin ; et il insinue d'autres fois des maximes, dont la conséquence seroit dangereuse pour la jeunesse ; mais ces petites taches n'empêchent point qu'il ne soit le premier parmi les modernes, et qu'il n'ait surpassé les anciens. Il se croyoit pourtant fort au-dessous de Phèdre ; mais Fontenelle a très-bien dit, qu'il ne lui cédoit le pas que par bêtise : mot plaisant, qui exprime avec finesse le caractère d'un génie supérieur, qui se méconnoît, faute de se regarder avec assez d'attention.

Les curieux recherchent la première édition complète des fables de La Fontaine, imprimée sous ses yeux et corrigée par lui : c'est celle de Paris, Barbin, 1678, 1679 et 1693, 5 volumes in-12, avec figures dessinées par Chauveau. Les éditions imprimées par Didot l'aîné, pour l'éducation du dauphin, en 1787, 2 vol. in-18; 1788, in-4°.; et 1789, 2 volum. in-8°., sont renommées pour leur beauté et leur exactitude. M. Barbou a publié, en 1806, une nouvelle édition revue avec soin, et suivie d'un vocabulaire qui tient lieu des insipides notes de Coste. On doit ce travail au savant et modeste Adry, ancien bibliothécaire de l'Oratoire.

Le laborieux professeur Gail, a eu l'excellente idée de réunir les trois premiers fabulistes, Esope, Phèdre et La Fontaine, et l'entreprise a été bien exécutée en 1797, 4 vol. in-8°.

Les fables de La Fontaine forment la moitié de ce précieux recueil ; elles sont accompagnées d'excellentes notes, seules capables de le faire rechercher avec empressement : Chamfort en est l'auteur, et elles ont été le fruit d'une étude approfondie du fabuliste Français. Peut-être trouvera-t-on qu'il y est traité avec trop de sévérité ; mais, en général, le critique sait bien apprécier le rare mérite de ce poëte inimitable, qui a tant d'esprit, sans jamais être en défaut par le goût, le naturel.

On doit à M. l'abbé Guillon, professeur au Lycée Bonaparte, *La Fontaine et tous les Fa-*

bulistes, ou La Fontaine comparé avec ses modèles et ses imitateurs, avec des observations critiques, grammaticales, littéraires, et des notes d'histoire naturelle, Paris, 1803, 2 vol. in-8°. Ce travail n'a pas rempli l'attente des amateurs ; on y remarque beaucoup d'inexactitudes. La fable *des Loups et des Brebis* est indiquée comme une imitation de la fable de Phèdre, *Milvus et Columbæ*, dont la véritable imitation (que l'éditeur n'indique pas), est la fable *des Vautours et des Pigeons*.

Il veut encore trouver une imitation de *Leo et Mus*, dans *le Lion et le Moucheron*, qui n'y a aucun rapport ; et dans *le Cerf et la Vigne*, une imitation de *Cervus ad Fontem*, dont la seule imitation est *le Cerf se voyant dans l'eau*.

AUTRES FABULISTES.

Les succès de La Fontaine excitèrent l'émulation de ses contemporains. Il eut des imitateurs de son temps ; il y en a eu plusieurs dans le dix-huitième siècle, et il y en a encore dans le nôtre.

Furetière, contemporain de La Fontaine, osa publier sous ses yeux, en 1651, cinquante fables que peu de gens connoissent et que personne ne lit.

Benserade a fait plus de deux cents fables en quatrains ; et il y en a quelques-uns d'heureux, parce que le sujet s'y est prêté ; mais pour s'être mis à l'étroit en s'assujettissant à cette forme, le reste est aussi méprisé que ses métamorphoses en rondeaux.

Le Noble a donné aussi deux cents fables, qui, malgré la dureté de son style et sa froide prolixité, ont eu, dans le temps, quelque vogue, parce que la plupart étoient relatives aux événemens qui faisoient alors la matière de ses pasquinades ; mais elles sont peu lues aujourd'hui : on les a recueillies en deux volumes in-12.

Les fables de Desmay, publiées en 1678, sous le titre de l'Esope Français, ont quelque facilité ; mais froides, sans grâce et verbeuses : elles sont entièrement oubliées.

Boursault, Fuselier et de Launay, ont fait d'assez bonnes fables enchâssées dans différentes pièces de théâtre.

Celles de l'abbé de Grécourt, qu'on a si soigneusement ramassées dans toutes les éditions des œuvres de ce sale écrivain, et surtout dans celle de 1761, sont si bizarres ou si licencieuses, qu'il ne mérite pas d'être mis au nombre de nos fabulistes ; d'autant plus que cet auteur s'est entièrement écarté du genre. Il prend, pour ses personnages, des individus qui ne sont pas faits pour s'allier, comme l'ours et la tourterelle ; le dindon et la fraise, l'arc-en-ciel et les rats. Il seroit à souhaiter, pour sa réputation et pour le plaisir de ses lecteurs, qu'il en eût fait beaucoup comme celle du Solitaire et de la Fortune.

LA MOTTE.

La Motte ne voulant laisser aucun genre que sa muse n'eût essayé, a produit cent fables imprimées in-4°. et in-12. Il y en a de fort ingénieuses, et quelques-unes de très-bien faites ; mais les meilleures ne valent pas, à beaucoup près, le discours éloquent qui leur sert de préface. « Je ne me serois pas hasardé à
» écrire des fables, dit-il, si j'avois cru qu'il
» fallût être absolument aussi bon que La
» Fontaine, pour être souffert après lui ; mais
» je pensois qu'il y avoit des places honora-
» bles au-dessous de la sienne....N'y auroit-il
» pas même quelque justice à me compter,
» en compensation des beautés qui me man-
» quent, le mérite de l'invention que mon

» prédécesseur ne s'est point proposé ? A
» huit ou dix idées près, qui ne m'appartien-
» nent que par des additions, ou par l'usage
» moral que j'en fais, il a fallu inventer mes
» fables pour exprimer mes vérités; il a fallu
» enfin être tout à la fois l'Esope et le La Fon-
» taine. C'en étoit sans doute trop pour moi ;
» il ne seroit pas juste d'exiger que j'égalasse
» ni l'un, ni l'autre. »

La Motte l'a fait pourtant quelquefois ; et Voltaire conte une chose plaisante, qui se passa dans un souper au Temple, chez M. de Vendôme, au sujet des fables de la Motte : elles venoient de paroître ; et tout le monde affectoit d'en dire du mal. Le célèbre abbé de Chaulieu, l'évêque de Luçon, fils du fameux Bussi-Rabutin, un ancien ami de Chapelle, plein d'esprit et de goût; l'abbé Courtin, et d'autres bons juges des ouvrages, s'égayoient aux dépens de la Motte, qu'ils n'aimoient pas. M. de Vendôme et le chevalier de Bouillon enchérissoient sur eux tous; on accabloit le pauvre auteur.

« Je leur dis, ajoute Voltaire, Messieurs,
» vous avez tous raison; vous jugez en con-
» noissance de cause; quelle différence du
» style de la Motte à celui de La Fontaine!

» Avez-vous vu la dernière édition des fables
» de La Fontaine ? Non, dirent-ils. Quoi ! vous
» ne connoissez pas cette belle fable qu'on a
» trouvée parmi les papiers de madame la du-
» chesse de Bouillon ? Je leur récitai la fable ;
» ils la trouvèrent charmante; ils s'extasioient.
» Voilà du La Fontaine ! disoient-ils ; c'est la
» nature pure : quelle naïveté ! quelle grâce !
» Messieurs, leurs dis-je, la fable est de la
» Motte ; alors ils me la firent répéter et la
» trouvèrent détestable. »

AUTRES FABULISTES.

On a de l'épigrammatiste le Brun, des fables d'un style plus simple et plus propre au genre (1724, in-12); mais en général foibles et médiocres.

Richer, malgré la foiblesse de sa poésie, qui est toujours terre à terre, et d'une imagination d'ailleurs peu riante ; Richer a plus approché de La Fontaine, que tous ses prédécesseurs : il a donné, comme lui, douze livres de fables.

Il a paru, depuis Richer, une multitude d'autres fabulistes, et entr'autres, Pesselier, auteur d'un corps de fables écrites d'un style net, et de quelques pièces de théâtre, aussi mêlées

lées d'apologues; de Frasnai, dont nous avons un recueil de fables grecques, ésopiques et sibaritiques, distribuées en deux volumes in-12, et imprimées à Orléans en 1750; Ganeau, qui a publié, en 1760, cinq livres de fables, où il y a de la variété et de la gaieté; le Père Grozelier, de l'Oratoire, dont les fables ont vu le jour en 1768., in-12.

Le Père Barbe, de la Doctrine Chrétienne, à qui l'on doit aussi un recueil de fables, publié en 1762.

D'Ardenne, de l'académie de Marseille, dont les œuvres, imprimées en 4 vol., renferment un recueil de fables, qui sont peut-être le meilleur de ses ouvrages.

Un ton de sentiment très-bien soutenu, de la douceur et du naturel, de la naïveté même, et cet air de facilité qui convient au genre, forment le caractère des fables de l'abbé Aubert.

Il y a dans celles de Dorat, de l'esprit, de la philosophie, de l'agrément, de l'élégance, et souvent du naturel. Il en est dont le fonds ne lui appartient pas; il a l'honnêteté d'indiquer les sources où il les a puisées: il en a imité plusieurs de l'allemand. Vous en trouverez quelques-unes, dont vous n'aimerez peut-être pas le sujet ; mais en général, ce recueil ne nuit pas à la réputation de l'auteur.

Dans un volume in-8°., publié en 1773, sous le titre de *Fables, Contes*, etc., par l'abbé le Monnier, cet auteur montre un talent peu commun pour la fable. Il seroit seulement à souhaiter, qu'il ne prît pas quelquefois la familiarité basse pour de la naïveté, et la profusion des mots pour de l'aisance et du naturel. Lorsqu'il évite ces deux écueils, il y a peu de fabulistes qu'on puisse lui comparer, en exceptant toujours La Fontaine, qui est au-dessus de toute comparaison.

M. BOISARD.

M. Boisard sera sûrement regardé comme un de nos meilleurs fabulistes; peut-être lui reprochera-t-on de la lenteur et de l'uniformité : les animaux qu'il met en scène ne parlent pas toujours leur langage ; l'affectation d'esprit y tient souvent la place de cette aimable naïveté, qui fait le caractère essentiel de l'apologue ; et son style est quelquefois embarrassé de descriptions prolixes, qui décèlent un peu trop la prétention du poète : d'ailleurs, son imagination est riante et féconde; sa manière de raconter a de la grâce, de la facilité. La fable offre toujours un rapport assez juste avec la vérité qu'elle déguise; et sa gaieté n'est point apprêtée. Le recueil des fables de cet auteur parut, pour la première fois, en 1773, in-8°.; la dernière édition est intitulée, *Mille et Une Fables*, 1807, 2 volumes in-8°.

NIVERNOIS.

M. Mancini-Nivernois a publié, en 1796, 2 vol. in-8°., un recueil de fables. Si, comme tant d'autres, il est bien loin de notre inimitable La Fontaine, il nous a paru cependant l'emporter de beaucoup sur la plupart des poëtes du même genre. Sa manière est simple et facile, son style abondant, peut-être diffus; mais toujours élégant et pur, sans prétention et sans afféterie; en un mot, tout y respire le bon goût et la vraie philosophie.

FLORIAN.

Les fables de Florian sont regardées comme un des meilleurs ouvrages de ce charmant auteur; le public leur a fait un accueil distingué. Florian doit quelques fables à Esope, à Bidpaï, à Gay, aux fabulistes Allemands, beaucoup plus à l'Espagnol Yriarté, poëte dont il faisoit grand cas.

M. GUICHARD.

Après avoir lu et relu, avec un charme toujours nouveau, la plupart des fables de La Fontaine, on peut trouver encore du plaisir à lire celles de quelques-uns de ses disciples. M. Guichard mérite d'être mis au nombre de ceux-ci, par ses fables connues et estimées des gens de lettres et des amateurs : elles ont été publiées en 1802, 2 vol. in-12.

On a applaudi au travail utile et ingénieux de M. L. T. Hérissant, qui a rassemblé, dans un seul volume, Paris, Lottin le jeune, 1771, in-12, les meilleures fables françaises, imprimées depuis La Fontaine. C'est un extrait de beaucoup de volumes, fait avec goût. Il a fallu, pour nous donner ce choix, feuilleter une infinité de journaux, de mélanges, de poésies, et recourir aux portes-feuilles de plusieurs gens de lettres, qui ont bien voulu contribuer au plan que l'éditeur du *Fablier Français* s'est proposé. Il se trouve même ici des fables qui sont publiées pour la première fois. On est bien aise de voir des fables composées par des écrivains connus, qui ont cultivé d'autres genres de poésies : Fontenelle, la Chaussée, Moncrif, Voltaire, Favart, Dorat, d'Arnaud, Voisenon, etc. Cette collection est accompagnée d'une notice historique, et de tables qui précèdent ou terminent les différens livres qui forment ce recueil.

Le sixième volume de *la Petite Encyclopédie Poétique*, peut être considéré comme la suite du *Fablier Français* : on y trouve, en effet, de jolies fables par MM. Hoffman, Fabien Pillet, P. Villiers, Arnault, le Montey, Ginguené, Andrieux, Berenger, Sélis, etc.

§ X. POËTES DE SOCIÉTÉ.

JEAN DE MEUN.

C'est sous le nom de poëtes de société, que nous tracerons l'esquisse de plusieurs auteurs de poésies fugitives, qui depuis Abailard ont paru sur notre Parnasse.

Le roman de la Rose, commencé par Guillaume de Lorris, et continué par Jean de Meun, fut, en quelque sorte, l'aurore de la poésie française. On avoit beaucoup de chansons avant ce poëme (car nous avons toujours aimé à chanter); mais on n'avoit aucun ouvrage de cette étendue. Ce roman rimé, étant à la fois voluptueux et satirique, devoit avoir un grand succès; il flattoit deux des plus grandes passions des hommes : on le lit encore aujourd'hui ; et ses peintures naïves sont des fleurs qui ne sont pas tout-à-fait fanées. L'édition la plus recherchée est celle de l'abbé Lenglet du Fresnoy, Paris, 1735, 3 vol. in-12 ; il faut y joindre le supplément au glossaire, par Lantin de Damerey, Dijon, 1737, in-12.

VILLON.

La nature l'avoit fait naître avec un talent propre pour la poésie, du moins pour la poésie simple, naïve, badine. C'est le premier, selon Despréaux, qui débrouilla, dans des siècles barbares, l'art confus de nos vieux romanciers ; mais il tomba comme eux dans la bassesse et dans l'indécence. François I*er*., qui aimoit ce poëte, chargea Marot de donner une édition correcte de ses poésies. C'est sur cette édition que fut faite celle du célèbre Coustelier, in-8°., en 1723 ; on en a donné une autre dans le même format, en 1742, à la Haye, enrichie de notes. L'abbé Lenglet du Fresnoy en a laissé une, augmentée et revue sur un manuscrit original.

MAROT.

Ce poëte avoit un esprit enjoué, et plein

de saillies, sous un extérieur grave et philosophique. Marot a surtout réussi dans le genre épigrammatique. Du Verdier dit, en parlant de lui, qu'il a été le poëte des princes, et le prince des poëtes de son temps. Les juges les plus sévères seront forcés de convenir qu'il avoit beaucoup d'agrément et de fécondité dans l'imagination ; s'il avoit vécu de nos jours, le goût la lui auroit réglée. On a de lui des épîtres, des élégies, des rondeaux, des ballades, des sonnets, des épigrammes. Ce poëte eut des imitateurs. On écrivit dans son style les tragédies, les poëmes, l'histoire, des livres de morale. La Fontaine dans le dix-septième siècle, et Rousseau dans le siècle dernier, ne contribuèrent pas peu à le répandre. Tous les genres de littérature furent avilis par cette bigarrure de termes bas et nobles, surannés et modernes. On entendit, dans quelques pièces de morale, les sons du sifflet de Rabelais parmi ceux de la flûte d'Horace. Le bon goût a dissipé cette barbarie, supportable dans un conte, et dans le temps de François Ier.; mais détestable dans un ouvrage noble, sous les règnes de Louis XIV, de Louis XV, de Louis XVI et de Napoléon.

On doit à M. Vincent Campenon, l'édition

des *Œuvres choisies* de Clément Marot, 1801, in-12, précédées d'un discours préliminaire, qui est un excellent morceau de littérature.

SAINT-GELAIS, BELLEAU.

Après lui vinrent Saint-Gelais, Belleau et d'autres rimeurs, qui eurent peut-être plus de réputation, mais qui avoient certainement moins de mérite.

SENECÉ.

On sait gré à M. Auger d'avoir rassemblé, en 1086, les poésies choisies de ce poëte aimable, disséminées, jusqu'à présent, dans divers recueils. Quoiqu'il soit principalement connu par son conte du *Kaïmak*, le meilleur de ses ouvrages, on trouvera néanmoins dans la collection faite par M. Auger, plusieurs morceaux qui décèlent un vrai talent, tels entr'autres que le conte intitulé, *Filer le Parfait Amour*, et le poëme des *Travaux d'Apollon*.

CHAPELLE.

Parmi les élèves de nos poëtes négligés, il faut compter Chapelle, génie heureux, génie facile ; mais qui, à son Voyage de Provence près,

près, où même tout n'est pas excellent, n'a fait que des choses médiocres.

Le Voyage de Chapelle et de Bachaumont en a fait entreprendre d'autres. Celui de le Franc lui fait d'autant plus d'honneur, qu'ayant parcouru les mêmes contrées que Chapelle, il a suivi une autre route, et fait de nouvelles découvertes : il s'est moins attaché à réciter qu'à peindre.

SAINT-PAVIN.

Nous avons de Saint-Pavin plusieurs pièces de poésie, qui ont été recueillies par le Fevre de Saint-Marc en 1759, 2 vol. in-12, avec celles de Mont-Plaisir, de la Lane et de Charleval : ce sont des sonnets, des épîtres, des épigrammes, des rondeaux : on y trouve de l'esprit et de la gaieté ; mais ce n'est ni l'imagination douce et brillante de Chaulieu, ni cette fleur de poésie que respirent les aimables productions des Voltaire et des Gresset; celles-ci sont les filles des Grâces et d'Apollon ; et les autres ne le sont que du plaisir et de la débauche.

LA LANE.

On ne connoît de lui, que trois pièces en vers français ; les deux premières en stances, et la troisième en forme d'églogue, toutes trois sur la mort de sa femme, surtout la première des stances et l'églogue. L'amour a souvent inspiré des poëtes, et leur a dicté des vers fort passionnés pour leurs maîtresses ; mais on n'en a guère vu faire de leurs femmes le sujet de leurs poésies, et pleurer leur mort en vers : ceux de la Lane marquent plutôt un homme sensible qu'un bon poëte.

LA FONTAINE.

Ce poëte s'ignoroit lui-même, et étoit sublime sans le savoir : jamais il ne chercha les fleurs dont il sema ses ouvrages; elles se présentèrent à lui; et il ne se donnoit pas même la peine de les arranger. Nous avons parlé de ses fables ; ses contes ne devroient pas être lus à cause de leur objet, et le sont cependant beaucoup plus, quoiqu'ils n'aboutissent, presque tous, qu'à conduire une femme à la dernière foiblesse, et qu'il y ait des longueurs dans quelques-uns. Si les sujets sont monotones, les détails sont très-variés ; et ce sont précisément ces détails, qui en font tout le danger. Parmi les autres poésies fugitives de La Fontaine, il y en a très-peu qui vaillent ses fables et ses contes.

M. Erhan a donné une bonne édition des œuvres complètes de La Fontaine, 1806, 5 vol. in-12 ou in-18.

PAVILLON.

Ses poésies ont été recueillies, pour la première fois, en 1720, in-12. Quoique la plupart soient négligées, et que quelques-unes se sentent des glaces de la vieillesse, elles ont un naturel et une délicatesse qui flattent. Il a travaillé dans le goût de Voiture; mais il a surpassé son modèle. Ses poésies consistent en stances, en lettres, dont quelques-unes sont mêlées de prose et de vers. Il a fait aussi une fable, un conte, et une métamorphose d'Iris changée en astre, pièce d'un style enjoué. Le Fevre de Saint-Marc a donné une bonne édition des œuvres de ce poëte, 1747, 2 vol. petit in-12.

COULANGES.

On a de lui les plus jolies chansons, par l'air facile et naturel qu'il leur a donné. Cet enjouement l'accompagna jusqu'au tombeau. On a recueilli ses chansons, en deux volumes in-12, 1698. On trouve quelques-unes de ses lettres avec celles de son illustre cousine, madame de Sevigné : elles sont faciles et gaies.

ROUSSEAU.

Les contes épigrammatiques de Rousseau ont plus d'énergie, mais bien moins de naïveté. Un galant homme n'en peut soutenir la lecture ; l'obscénité en souille chaque vers ; et il est malheureux qu'avec un si grand talent pour la poésie, il en ait fait un si funeste usage.

CHAULIEU.

L'abbé de Chaulieu versifioit dans le même temps que Rousseau ; mais il n'afficha pas son talent : il avoit l'imagination brillante et l'âme sensible ; ces deux dons, si rarement unis, caractérisent tous ses écrits : sa morale est toute en sentimens ; mais cette morale est celle d'Epicure : il est diffus, incorrect, mais pénétré de ce qu'il écrit ; qualité précieuse, à laquelle on doit le peu de bons vers qu'on lit encore. Chaulieu doit se contenter d'être le premier des poëtes négligés ; mais aussi, que cette négligence a de charmes ! Quelle vérité ! quel feu ! quelle brillante imagination ! Chaulieu n'est presque jamais un auteur qui compose ; c'est le convive le plus aimable qui célèbre l'amour et l'amitié le verre à la main, et qui fait passer son ivresse dans tous les cœurs. Aucun poëte n'est plus séduisant qu'il l'est dans ses bonnes pièces.

Les anciennes éditions des œuvres de Chaulieu, étoient très-inexactes et remplies d'omissions, de transpositions, d'altérations et de contre-sens : on ne possédoit de ses vers, que des copies infidèles; on en a enfin donné une, en 1774, 2 vol. in-8°., qui a été faite sur trois manuscrits originaux ; sur un, entr'autres, qui, peu de temps avant la mort de ce poëte, fut rédigé sous ses yeux, d'après une copie corrigée par lui-même. Ces manuscrits ont été donnés par le marquis de Chaulieu, petit-neveu de l'auteur; et la lettre par laquelle il se détermine à s'en dessaisir, est imprimée à la tête de cette nouvelle édition : son avantage sur toutes les précédentes n'est donc pas équivoque; elle renferme d'ailleurs une cinquantaine de pièces, qui ne sont point dans les premières.

On peut néanmoins se contenter de *l'Elite des Poésies de Chaulieu*, Paris, Desessarts, 1799, in-12.

LA FARE.

Ses poésies respirent cette liberté, cette négligence aimable, cet air riant et facile, cette finesse d'un courtisan ingénieux et délicat, que l'art tenteroit en vain d'imiter; mais elles ont aussi les défauts de la nature livrée à elle-même; le style en est incorrect et sans précision. C'est l'Amour, c'est Bacchus plutôt qu'Apollon, qui inspiroient le marquis de la Fare. Les fruits de sa muse se trouvent souvent à la suite des poésies de l'abbé de Chaulieu, son ami, notamment dans une belle édition donnée par M. Renouard, en 1803, in-12. Ces deux hommes étoient faits l'un pour l'autre; mêmes inclinations, même goût pour les plaisirs, même façon de penser, même génie.

VERGIER.

« C'étoit un philosophe, homme de société, ayant beaucoup d'agrément dans l'esprit, sans aucun mélange de misantropie ni d'amertume. » Rousseau, qui parle ainsi de ce poète, qu'il a fort connu, ajoute: « Nous n'avons peut-être rien dans notre langue, où il y ait plus de naïveté, de noblesse et d'élégance, que ses chansons de table, qui pourroient le faire pas-

ser, à bon droit, pour l'Anacréon Français. »
A l'égard de ses contes et de ses autres ouvrages, la poésie en est négligée. Il a fait des odes, des sonnets, des madrigaux, des épithalames, des épigrammes, des fables, des épîtres, des cantates, des parodies ; la meilleure édition de ces différens ouvrages est celle d'Amsterdam, en 1731, deux volumes in-12, souvent reliés en quatre. Des amateurs préfèrent l'édition de Cazin, en 3 volumes in-18. « Vergier, dit Voltaire, est à l'égard de La Fontaine, ce que Campistron est à Racine, imitateur foible, mais naturel. »

VOLTAIRE.

L'abbé de Chaulieu mourut précisément dans le temps que Voltaire commençoit à briller sur notre Parnasse. Ce poëte fut son héritier : les Grâces autant que les Muses ont dicté ses poésies fugitives ; s'il a moins de chaleur que Chaulieu, il est aussi moins inégal, plus saillant ; il respire plus souvent cette gaieté française, qui s'évapore dans nos cercles, et qu'il a fixée dans ses écrits. On a trouvé trop de ressemblance dans la plupart de ces petites épîtres, pour lesquelles Voltaire avoit un talent vraiment original; mais si le fonds est presque toujours le même, la forme est bien différente ; il est inépuisable en tours ingénieux, en saillies agréables. Heureux s'il avoit toujours respecté la religion, et s'il n'avoit jamais fait rougir la vertu !

Nous indiquerons ici la collection des œuvres de Voltaire, que l'on doit aux soins de Beaumarchais ; on préfère l'édition in-8°., composée de 70 volumes, à l'édition in-12, qui en a 92 ; il faut y joindre la table générale des matières, publiée par M. Chantreau, 1801, 2 vol. in-8°.

FERRAND.

Ce poëte faisoit joliment de petites chansons galantes. Il jouta avec Rousseau dans l'épigramme et le madrigal : l'un mettoit plus de naturel, de grâce, de finesse, de délicatesse dans les sujets de galanterie ; et l'autre plus de force, de recherche, d'imagination et de poésie dans les sujets de débauche. La plupart des chansons de Ferrand ont été mises sur les airs de clavecin, de la composition du célèbre Couperin.

GRÉCOURT.

Un libertinage piquant, une gaze peut-être trop

trop légère, de la rapidité, du feu, quelquefois du naturel, mais jamais les grâces de la belle simplicité, de ce dialogue animé, le génie du conte, souvent de la grossièreté, où Grécourt oublie absolument son état, et même la décence de tous les états; tels sont les contes de notre poëte dissolu, et pourtant aimable, et ayant un caractère distinctif.

Le poëme de Philotanus, où il y a beaucoup plus de méchanceté que d'agrément, est, selon moi, bien au-dessous de sa réputation : ôtez-lui un air de facilité, quelques saillies, quelques traits de gaieté satirique, qu'est-ce que cet ouvrage? Il est dépourvu de grâces, d'imagination, en un mot, de poésie, la première qualité qui pourtant constitue un poëme.

Grécourt, si je puis le dire, a un cynisme d'expression, qui réveille les sens et excite le rire dissolu : on doit à Querlon l'édition de ses œuvres de 1761 ; elle est distribuée en quatre petits volumes d'un format élégant; les trois premiers sont entièrement consacrés aux pièces de Grécourt : le premier renferme des épîtres sans imagination, sans poésie, sans grâces; leur seul mérite est l'aisance et quelquefois la naïveté. Ce ne sont point les agrémens inexprimables de Marot, ce charmant naturel de Chapelle, cette volupté raisonnée et sentie de Chaulieu, ce brillant et ce philosophique de Gresset, cette ingénieuse et piquante facilité de Voltaire; c'est de la prose assez mal rimée. A chaque instant, on est arrêté par des traits insipides et un enjouement trivial. Ses contes, qui remplissent le second volume, ont plus de mérite et d'agrément : ce ne sont point ceux de l'inimitable La Fontaine; ce n'est point cette belle nature, ce dialogue intéressant, ces grâces qu'on admire dans ce dernier ; mais les contes de Grécourt ont un libertinage animé, une gaieté brillante, souvent un naturel piquant. Ce sont les écrits qui le caractérisent davantage, et qui lui appartiennent le plus, qui blessent le plus l'honnêteté. Grécourt est partout un versificateur lâche, sans noblesse et sans correction. Ses chansons, qui terminent le second volume, ont les mêmes agrémens et les mêmes défauts que ses contes. C'est un libertin assis à table, le front couronné de pampre, qui laisse échapper des saillies heureuses, au milieu de tous les lieux communs, médiocres, auxquels il s'abandonne. Les pièces mêlées composent le troisième volume. D'abord paroissent des épigrammes sans esprit, des madrigaux sans goût, sans mollesse ingénieuse, nécessaire dans ce genre. Le quatrième tome n'appartient point à Grécourt; ce sont des pièces de divers auteurs.

HAGUENIER.

Ce poëte Bourguignon étoit un de ces hommes de table, qui font l'amusement et les délices d'un repas, par leurs saillies et leur facilité à produire de petites chansons agréables, qui animent le convive le plus distrait, et le forcent de prendre part à la joie qui retentit autour de lui. On a plusieurs chansons de cet auteur, qui se chantent souvent, et où règne la gaieté.

PANARD.

Les œuvres diverses de Panard commencent à la fin du troisième volume de son recueil; elles contiennent des chansons galantes et bachiques, des pièces anacréontiques, des fables, des allégories, des tableaux de la nature et de nos mœurs; des comparaisons et des maximes, des épigrammes et des madrigaux, des cantates, des bouquets, des étrennes, et des moralités qui sont les dernières productions de l'auteur. Il y a dans tous ces différens ouvrages, beaucoup de facilité, de naturel, de sentiment, d'esprit, de bon sens ; mais trop de négligence, de longueurs, de fautes contre la langue et la poésie.

M. Armand Gouffé a publié les œuvres choisies de Panard, en 3 vol. in-18.

MONCRIF.

Moncrif avoit un talent particulier qui le distingue, celui d'exprimer, sans effort et sans insipidité, cette galanterie qui sembloit caractériser notre nation dans les beaux jours de Louis XIV. Il n'est pas aisé de prêter des grâces durables à ces petites pièces de vers, qui souvent naissent et meurent au même instant dans le sein d'une société. Nous sommes inondés aujourd'hui d'ouvrages en ce genre ; mais peu d'auteurs ont su, comme Moncrif, y répandre cette juste dose d'agrémens, si difficile à saisir : les uns y versent à pleines mains du bel esprit qui fatigue, et que l'on pourroit comparer à ces vernis brillans, dont l'odeur porte à la tête ; les autres entassent les lieux communs, des images prétendues poétiques, qui ne sont que triviales, des complimens doucereux et fades ; au lieu que Moncrif, je le répète, possédoit l'heureux don de dire des choses flatteuses, avec cette finesse intéressante, qui rend l'éloge piquant. Cet auteur n'a pas moins réussi dans la romance, autre espèce de poésie, qui demande un art infini, caché sous un air de simplicité. Il est le premier qui nous ait fait connoître ce genre, et le seul qui, jusqu'à présent, en ait bien connu le caractère et le langage. Le rajeunissement de Titon suffiroit pour immortaliser son auteur, de même que ses chansons, que tout le monde sait par cœur.

On trouve les poésies de Moncrif dans ses *Œuvres Choisies*, 1801, 2 vol. in-18.

GRESSET.

Les poésies de Gresset respirent la paresse, le goût de la solitude et des plaisirs tranquilles. Ses badinages sont sans amertume : son Vert-Vert est le plus enjoué de tous ceux qui sont sortis de sa plume. Dans ses épîtres légères, on voit un poëte facile, qui orne la raison et qui égaye la morale. Des phrases plus courtes, des périodes mieux coupées, feroient mieux sentir l'air de facilité qu'ont presque toutes ses poésies.

M. Erhan a publié, en 1803, une jolie édition stéréotype *des Œuvres Choisies* de Gresset. L'année suivante, on a donné une édition de cet auteur, augmentée de pièces inédites, en 3 vol. in-18.

LE CARDINAL DE BERNIS.

Ce qui assure au cardinal de Bernis une gloire durable, c'est qu'il a su cacher sous des fleurs les préceptes de la morale la plus pure : son épître à M. le baron de Montmorency en est un exemple; elle est en même temps un témoignage bien estimable du respect de l'auteur pour tout ce qu'on doit respecter ; elle fait aimer la vertu, l'honneur, les lois, et surtout la précieuse simplicité des mœurs antiques. A l'exemple de l'illustre Rousseau, il a enrichi ses vers par un usage heureux et continuel de l'ancienne mythologie. Ses poésies respirent, en général, l'élégance, l'harmonie et la facilité. Aucun poëte ne paroît avoir mieux senti, que toute l'énergie des vers ne consiste précisément que dans l'art de peindre.

Le poëme des Quatre Saisons respire, en général, la délicatesse, les grâces, l'imagination la plus riante, la plus heureuse facilité, le coloris le plus séduisant. On ne peut que se plaindre de la multiplicité des tableaux entassés les uns sur les autres : cette profusion fatigue. L'auteur pouvoit ménager des repos, fondre et varier davantage ses peintures, y répandre plus d'intérêt et de précision, user avec plus de sobriété de ce qu'on appelle la vieille poésie, rendre ses épisodes plus piquans, et surtout éviter la monotonie d'en coudre un à la fin de chaque chant.

Didot l'aîné a donné une bonne édition des œuvres de cet auteur, 1797, in-8°. : il y a joint *la Religion vengée*.

FRÉDÉRIC II; ROI DE PRUSSE.

Les œuvres poétiques du roi de Prusse ressemblent à ces jardins étrangers, qui n'ont point encore acquis toute l'élégance des nôtres, mais qui l'emportent par leur utilité. On y trouve plus de fruits que de fleurs; et trop souvent nous préférons les fleurs aux fruits. Les odes qui ouvrent son recueil en forment, peut-être, la partie la plus négligée; il s'y trouve même des fautes contre les premières règles de la versification, et un esprit d'imitation trop marqué de notre célèbre Rousseau. Les cadres des épîtres ne sont pas toujours neufs; mais ils renferment des images toujours vraies : on y goûte le plaisir de contempler un roi, et un grand roi, qui met au-dessus même de la couronne, l'honneur d'être homme de lettres. Jusqu'à présent, quelques écrivains hardis avoient pu porter leur censure sur les cours des princes; mais on les croyoit peu sur leur parole; on regardoit leurs critiques comme des effets de la mauvaise humeur, de l'ignorance. Ici un monarque pèse son rang, démasque lui-même les courtisans, et en fait voir la petitesse, la flatterie, la bassesse. Quant aux contes, qui heureusement forment le plus petit nombre des pièces de ce recueil, il semble que la majesté royale n'ait descendu qu'avec répugnance, dans les détails qu'exige ce genre, le dernier de tous, si l'on n'y excelle comme La Fontaine. Mais, je le répète, c'est dans le poëme sur l'Art de la Guerre, que le génie du monarque se retrouve entièrement : on voit qu'il possède à fond sa matière, et qu'il n'est occupé que du soin de l'orner. C'est Corneille qui nous trace des règles sur la tragédie. Nous lui devons, en particulier, un tribut de reconnoissance; car c'est parmi les Français qu'il a puisé la plupart des exemples de courage et d'héroïsme qu'il fait passer en revue dans son poëme. Un autre motif de gratitude,

tude ; et qui intéresse toutes les nations, c'est que ces mêmes écrits ne respirent que l'humanité, l'amour de l'ordre et la gloire des lettres.

L'ABBÉ DE LATTAIGNANT.

Les pièces qui composent le recueil de ses poésies, lesquelles ont paru d'abord en deux volumes, sous le titre de *Pièces dérobées à un Ami*; ensuite en quatre, sous celui de *Poésies de M. l'Abbé de Lattaignant*, en 1751 et 1755, n'ont été faites, dans quelques sociétés particulières, que pour l'amusement d'un petit nombre de personnes qui en étoient elles-mêmes ou l'occasion ou le sujet. L'esprit, la légèreté, la finesse, le naturel, la naïveté, l'enjouement, tout flatte ici le goût le plus délicat. Nouvel Anacréon, l'abbé de Lattaignant a chanté le vin, l'amitié et l'amour ; ses vers sont les enfans du badinage ; Bacchus a été son Apollon ; la jeune Iris étoit sa Muse ; et une table environnée d'amis, son cabinet ou son Parnasse. Poëte et auteur, mais par un double prodige, poëte sans fiel, et auteur sans travail, jamais l'envie, la haine, l'animosité, la vengeance n'ont animé ses écrits ; et si ses vers sont le fruit de ses veilles, c'est qu'il veilloit avec les Plaisirs.

DESFORGES MAILLARD.

Cet auteur auroit pu nous donner ses poésies avec plus de choix et d'ordre ; il a certainement du génie, du naturel, de la vérité, de la chaleur, des connoissances, un caractère d'esprit et de style qui lui appartient; il est digne d'occuper une place sur notre Hélicon ; il l'auroit au sommet, s'il eut plus corrigé, s'il eut moins cédé à sa facilité, s'il eut, en un mot, plus consulté le goût, cet arbitre suprême de notre littérature. Comment, plein de la lecture des anciens, n'a-t-il pas saisi ce secret, cette magie qu'ils possédoient à un degré supérieur ?

MALFILATRE.

On ne connoissoit guère de Malfilâtre que son charmant poëme de *Narcisse*, qui avoit fait concevoir de hautes espérances sur le talent de ce jeune poëte, si cruellement trompées par une mort prématurée. On lit avec plaisir, dans le recueil de ses *œuvres*, que nous devons à M. Auger, trois odes qui furent couronnées, des fragmens d'une traduction en vers des Eglogues de Virgile, et surtout d'autres fragmens des Géorgiques de ce poëte, qui peuvent soutenir la comparaison avec les morceaux corrélatifs de la belle traduction de M. de Lille.

DESMAHIS.

Ses poésies légères égaleroient peut-être celles de Chapelle et de Chaulieu, si l'esprit n'y étouffoit trop souvent le sentiment. Ce défaut n'empêche pas qu'elles ne soient supérieures à tout ce qu'on a fait de son temps en ce genre, pourvu qu'on excepte les pièces fugitives de Voltaire, et une grande partie de celles de Gresset et du cardinal de Bernis. Il a surtout une tournure de pensée vive, naturelle et délicate. Sa versification est douce, harmonieuse et facile; sa poésie est pleine d'images et d'agrémens. Sa morale est utile sans être austère; un peu trop voluptueuse, sans être cependant libertine ; philosophique, et jamais hardie ni indécente. La meilleure édition des œuvres de cet auteur, est celle qui a été donnée par Tresséol, 1778, 2 vol. in-12.

SEDAINE.

Sedaine avoit de la facilité, de l'imagination, de la gaieté, tous les traits qui ornent le vrai talent. Son esprit part de son âme ; et son âme ne peut que lui faire beaucoup d'honneur : elle annonce un amour rigoureux pour la vérité, une haine contre tout ce qui peut blesser l'humanité, la saine raison ; en un mot, Sedaine peut être compté parmi nos poëtes agréables. On voudroit peut-être qu'il n'eût pas confondu quelquefois le naïf avec le bas. L'Epitre à son Habit, et ses Aveux poétiques, où il règne tant d'enjouement, pèchent du côté de cette noblesse, que la délicatesse française admet pour un des premiers principes du bon goût. Notre plaisanterie est si tendre, si légère ; c'est une fleur à laquelle le tact le moins appesanti enlève son velouté et sa fraîcheur. Il arrive aussi à Sedaine de ne pas toujours employer l'expression propre.

DORAT.

On a nommé Dorat l'Ovide moderne ; cette qualification me paroît juste à quelques égards : mais s'il a quelquefois saisi la manière brillante de son modèle, il ne s'est pas assez occupé d'en éviter les défauts ; sa facilité l'égare ; son imagination, toujours riante et gracieuse, lui représente souvent les mêmes objets; il se contente trop aisément de ses premières idées; et son coloris le trompe alors sur le fond même des pensées. Cet ingénieux auteur mourut à Paris, en 1780. Tant qu'il vécut, il partagea presque avec Voltaire, l'attention publique : son nom voloit de bouche en bouche. Aujourd'hui on parle à peine de lui : ne pourroit-il pas dire avec justice :

> . . . . Je n'ai mérité
> Ni cet excès d'honneur, ni cette indignité.

On peut attribuer cette contradiction apparente à deux causes principales : l'affectation trop marquée de plaire aux femmes, et la trop grande abondance de ses productions. Les femmes rendent la vie agréable, mais elles ne donnent pas l'immortalité; et un trop gros bagage n'arrive pas à la postérité. On doit savoir beaucoup de gré à M. Sautreau de Marsy, qui a pris la peine de réduire *les Œuvres choisies de Dorat* à trois petits volumes.

M. DE SAINT MARC.

On connoissoit plusieurs pièces fugitives de M. de Saint Marc, insérées dans divers recueils, et surtout son opéra d'Adèle, où il a représenté avec tant d'intérêt et de magnificence, la plupart des rites et des cérémonies de l'ancienne chevalerie : le succès de ces différens ouvrages a dû le déterminer à réunir toutes les poésies échappées à ses momens de loisir. Cette collection, dont la variété augmente encore le prix, est divisée en épîtres, en pièces anacréontiques et en contes. Chaque genre est traité avec l'esprit qui lui convient, avec la couleur qu'il exige. Une gaieté douce, une philosophie aimable, des portraits piquans de nos mœurs et de nos ridicules, se font remarquer dans les épîtres. Les pièces anacréontiques ont toutes les grâces et toute la mollesse du genre : quant aux contes, ils sont remplis de précision; et la liberté que permet cette sorte de poésie, ne dégénère jamais en licence; ce sont des traits rapides, qui font sourire l'esprit sans alarmer la pudeur, et se gravent dans la mémoire sans y laisser des traces dont la décence ait à rougir. La meilleure édition des œuvres de M. de Saint Marc est celle de 1785, 3 vol. in-8°.

RULHIÈRE.

On loue dans les poésies de Rulhière, cette élégance piquante et noble, qu'un esprit distingué donne toujours, même à ce qu'il n'achève pas : son poëme en quatre chants sur *les Jeux de Mains*, avoit mérité beaucoup d'éloges, et excité une vive curiosité. La crainte de déplaire à une princesse a, dit-on, empêché l'auteur de le faire imprimer; on suppose, mal à propos, qu'il n'en subsiste aucune copie : il sera soumis sous peu de temps au jugement du public. Le libraire Colnet a publié plusieurs contes de Rulhière en 1800, in-8°., à la suite du poëme sur *les Disputes* : Voltaire, lorsque cette dernière pièce parut, dit avec toute l'autorité de son âge, de ses talens, de ses succès : *lisez cela, c'est du bon temps*; il fit plus, il voulut qu'elle fût imprimée dans le recueil de ses propres ouvrages. Cette conduite de Voltaire suffit pour indiquer le caractère philosophique des pensées de Rulhière ; aussi fut-il un de ces écrivains qu'on a désignés par le nom de *Philosophes*, qui vouloient que les talens, le goût, le génie, fussent consacrés au progrès des lumières publiques, et ne connoissoient de littérature estimable, que celle qui s'étudioit à rendre aux vérités les plus utiles, leur éclat, leurs charmes et leur empire.

M. FRANÇOIS (DE NEUFCHATEAU).

Nous devons à ce poëte une foule de jolies pièces; il étoit à peine dans l'adolescence, qu'il se fit connoître par des vers charmans : malgré ses occupations importantes avant et depuis la révolution, il a toujours cultivé les muses. Tous les recueils de poésies qui ont paru depuis trente ans, renferment plus ou moins de ses pièces fugitives, qui annoncent toutes du talent et de la facilité. Si l'auteur vouloit prendre la peine de les réunir en un ou plusieurs volumes, cette collection pourroit se placer dans une bibliothèque choisie.

CHAMFORT.

Les poésies fugitives de Chamfort sont en petit nombre, mais variées; ce sont des épîtres morales ou badines, des contes, des fables, des épigrammes, des traductions de l'anthologie, et de Martial, etc. *L'humour* caractérise ces petits ouvrages; et l'on entend par ce mot, qui nous vient des Anglais,

une

une manière plus énergique que gracieuse, une gaieté vive, originale, mordante, enfant de la verve. On ne trouve point parmi les poésies de Chamfort, plusieurs imitations d'Anacréon, de Politien, de Strada, etc., ni une épître de Ninon sur les héros et les héroïnes de son siècle, ni un poëme sur la Fronde, qui devoit être notre Hudibras ; bagatelles ingénieuses, devenues sans doute la proie de ces modernes Omar, qui ont détruit tout ce qu'ils ont pu des monumens de l'esprit, quels qu'ils fussent, et à qui du moins nous devons d'insignes actions de grâces, pour n'avoir pas brûlé la Bibliothèque Impériale.

Un ami de Chamfort, M. Ginguené, recueillit et publia les œuvres de Chamfort, en 1796, 4 vol. in-8°. Cette édition étant épuisée depuis long-temps, l'imprimeur Fain l'a reproduite dernièrement avec des augmentations; elle ne forme cependant que deux forts volumes in-12.

FLORIAN.

Les œuvres de Florian sont assez volumineuses : cet auteur avoit la touche légère, facile, assez naturelle ; mais il avoit plutôt un crayon qu'un pinceau : ce sont des pastels.

qu'il offre à nos yeux; et l'on sait que cette sorte de peinture est aisée à s'effacer. Tel est le jugement des critiques impartiaux sur *les Mélanges de Poésies et de Littérature* de l'auteur de Galatée.

M. DE BOUFFLERS.

Les pièces charmantes, soit en prose, soit en vers, de M. de Boufflers, avoient couru partout, imprimées ou manuscrites. Dès 1781, un libraire de la Haye, nommé de Tune, en réunit la plus grande partie dans un recueil qui fut d'autant plus recherché, qu'il étoit impossible de trouver ailleurs plus d'esprit, de grâce et d'enjouement. Les Chaulieu et les Hamilton se sont fait une réputation immortelle. M. de Boufflers a tout leur esprit, avec plus de goût et moins de négligence. La meilleure édition de ses œuvres est celle de 1805, 2 vol. in-18; elle a été revue par lui-même, et l'on y trouve un grand nombre de pièces inédites.

M. DE PARNY.

M. de Parny mérite d'être distingué de la foule de nos prétendus successeurs d'Anacréon :

Petits auteurs honteux, qui font, malgré les gens,
Des bouquets, des chansons et des vers innocens.

Ils n'ont d'autre talent que de recueillir les rimes banales de toutes les pièces fugitives qui ont paru avant eux : cette misérable ressource, marque infaillible de la médiocrité, a été dédaignée par M. de Parny. On s'aperçoit que son goût n'a été formé que sur celui des anciens. Tibulle, Catulle, Properce, voilà les modèles qu'il a suivis; et dont il paroît s'être approprié les beautés, en homme qui les a vraiment senties. Comme eux, il ne s'attache qu'à peindre le sentiment avec les couleurs les plus simples et les plus touchantes, et puise presque toujours ses images dans son cœur. Nous avons indiqué précédemment la bonne édition des poésies de cet auteur.

M. DELILLE.

On voit avec plaisir dans les Poésies Diverses de ce célèbre poëte, 1805, in-8°. et in-12, l'épître sur *l'Utilité des Voyages*, une autre à M. Laurent, *la Satire sur le Luxe*, *l'Ode à la Bienfaisance*, et beaucoup d'autres morceaux dignes de l'auteur *des Jardins*, de *l'Imagination*, etc.

Le dithyrambe sur l'Immortalité de l'Ame ne contient point de nouvelle preuve de de cette base de la morale, mais on y trouve de beaux vers.

Le Passage du Mont Saint - Gothard, traduit de l'anglais, est un petit poëme de cent vingt vers. Ces deux opuscules ne peuvent rien ajouter, sans doute, à la réputation de l'auteur; mais ils ne sont pas indignes de lui; et l'on retrouve dans plusieurs passages son rare talent pour la versification.

M. DE SAINT-ANGE.

Il y a de la grâce et de l'esprit dans *les Mélanges de Poésies* de M. de Saint-Ange, Paris, 1802, in-8°.: on y reconnoît un maître qui a long-temps étudié et qui possède les secrets de son art.

M. ROUGET DELISLE.

Dans *des Essais en vers et en prose*, 1798, in-8°., M. Rouget Delisle se montre sous trois aspects intéressans pour les amis des arts, des lettres et de la liberté: musicien, il compose lui-même les airs de ses romances et de ses chansons; littérateur et poëte, il versifie avec grâce, et fixe dans des vers élégans et faciles les souvenirs galans de sa jeunesse; enfin, hommé libre et digne de chanter la liberté comme de la servir, il remet sous les yeux des amans de la patrie, ces heureux *chants guerriers* qui ont accompagné nos victoires.

M. ANDRIEUX.

La lecture de plusieurs pièces contenues dans *les Contes et Opuscules* de M. Andrieux, 1800, in-8°., a quelquefois égayé les séances publiques de l'Institut: elles ont rendu le même service aux lecteurs dans leur cabinet. C'est quelque chose de faire rire. Le style de M. Andrieux, dans les morceaux en vers de ce recueil, est différent de celui de Boileau dans ses épîtres; il se rapproche davantage de celui de Voltaire dans les siennes.

M. DE SÉGUR AÎNÉ.

Des poëtes qui ont une réputation dans le genre léger, les la Fare, les Pavillon, etc., n'ont pas fait mieux que M. de Ségur l'aîné, dans ses *contes, fables, chansons et vers*, 1800, in-8°. M. de Ségur a surtout un mérite de plus; c'est celui de la pensée, de la philosophie. La plupart de ses fables offrent un sens moral, profond, et quelquefois hardi pour le temps et les lieux où elles ont été composées.

Sa muse excelle dans les chansons; plusieurs de celles qu'on trouve dans son recueil, sont depuis long-temps connues et souvent chantées : leur vogue suffit à leur éloge.

M. LEGOUVÉ.

La neuvième édition du poëme du *Mérite des Femmes*, prouve que ce charmant ouvrage a pris, parmi les meilleures productions de ce siècle, une place dont rien ne le fera descendre. On sait qu'il fut accueilli avec enthousiasme ; que pour la grâce et la délicatesse, on le jugea digne du sexe qui l'avoit inspiré; et qu'enfin, si les femmes, par un mouvement de reconnoissance, où la vanité pouvoit entrer pour quelque chose, durent se déclarer en faveur de celui qui les avoit représentées sous d'aussi aimables traits, les hommes, juges sévères du peintre et de ses modèles, ne purent s'empêcher d'applaudir à la fidélité et aux charmes de l'image.

Ce poëme est suivi de notes intéressantes sur le courage des femmes pendant la révolution ; on trouve ensuite plusieurs poëmes, *les Souvenirs*, *la Sépulture*, *la Mélancolie*, et des vers *aux Mânes de Demoustier*. Peut-être que pour la beauté des idées et celle de la versification, le poëme des Souvenirs est préférable aux autres: le poëme de *la Sépulture* et celui de *la Mélancolie* offrent également de grandes beautés.

M. PARCEVAL-GRAND-MAISON.

M. Parceval-Grand-Maison s'est occupé à traduire en vers français, les divers épisodes que les plus fameux poëtes épiques ont composés sur l'amour. La forme des *Amours Epiques*, c'est-à-dire, la manière dont sont liés entr'eux ces épisodes, est extrêmement simple. Le poëte-traducteur établit, d'après l'autorité de Virgile, que les morts, habitans de l'Elysée, ont conservé dans ce séjour les goûts qu'ils avoient de leur vivant sur la terre, et qu'ils s'y livrent aux mêmes occupations : les uns luttent, les autres conduisent des chars; ceux-ci chantent, ceux-là dansent. Les ombres d'Homère, de Virgile, du Tasse, de l'Arioste, de Milton et du Camoëns, s'amusent à faire et à dire des vers. Un jour il leur prend envie de réciter ceux qu'ils ont composés là-haut sur l'Amour. Chacun déclame à son tour ; Homère chante la mort d'Hector.

Les Amours traduits par M. Parceval-Grand-Maison, sont ceux d'Enée et de Didon, de Renaud et d'Armide, de Médor et d'Angélique, d'Adam et d'Eve ; enfin, de Thétis et de Vasco. Aux préambules près de ses chants, M. Parceval-Grand-Maison n'a fait que traduire fidèlement ces morceaux, qui sont dans la mémoire de tous les amis des lettres. Son style paroît propre à l'expression des sentimens touchans et pathétiques. Il ne réussit guère moins à rendre les images nobles ou gracieuses, les descriptions terribles ou riantes, dont les auteurs originaux ont si souvent embelli leurs poëmes.

MADAME DE LA FÉRANDIÈRE.

Le recueil des poésies de cette dame, parut en 1806, 2 vol. in-12, sous le titre d'*Œuvres de Madame de la Fér*....Quelques-unes de ses pièces, agréables et légères, connues dans la société, et de là tranportées dans quelques recueils périodiques, y furent remarquées par les censeurs les plus sévères. La Harpe cite en entier dans le treizième volume *du Cours de Littérature*, une très-jolie chanson, et dans *sa Correspondance Littéraire*, une très-jolie romance de cette dame. Quelques fables échappées aussi au porte-feuille de madame de la Fér..., ne furent pas moins

remarquées

remarquées que ses chansons et ses romances. Il faut que ces fables aient bien du mérite ; car elles ont été louées, dans ces derniers temps, par des journalistes, en général très-prévenus contre les nouvelles fables.

M. DUAULT.

Les vers de M. Duault, rassemblés dans un volume petit in-12, publié en 1803, confirment l'espérance que les amis de la poésie en avoient conçue, lorsqu'ils les avoient vus séparément dans différens recueils et ouvrages périodiques.

Ces poésies sont divisées en deux parties : la première, intitulée *Athénaïde* ou *les Amours*, est elle-même partagée en trois livres ; la seconde contient *les Quatre Saisons* et des pièces diverses. Dans tout cela, on aperçoit ce qui seul peut donner de la nouveauté à des sujets traités tant de fois ; c'est que l'imagination du poëte n'en a pas seule fait les frais, et qu'il ne s'essaye à peindre que ce qu'il a véritablement senti.

M. MILLEVOYE.

M. Millevoye a un talent très-réel ; sa manière est franche et correcte ; point de néologisme ; point d'afféterie, point de niaiserie sentimentale ; point de ces idées forcées qu'on prend pour des idées fortes ; en un mot, M. Millevoye est de la bonne école, et l'on voit qu'il a formé son style et sa versification sur ceux de nos plus grands maîtres.

On trouve dans *l'Amour Maternel*, de la grâce dans les peintures, de la chaleur dans les narrations épisodiques, une douce sensibilité dans l'expression des sentimens : l'amour filial y éclate, tout en célébrant l'amour maternel.

On reconnoît dans *la Satire des Romans du Jour*, la légèreté et les charmes de la versification qui distinguent les premiers essais qui ont mérité à l'auteur l'approbation du public éclairé.

Le discours sur l'indépendance de l'homme de lettres, et le poëme du *Voyageur*, couronnés par l'Institut, prouvent que le talent de M. Millevoye se perfectionne tous les jours.

M. DE FRENILLY.

Cet auteur, aussi favorisé des dons de la fortune que de ceux de l'esprit, a publié, sous le voile de l'anonime, en mai 1807, le volume in-8°. intitulé : *Poésies*. Sa manière est large, sa touche vigoureuse et fièrement prononcée ; tout caractérise en lui la bonne école ; et il ne laisseroit rien à désirer, si la correction du dessein, l'harmonie constante des couleurs, et la pureté de l'expression répondoient au reste. Tout ce que *les Satires* et *les Epîtres* offrent de répréhensible, sont de ces fautes que l'on corrige d'autant plus aisément, que le fonds est bon par lui-même, et que ces différens poëmes ont essentiellement le mérite du genre auquel il appartient. Nous oserions conseiller à l'auteur la suppression totale de ses *élégies*. Ce qu'il y a de plus opposé au style et au caractère propre de l'élégie, est précisément ce qui domine dans celles dont il s'agit. M. de Frenilly est capable de réussir dans tout ce qui n'exigera que de la force et de la raison ; mais il doit abandonner le genre tendre et gracieux, qui n'est pas, qui ne peut devenir le sien.

§ XI. RECUEILS DE POÉSIES.

Fabliaux.

Le comte de Caylus, dont on a connu le goût, l'esprit, et les lumières, a le premier tiré de l'oubli nos anciens contes ou fabliaux, ensevelis dans de vieux manuscrits, que conservent encore quelques bibliothèques. Dans un mémoire qu'il lut à l'Académie des Inscriptions, dont il s'est toujours montré un des membres les plus laborieux, il fit voir l'origine, la nature, les propriétés de ce genre d'ouvrage, et en donna des extraits agréables et amusans qui ranimèrent l'attention des gens de lettres sur ces vieilles poésies. Barbasan, qu'un goût particulier et une longue étude des antiquités de notre langue, avoient familiarisé avec ces sortes de productions, a saisi cet instant favorable pour donner au public trois volumes de ces contes anciens, dont plusieurs, au langage près, pourroient encore faire honneur à nos meilleurs poëtes. Sinner a aussi fait imprimer à Lausanne, un recueil in-12 des extraits de quelques poésies des XII, XIII et XIVe. siècles, tirées des anciens manuscrits de la bibliothèque de Berne.

Le plus complet des ouvrages qu'on nous a donnés dans ce genre, est, sans contredit, celui de le Grand d'Aussy, qui a pour titre : *Fabliaux ou Contes* du XIIe et XIIIe siècle, 1779 ; 1781, 4 vol. in-8°., et 1782, 5 vol. in-18. Il règne dans ce recueil une variété qui en augmente encore le charme et l'agrément ; excepté une douzaine de contes qui n'ont rien d'assez piquant, ou qui se ressemblent trop, tout le reste se fait lire avec le plus grand plaisir. L'éditeur y a joint des remarques écrites avec beaucoup de goût et de précision, où il nous donne des éclaircissemens fort curieux sur les coutumes de nos ancêtres.

Annales Poétiques.

On vit paroître en 1778, le premier volume des *Annales Poétiques* ou de *l'Almanach des Muses, depuis l'origine de la poésie française.* Les auteurs méritent la reconnoissance du public, et pour l'entreprise qu'ils ont conçue, et pour la manière dont ils l'ont exécutée. Rien de plus satisfaisant pour les amateurs de notre poésie, que de voir de siècle en siècle sa naissance et ses progrès. C'étoit donc rendre un véritable service aux lettres, que de fouiller nos anciennes mines poétiques et d'en exposer les richesses à nos yeux. Un précis historique fait connoître chaque auteur dont on lit les vers. Ces vies sont très-bien faites, semées d'anecdotes piquantes, et écrites d'un style pur et correct. *Les Annales Poétiques* forment 40 vol. petit in-12 ; le dernier parut en 1788. On est redevable de cette intéressante collection, à M. Sautreau de Marsy et à feu Imbert.

Parnasse Chrétien.

C'est le titre d'un recueil, en deux parties in-12, de différentes pièces de poésie française, et de divers auteurs, sur des sujets de morale et de religion. Le but du compilateur a été d'en former un cours de théologie poétique et chrétienne : pour y parvenir, il n'a eu besoin que d'arranger ces différens morceaux, selon l'ordre des matières. Le P. Chabaud, de l'Oratoire, qui a rassemblé les richesses poétiques qui composent ce pieux trésor, les a prises dans tous les ordres de la société, sans distinction d'âge, de sexe, de façon de penser, etc., etc. On voit, au Parnasse Chrétien, le jésuite à côté du père de l'Oratoire ; un religieux à côté d'une jolie femme ; un homme du monde avec un homme de collége ; un comédien avec un abbé, et le Franc à côté de Voltaire. Il résulte de ce singulier assortiment, une collection nécessairement variée, et par-là même assez agréable.

M. Lablée a publié, en 1806, un *nouveau Parnasse Chrétien*, qui peut tenir lieu du précédent.

Trésor du Parnasse.

Le Trésor du Parnasse, ou le plus joli des recueils, est formé de plusieurs petits volumes, chacun d'environ 325 pages, très-élégamment imprimés. On y a rassemblé plusieurs pièces de vers fugitives de nos poètes modernes. Il seroit à souhaiter que le goût eût présidé à la collection avec autant de soin, qu'à la partie typographique. A côté des noms de Rousseau, Voltaire, Piron, Saint-Lambert, Bernard, Colardeau, Dorat, Robé, Favart, etc., on lit ceux de Linant, du Radier, etc. On voudroit encore que l'éditeur se fût borné à un genre de poésie ; qu'il se fût contenté de recueillir ces bagatelles brillantes et légères, qui sont les fleurs du Parnasse. On voit avec peine, parmi des morceaux faits pour amuser, des odes sur la Guerre, sur la Foudre, sur la Passion du Jeu, etc. Il ne falloit pas non plus nous redonner le poëme des Cerises renversées, de mademoiselle Chéron, qui, depuis le Vert-Vert, a perdu le peu de mérite qu'il pouvoit avoir usurpé. Les épigrammes du grand Rousseau sont dans la bouche de tout le monde ; et l'on ne s'attendoit pas à les revoir dans ce recueil.

Porte-Feuille d'un Homme de Goût.

On voudroit trouver dans deux ou trois volumes, tout au plus, les morceaux les plus exquis de nos meilleurs poëtes dans le genre des pièces fugitives et légères, sans aucun mélange de pièces médiocres; et c'est le but que l'abbé de la Porte s'est proposé en rassemblant, dans trois tomes seulement, tout ce que notre Parnasse a produit de plus parfait en ce genre, depuis Marot jusqu'à l'année 1786. Il a voulu donner aux gens de goût un Porte-Feuille choisi, où se trouvassent réunis tous les morceaux de poésie fugitive, que la postérité et les connoisseurs ont marqués du sceau de l'immortalité; et l'on ne craint point d'assurer qu'aucun recueil ne présente un si grand nombre de ces sortes de pièces.

Almanach

Almanach des Muses.

C'est le titre d'une brochure annuelle, où l'on recueille, depuis l'année 1765, une partie des vers bons ou mauvais, qui ont paru, ou qui n'ont pas paru dans l'année; et le tout s'appelle Choix de Poésies Fugitives; cependant il s'en faut que ce choix soit toujours heureux. Il y a quelques morceaux très-jolis, beaucoup de très-médiocres, et beaucoup de mauvais. Ce recueil paroit fait surtout pour les départemens, où l'on est avide des productions de la capitale.

L'année 1807 a formé le 44me. vol. de cette collection, qui est due en ; grande partie, au zèle éclairé de M. Sautreau de Marsy.

Almanach Littéraire, ou Etrennes d'Appollon.

Cet almanach naquit peu de temps après celui des Muses. D'Aquin de Chateau-Lion le rédigea pendant vingt ans avec quelque succès. Lucas de Rochemont fut son continuateur; il est mort, et ce recueil est passé entre les mains de M. Guillaume, propriétaire des œuvres et des manuscrits de Florian. Ce dernier titre ne lui a pas été inutile en 1805, car cette année renferme huit morceaux de Florian.

Petite Encyclopédie Poétique.

Les éditeurs de cette nouvelle collection ont rendu un véritable service aux littérateurs et aux amis des lettres. Il est agréable de posséder réunis en treize volumes d'un format portatif, les poésies les plus marquantes des auteurs distingués, depuis Marot jusqu'à nous. Les poëtes, surtout, trouveront cet ouvrage extrêmement favorable à leurs travaux ; ils pourront choisir tour à tour le volume analogue au sujet qu'ils traitent, et y puiser une heureuse inspiration. Ce recueil a sur toutes les compilations, l'avantage d'une classification juste et satisfaisante. Chaque volume est précédé d'une notice de peu d'étendue sur le genre qu'il contient ; quelques-unes de ces notices paroissent avoir été faites avec précipitation.

L'ouvrage est complété de la manière la plus intéressante, par un petit Dictionnaire raisonné des Poëtes Français morts depuis 1050 jusqu'en 1804; par un Dictionnaire des Rimes, précédé d'un précis, très-bien fait, des règles de la versification française, et suivi d'un Essai, bien mieux fait encore, sur la langue poétique, par M. Philipon de la Madelaine, qui, au talent de faire de jolis vers, joint le mérite de composer des ouvrages utiles. On peut seulement lui reprocher d'avoir inséré dans le Dictionnaire des Poëtes Français, plusieurs des inexactitudes dont fourmille la nouvelle édition du Dictionnaire Historique, rédigée par M. Delandine.

Les Quatre Saisons du Parnasse.

Depuis le printemps de l'année 1805, M. Fayolle publie un recueil très-varié et très-agréable, sous le titre des *Quatre Saisons du Parnasse*, ou *Choix de Poésies légères, depuis le commencement du dix-neuvième siècle;* avec des notices des principaux ouvrages de poésie, romans et pièces de théâtre.

Le neuvième volume de cette collection a paru au printemps de l'année 1807. On y lit avec plaisir des poésies fugitives de plusieurs auteurs qui n'ont pas encore été nommés dans notre ouvrage ; tels sont, entr'autres, MM. Amalric, le Bailly, Chenier, Daru, Deguerle, Favre, Fayolle, Ginguené, Lablée, Pons de Verdun, Tissot, Vigée, de Wailly.

On regrette que les pièces de M. Lefevre, secrétaire général du trésor public, aient échappé aux recherches de l'éditeur.

CHAPITRE II.

ÉCRITS SUR LA POÉSIE FRANÇAISE.

§ Ier. OUVRAGES POÉTIQUES.

MERVESIN.

Il ne faut pas remonter plus haut que le commencement du dix-huitième siècle, si l'on veut trouver quelque chose de raisonnable sur l'histoire de notre poésie. Ce fut en 1706 que l'abbé Mervesin, de l'ordre de Cluny, publia son Histoire de la Poésie Française, in-12. Ce livre ne peut être considéré que comme un essai : il y a des digressions sur les poëtes Hébreux, Grecs, Romains, sur les Bardes, sur les Druides ; digressions très-inutiles et assez insipides. Ce que l'auteur dit ensuite des Troubadours, n'est ni assez recherché, ni assez exact. Enfin, lorsqu'il entre en matière, il bronche très-souvent ; et ses erreurs sont quelquefois très-grossières.

L'ABBÉ MASSIEU.

Cet ouvrage étant fort imparfait, l'abbé Massieu crut pouvoir en entreprendre un autre sous le même titre : il parut après sa mort, en 1739, in-12. Ce livre est agréable par le choix avec lequel l'auteur emploie ce que plusieurs historiens ont écrit sur notre poésie, ainsi que par l'élégante simplicité du style. Mais ce qu'il dit des progrès de la poésie et du langage, n'est pas assez développé. Il laisse trop à faire aux lecteurs, pour démêler les différens degrés de ce progrès : il est tombé d'ailleurs dans plusieurs inexactitudes.

L'ABBÉ GOUJET.

L'abbé Goujet les a évitées dans les dix derniers volumes de sa Bibliothèque Française, qui roulent entièrement sur l'histoire de nos poëtes. L'abbé Massieu ne s'étoit pas assez étendu ; l'abbé Goujet est tombé dans un défaut tout contraire. Le public fut dégoûté des détails ennuyeux qu'un pareil plan entraînoit. L'auteur en est resté à Scarron. S'il avoit conduit son ouvrage jusqu'à Voltaire, il est à croire qu'il lui auroit fallu, pour les seuls poëtes Français, plus de trente volumes. Il est d'autant plus fâcheux que l'abbé Goujet n'ait pas su se borner, qu'il étoit très-capable de faire des recherches profondes, et qu'il étoit aussi exact que laborieux. Il a rectifié un assez grand nombre d'erreurs échappées à d'autres écrivains, mais sans s'écarter de la modération qui faisoit son caractère.

FONTENELLE.

L'histoire des poëtes dramatiques forme la plus intéressante partie de l'histoire de la poésie française. Fontenelle est le premier qui s'en soit occupé *ex professo*. Son *Histoire du Théâtre Français*, est un des plus agréables morceaux de cet ingénieux académicien. Ses recherches sont curieuses; ses réflexions judicieuses, ses anecdotes bien choisies, et le style a ces grâces fines et piquantes, qui brillent dans tout ce qui est sorti de la plume de cet illustre centenaire.

M. Philipon de la Madelaine a placé une *Histoire abrégée de la Poésie Française*, en tête de son Dictionnaire portatif des Poëtes Français, dont nous avons parlé précédemment.

LES FRÈRES PARFAIT.

Les Frères Parfait donnèrent successivement, à dater de 1734, quinze volumes, sous le titre d'Histoire du Théâtre Français. Ces auteurs méritent, sans doute, des louanges pour avoir cultivé un champ qui avoit été jusqu'à eux presque inculte. Ils donnent suivant l'ordre des temps, les vies des plus célèbres poëtes dramatiques, des extraits exacts et un catalogue raisonné de leurs pièces, accompagnés de notes. On voit qu'ils possédoient parfaitement leur matière, et qu'ils n'ont rien négligé pour faire des recherches curieuses et exactes. Quant au style, il pourroit avoir plus d'élégance et d'agrément.

MAUPOINT.

En 1733, un an avant que les frères Parfait publiassent le premier volume de leur histoire, Maupoint avoit mis au jour la Bibliothèque des Théâtres, ou Catalogue alphabétique des pièces dramatiques. Ce livre, orné de diverses anecdotes sur les auteurs, fut bien reçu, malgré les fréquentes erreurs qu'on y trouve.

BEAUCHAMPS.

Les recherches sur les théâtres de France, depuis 1161 jusqu'à présent, par Beauchamps, à Paris, 1735, in-4°., peuvent être très-utiles à ceux qui aiment ce genre de littérature. L'auteur écrit agréablement; et il sème ses anecdotes de divers morceaux de poésie, qui montrent communément une muse facile.

D'AIGUEBERRE ET LÉRIS.

Nous avons deux Dictionnaires des Théâtres : l'un, par les Frères Parfait et d'Aigueberre, 1756, 7 volumes in-12 ; a eu peu de succès, parce qu'il y a beaucoup plus de choses ennuyeuses, que de traits curieux ; l'autre, par M. de Léris, 1763, in-8°., est mieux fait ; et chaque article est renfermé dans les bornes convenables.

DUREY DE NOINVILLE.

On a donné deux éditions d'une Histoire de l'Académie Royale de Musique, par le président de Noinville, toutes deux in-8°., en 1752 et 1757. On y voit l'origine de ce spectacle, avec la vie de Jean-Baptiste Lully, cet excellent musicien, que l'on peut regarder comme le père et le créateur de l'Opéra Français : on y a joint l'abrégé de la Vie des Poëtes et des Musiciens qui ont travaillé pour l'Académie Royale de Musique, avec le catalogue de leurs ouvrages ; les particularités de la vie de quelques acteurs et actrices qui sont morts, où l'on trouve plusieurs anecdotes
concernant

concernant l'Opéra ; et pour donner une entière connoissance de ce spectacle, on a rapporté les noms de tous les acteurs chantans et dansans depuis l'année 1660 jusqu'à 1757, avec ceux des directeurs et inspecteurs, et les ordonnances, arrêts, règlemens et priviléges concernant l'Académie Royale de Musique, depuis son établissement, avec deux catalogues, l'un chronologique, l'autre alphabétique, de tous les opéras qui ont été représentés, et repris à la cour et à Paris.

DES BOULMIERS.

A ces deux dictionnaires, on peut joindre l'Histoire anecdotique et raisonnée du Théâtre Italien, depuis son établissement en France, jusqu'en 1769, en 7 volumes in-12. Ce livre contient les analises des principales pièces, et un catalogue de toutes celles qui ont été données sur ce théâtre, avec les anecdotes les plus curieuses et les traits les plus intéressans de la vie des auteurs et des acteurs. Il est écrit avec liberté, avec gaieté ; mais avec trop de prolixité et de négligence.

L'Histoire du Théâtre de l'Opéra Comique, publiée en 1769, en deux volumes in-12, est de la même main que la précédente. Mais l'auteur, feu des-Boulmiers, s'étant plus resserré, a traité son sujet avec plus de sécheresse.

M. CLÉMENT, L'ABBÉ DE LA PORTE ET CHAMFORT.

Ce n'est pas assez que nous ayions l'Histoire de l'Opéra Comique, nous avons encore celle des autres spectacles de la Foire ; mais tous ces ouvrages n'ont rien qu'on puisse comparer à deux dictionnaires, qui renferment chacun trois volumes in-8°., dont l'un a été imprimé en 1775, sous le titre d'*Anecdotes Dramatiques*, par M. Clément et l'abbé de la Porte ; et l'autre en 1776, sous celui de *Dictionnaire Dramatique*, par l'abbé de la Porte et Chamfort.

L'idée du recueil d'anecdotes sur le théâtre, avoit été fournie par Piron, qui en savoit un grand nombre, et qui lui-même étoit l'auteur de plusieurs bons mots et traits plaisans sur différentes pièces qu'il avoit vu jouer.

Les amateurs du théâtre y trouveront, 1°. le titre de toutes nos pièces de théâtre, depuis l'origine des spectacles en France, jusqu'à l'impression de ce dictionnaire : comédies françaises, opéras, comédies italiennes, opéras comiques, on a tout rassemblé ; 2°. les pièces qui ont été jouées sans être imprimées, ou qui ont été imprimées sans être jouées, avec les dates de leurs représentations ou de leur impression, et le nom de leurs auteurs ; 3°. l'histoire de la plus grande partie de ces pièces, dès qu'elle est intéressante et qu'elle peut contribuer à mettre au fait de certains événemens publics ou particuliers de l'histoire littéraire du temps, et de ce qui concerne les auteurs, les acteurs et même les spectateurs ; 4°. les bons mots, les plaisanteries, les vers, les épigrammes, les chansons que ces pièces ont pu fournir, soit à la représentation, soit après l'impression, ce qui ne fait pas la moindre partie ni la moins piquante de ce recueil ; enfin, on y trouve des anecdotes des théâtres anciens ou étrangers, autant qu'on en a pu recueillir ; et tout cela forme un tableau général des spectacles de toutes nations, tant anciennes que modernes.

Le second ouvrage dont nous avons à parler, est le Dictionnaire Dramatique, où l'on ajoute à l'annonce de chaque pièce, une analise raisonnée et une critique de ces mêmes pièces. C'est en quoi ce nouveau Dictionnaire Dramatique se distingue d'abord des autres dictionnaires qui l'ont précédé ; il a fallu sans doute beaucoup de lecture, de goût et de précision, pour réduire dans très-peu de lignes, les caractères, l'intrigue ou la fable d'une pièce souvent très-compliquée, et la présenter de manière que le lecteur puisse juger du mérite ou de la foiblesse du drame. Il est vrai que les rédacteurs du Dictionnaire ont quelquefois remplacé, par de simples réflexions, ce qui dans le plan réduit, auroit demandé trop de détail.

LE CHEVALIER DE MOUHY.

Ce trop fécond auteur publia, en 1751, des *Tablettes Dramatiques*, en un vol. in-8°., qui eurent assez de succès. Il donna une nouvelle édition de cet ouvrage, sous le titre d'*Abrégé de l'Histoire du Théâtre Français, depuis son origine jusqu'au premier juin de l'année 1780*, Paris, 1780, 3 vol. in-8°.

On trouve dans le premier volume, un dictionnaire de toutes les pièces de théâtre jouées et imprimées ; le deuxième contient le dictionnaire des auteurs dramatiques, et celui des acteurs et actrices ; le troisième volume est composé de l'Abrégé de l'Histoire du Théâtre Français : cet ouvrage est mal écrit et peu exact : on est cependant forcé de le consulter, parce qu'il n'en existe pas de plus complet dans son genre.

MM. ETIENNE ET MARTAINVILLE.

L'Histoire du Théâtre Français pendant la révolution, étoit de nature à exciter un vif intérêt, à cause de l'influence que cette révolution a exercée sur un art qui fait les délices et la gloire de la France. L'ouvrage publié par MM. Etienne et Martainville, 1802, 4 petits volumes in-12, remplit, jusqu'à un certain point, le but qu'ils se sont proposé. On doit leur savoir gré d'avoir rendu hommage aux talens et au courage de beaucoup d'acteurs qui, persécutés, emprisonnés, dispersés, ont lutté contre le vandalisme, et ont conservé le feu sacré qui brûle sur les autels de Thalie et de Melpomène.

TITON DU TILLET.

On sait que ce célèbre amateur des arts éleva un monument en bronze à la gloire des poëtes et des musiciens Français. Ce Parnasse est représenté par une montagne d'une belle forme et un peu escarpée. Louis XIV, couronné de laurier, une lyre à la main, y paroit sous la figure d'Apollon. On voit sur une terrasse, au-dessous d'Apollon, les trois Grâces représentées par madame de la Suze, madame Deshoulières, et mademoiselle de Scudéry. Huit poëtes célèbres du siècle de Louis XIV occupent une autre terrasse qui règne autour de la montagne. Viennent ensuite des génies, qui portent des médaillons représentant divers poëtes et musiciens. L'auteur de ce monument en a donné une description in-fol., dans laquelle il a fait entrer la vie des hommes illustres, à la mémoire desquels il l'a consacré. Elle a paru sous le titre de Parnasse Français, à Paris, en 1732; et l'auteur a publié ensuite divers supplémens, qui n'ont pas été à l'abri de toute critique. Titon du Tillet a placé sur son Parnasse des poëtes médiocres; mais en blâmant, à quelques égards, le goût de l'auteur, on ne peut que louer sa belle âme. La postérité le mettra au nombre de ces citoyens généreux, qui, malgré une fortune bornée, ont plus honoré et encouragé les lettres, que plusieurs souverains. Il n'est donc pas étonnant qu'il ait publié, après l'impression de son Parnasse, ses Essais sur les honneurs accordés aux Savans. Cet ouvrage, imprimé à Paris, 1734, in-12, est curieux; c'est, pour ainsi dire, un abrégé de l'Histoire de la Littérature de tous les pays. Il auroit pu néanmoins retrancher plusieurs traits éloignés de son sujet ; les faits nécessaires en auroient été plus liés. A l'égard du style, l'auteur paroît trop indifférent pour les transitions heureuses et pour la variété des expressions.

§ II. OUVRAGES DIDACTIQUES

Sur différens genres de Poésie.

C'est un principe établi, que nous avons, dans chaque art, plus de préceptes que d'exemples. Les hommes ont plus de passion pour enseigner, que de talent pour exécuter. Ainsi plusieurs écrivains, incapables de faire deux vers, et de composer une harangue, nous ont accablés de traités sur la poésie et sur l'éloquence. Il y auroit donc de la folie à faire passer en revue tous ces ouvrages calqués les uns sur les autres, et qui, pour la plupart, ne sont que des compilations de règles triviales, faites par des écrivains très-médiocres.

ARISTOTE.

On nous blâmeroit cependant, de ne pas faire connoître ceux qui méritent réellement d'être connus. Parmi les anciens, Aristote, philosophe et littérateur, instruisit les poëtes, après avoir donné des leçons aux rhéteurs. Sa Poétique, traduite par Dacier, 1692, in-4°., et par l'abbé Batteux, 1771, 2 vol. in-12, contient les règles les plus exactes pour juger du poëme héroïque et des pièces de théâtre. Ce livre a été le fondement de tous ceux qu'on a publiés depuis sur la même matière.

L'Art Poétique d'Horace est l'élixir des réflexions d'Aristote ; nous avons fait connoître ce poëme, en parlant des poëtes didactiques.

RAPIN ET BUFFIER.

Le Père Rapin, le Père Buffier et d'autres jésuites, ont donné des réflexions sur la Poétique ; mais elles sont fort négligées aujourd'hui, quoiqu'elles ne soient point sans mérite. On a fait mieux qu'eux, de nos jours; et on a écrit plus agréablement.

L'ABBÉ DU BOS.

Les réflexions sur la poésie et la peinture, en 3 volumes in-12, par l'abbé du Bos, ont eu beaucoup de lecteurs. Les savans se sont un peu refroidis, depuis quelque temps, pour cet ouvrage. Dorat dit de l'auteur, qu'il discute

longuement

longuement tous les objets; qu'il est ennuyeux par chapitres; que Saint Cyprien, Saint Justin le martyr, l'hérétique Tertullien, etc., sont mis à contribution par lui, pour appuyer des choses qui n'ont pas besoin d'autorité. Il est certain que l'abbé du Bos est trop diffus; mais ce défaut ne doit pas empêcher de reconnoître qu'il a eu des vues nouvelles sur bien des objets; et ses réflexions sont encore très-utiles.

MALLET.

Les Principes pour la lecture des poëtes, de l'abbé Mallet, sont le pendant de ses Principes pour la lecture des orateurs. L'auteur étoit un homme éclairé et philosophe.

ROLLIN.

Il y a dans le Traité des Etudes de Rollin beaucoup de choses relatives à la poésie. Mais cet auteur, abondant en belles paroles, est stérile en réflexions profondes; d'ailleurs il manque d'ordre.

L'ABBÉ BATTEUX.

Vous trouverez plus de logique, plus de détails, plus de véritable instruction dans le

Cours de Belles-Lettres en cinq volumes in-12, par l'abbé Batteux. Cet ouvrage embrasse les belles-lettres françaises, latines et grecques; et pour former plus sûrement le goût des jeunes gens, l'auteur fait la comparaison des pièces de même genre dans les trois langues. Il commence par établir des principes clairs sur chaque genre de littérature ; ensuite il inculque ces principes par une application suivie à des exemples sensibles. A la tête de l'ouvrage, on trouve le Traité des Beaux-Arts, réduits à un même principe, qui est l'imitation de la belle nature : mais qu'est-ce que la belle nature? c'est ce que l'abbé Batteux n'a point assez expliqué. La diction de tout l'ouvrage est digne d'un académicien, pure et concise, mais moins élégante, moins coulante, moins douce que celle de Rollin ; et il règne dans le style un certain ton métaphysique, qui y répand un peu de sécheresse.

L'ABBÉ JOANNET.

Les Elémens de Poésie Française, par l'abbé Joannet, en trois volumes in-12, petit format, imprimés en 1752, nous paroissent le traité le plus complet, le mieux raisonné, le plus philosophique, et en même temps le plus intéressant, le plus agréable, et par conséquent le plus utile qui ait été fait sur cette matière. Il est vrai qu'il a beaucoup profité de ceux qui l'ont précédé. Les maîtres les plus éclairés, les poëtes les plus généralement estimés, lui ont fourni les idées qui peuvent servir de préceptes, et les exemples qui en prouvent la solidité. Le Mécanisme du vers par le Père Buffier, l'ouvrage du Père du Cerceau sur les transpositions, les réflexions de l'abbé du Bos, celles de Rémond de Saint-Mard sur la poésie, la Manière de bien Penser du Père Bouhours, l'Art Poétique de Boileau, et quelques autres ouvrages d'auteurs distingués par un mérite au-dessus de toute critique, sont les sources où il a puisé les règles qu'on trouvera dans ce Traité.

Il fait connoître d'abord, au poëte qu'il veut former, quelle est la nature du vers, les lois auxquelles il est assujetti, et ce qui en fait les beautés et les défauts. Quand il a instruit son disciple de ces premières règles, il le fait entrer dans une carrière plus noble; il lui apprend à penser, à feindre, à enfanter des idées, et à produire une suite de vers propres à faire partie de quelque espèce de poésie ; enfin, il lui explique la nature et les règles des diverses sortes d'ouvrages, dans lesquels ces vers peuvent entrer. Le lecteur s'aperçoit donc tout d'un coup, que ce Traité doit être divisé en trois parties : que la première renferme le mécanisme des vers français ; qu'on expose dans la seconde, ce qui constitue l'essence de la poésie ; et que la troisième fait connoître les différentes pièces qui se font en notre langue.

L'ABBÉ DE LA PORTE.

On peut joindre au Cours de Belles-Lettres de Batteux, l'Ecole de Littérature tirée de nos meilleurs écrivains, par l'abbé de la Porte, en deux volumes in-12. Le public a vu avec plaisir les préceptes de nos plus grands maîtres réunis dans un seul corps d'ouvrage ; et comme on n'a presque pas touché au style des morceaux qu'on a rassemblés, il y a de la variété dans chaque chapitre. Plusieurs chapitres excellens, qu'on ne trouvoit que dispersés avant la publication de ce livre, l'ont fait rechercher par ceux même qui avoient déjà une partie de ce qu'il renferme.

On peut citer pour exemple, les trois Discours de Corneille, sur l'art dramatique; les Réflexions de M. de Nivernois, sur le génie d'Horace, de Rousseau et Boileau; les Conseils à un journaliste, de Voltaire; les Observations de Riccoboni, sur le génie de Molière; le Discours de l'abbé Cérutti, sur l'intérêt d'un ouvrage; celui de Poncet de la Rivière, sur le goût, etc.

MARMONTEL.

La Poétique Française de Marmontel, en deux vol. in-8°., 1763, est pleine de finesse et de goût; mais l'ordre que l'auteur a suivi n'étant pas assez méthodique, on a de la peine à saisir tout ce que son livre offre d'ingénieux et de neuf; le style n'est pas d'ailleurs entièrement exempt de néologisme et d'affectation. L'auteur a fondu cet ouvrage dans *les Elémens de Littérature*, dont nous parlerons bientôt.

L'ABBÉ DE LA TOUR.

L'Art de sentir et de juger en matière de goût, par l'abbé Seran de la Tour, en deux volumes in-12, 1762, est d'un homme d'esprit, qui n'a pas des idées communes. Il y a dans cet ouvrage de la netteté, de la précision, et le style est d'un écrivain exercé : on en a publié une nouvelle édition à Strasbourg en 1790, in-8°.

M. L'ABBÉ SABATIER.

On estime le Dictionnaire de Littérature, que M. l'abbé Sabatier de Castres a donné en 1770, à Paris, en trois volumes in-8°. Ce lexique, fait avec goût et avec méthode, présente d'une manière claire et agréable, les principes qui forment le grand écrivain dans tous les genres.

GAILLARD.

On peut aussi se procurer la Poétique à l'usage des Dames, par Gaillard, réimprimée plusieurs fois en deux volumes in-12. Ce livre est d'autant plus cher aux lecteurs Français, que presque tous les exemples sont tirés des écrivains de la nation.

M. CAILHAVA.

La plupart de nos jeunes auteurs qui entrent dans la carrière dramatique, enflammés par quelques représentations théâtrales, et soutenus par la plus risible présomption, entreprennent de traiter un sujet, de tracer un plan, d'esquisser des scènes et des caractères, sans connoître le cœur humain, la nature, les modèles ; enfin, sans avoir étudié cet art, l'un des plus difficiles et des plus compliqués. Les quatre volumes in-8°. que M. Cailhava a publiés sur cette matière, le mettront à l'abri de tout reproche à cet égard. Il paroît qu'il s'est attaché, depuis long-temps, à suivre les progrès que l'on a faits dans la comédie chez les différens peuples, à observer les effets du théâtre, à lire tous les auteurs comiques, anciens et modernes ; à les analiser, et particulièrement l'illustre Molière, qui les a tous laissés bien loin derrière lui. En un mot, l'ambition de M. Cailhava, en publiant ce recueil d'observations, est d'être utile, non-seulement aux amateurs, aux acteurs, mais encore à ses jeunes rivaux : il veut faire avec eux, ce qu'il appelle un cours de comédie. Son ouvrage est très-utile, très-méthodique, très-bien fait. L'auteur est toujours dans les bons principes, et si j'ose parler ainsi, dans l'orthodoxie comique : il y a cependant quelque chose à redire au sujet du style dont M. Cailhava s'est servi ; il a cru devoir choisir celui de la comédie, ou le style familier ;

peut-être ne faut-il pas l'en blâmer : mais il auroit certainement dû éviter les expressions basses et incorrectes, qui ne sont excusables dans aucune espèce d'ouvrage, à plus forte raison dans un livre élémentaire. Ce qui blesse le plus dans celui de M. Cailhava, est l'abus excessif des citations. Je suis persuadé qu'il s'y trouve plus de cinq cents pages de Molière, copiées de côté et d'autre. M. de Cailhava a senti lui-même combien ce reproche étoit fondé, puisqu'il a réduit ses quatre volumes à deux en 1786. Il a donc retranché deux volumes de citations.

Cet auteur a donné depuis *les Etudes de Molière*, Paris, 1802, in-8°., qui sont un commentaire sur ce célèbre comique, dans lequel il insiste sur la manière de jouer ses pièces, objet presqu'entièrement négligé dans le commentaire très-estimé de Bret.

M. LACOMBE.

Nous avons encore la Poétique de Voltaire, ou Observations recueillies de ses ouvrages, par M. Lacombe, 1766, deux parties in-8°. Cet ouvrage n'est pas une compilation informe ; il est fait avec intelligence. Il y a de la méthode, du travail et du goût.

Le

Le rédacteur, connu lui-même par son Dictionnaire des Beaux-Arts, peut être compté parmi les auteurs qui ont le mieux écrit sur la littérature.

M. HAMOCHE.

Le Dictionnaire de Rimes de Richelet n'a été si prodigieusement enflé, surtout dans ces derniers temps, que parce qu'on y a fait entrer, comme à plaisir, indépendamment des termes les plus ignobles des arts et des métiers, une foule de mots bizarres ou orduriers, les plus étrangers non-seulement à l'art poétique, mais même à la langue française, telle qu'elle doit se parler, et au ton de la bonne société. En les faisant disparoître, M. Hamoche s'est mis à portée de donner à son *Dictionnaire Poétique* une utilité beaucoup plus étendue, celle d'ajouter des définitions plus exactes, partie où Richelet a poussé la négligence jusqu'au ridicule; l'auteur présente aussi avec la réserve et les restrictions nécessaires, tous les synonymes ou circonlocutions dont chaque mot peut donner l'idée ; ce qui rend son ouvrage également utile aux prosateurs et aux versificateurs, en supposant toutefois qu'ils auront épuisé tous les divers moyens que leur imagination pourra leur fournir. Ce dictionnaire a paru en 1803, in-8°.

Nous observerons ici que la *Petite Encyclopédie Poétique* est terminée par un *Dictionnaire des Rimes.* Nous avons donné à cet ouvrage de M. Philipon la Madelaine les éloges qu'il mérite : malheur au poëte qui a besoin de ce dictionnaire pour faire ses vers! mais il y a peu de poëtes, même parmi les meilleurs, qui n'y aient quelquefois recours.

C'est par ces ouvrages que nous finissons cette liste. Les excellens écrivains lus et relus contribuent plus à former le sentiment, le jugement et le goût, que tous les écrits didactiques. Ainsi, il faut lire les bons modèles, encore plus que les bons préceptes. On doit pourtant savoir gré à ceux qui travaillent à former notre esprit et notre raison; mais il ne faut pas les placer dans le rang qu'occupent nos grands écrivains. Il est beau de **conseiller**; il est plus beau d'**exécuter**.

CHAPITRE III.

DES ORATEURS ANCIENS ET MODERNES.

§ Ier. ORATEURS ANCIENS.

L'art de l'éloquence, cultivé avec tant d'ardeur par les Grecs et les Romains, a fait quelquefois chez eux moins de bien que de mal. S'il y avoit des orateurs qui inspiroient des desseins justes et honnêtes, qui fournissoient des vues utiles pour l'avantage du genre humain, on en voyoit aussi, qui ne servoient que leur ambition particulière, qui flattoient et qui condamnoient sans raison, qui souffloient le feu de la discorde entre leurs concitoyens, qui échauffoient et éternisoient les haines nationales au mépris de l'humanité. Leur éloquence étoit vénale ; le désir de parvenir à quelque place les portoit à la tribune pour défendre, sans pudeur, des scélérats puissans, ou pour accuser des gens de bien sans appui.

Mais de quelque écueils que fût semée la carrière du barreau à Athènes et à Rome, tous n'y échouèrent pas ; et quelques-uns montrèrent des vertus.

Périclès, qui fut comme son fondateur, n'eut à se reprocher que son ambition. Thucydide nous a conservé un de ses discours, qui est remarquable par la force des pensées et l'énergie des expressions. Nous en avons plusieurs traductions françaises : celle qui se trouve dans la traduction d'Isocrate, par l'abbé Auger, est de M. de Noé, ancien évêque de Lescar; celle de M. Gail se trouve dans différens journaux littéraires.

GORGIAS.

Cet orateur eut des succès prodigieux à Athènes : il alla ensuite étaler son art aux yeux de toute la Grèce, dans les jeux pythiques et olympiques : l'enthousiasme de ses admirateurs fut si grand, qu'on lui érigea à Delphes une statue d'or. Il ne nous reste que deux de ses discours, savoir, l'Éloge d'Hélène, et l'Apologie de Palamède : on les trouve dans le tome huitième de l'excellente collection publiée par Jean-Jacques Reiske, célèbre philologue de Leipsic, sous ce titre : *Oratorum Græcorum quorum princeps est Demosthenes, quæ supersunt monumenta in-*

genii, commentariis variorum instructa, etc., Leipsic, 1770-1775, 12 vol. in-8°. L'abbé Auger a traduit ces deux discours : on les trouve à la suite de sa traduction d'Isocrate, dont il sera parlé ci-après.

ANTIPHON.

Antiphon est le premier qui réduisit l'éloquence en art, et qui en enseigna les règles. Thucydide qui fut son disciple, loue beaucoup son éloquence et ses talens ; cependant, il faut convenir que les seize harangues qu'on lui attribue, sont bien au-dessous de sa grande réputation : elles se trouvent dans la collection des anciens Orateurs Grecs, par Reiske, tome VIII. L'abbé Auger a inséré la traduction de quelques discours d'Antiphon, à la suite de la traduction d'Isocrate.

ANDOCIDE.

On n'a que quatre harangues de cet orateur : il avoit de la subtilité dans le raisonnement ; son éloquence étoit simple et insinuante, mais il manquoit de grâce et de chaleur : il nous reste de lui quatre discours, qui furent publiés à Bâle, en 1566, in-folio : ils se trouvent aussi dans la collection des Orateurs Grecs, par Reiske, tome IV. L'abbé Auger les a traduits en français avec ceux de Lycurgue, d'Isée, de Dinarde, etc., 1783, in-8°.

LYSIAS.

Lysias se distingua par la clarté, la délicatesse, la précision : il s'attachoit presqu'uniquement à prouver. Cicéron et Denis d'Halicarnasse mettoient cet orateur au même rang que Démosthènes et qu'Isocrate. L'abbé Auger a donc rendu un grand service aux lettres, en traduisant Lysias pour la première fois, en 1783, in-8°. On doit au même auteur une bonne édition des œuvres de Lysias, avec une nouvelle version latine et des notes, 1783, 2 vol. in-8°. On estime l'édition donnée par Taylor, Cambridge, 1740, in-4°.

ISOCRATE.

Tous ceux qui lisent cet orateur dans sa langue, conviennent qu'il charme par une abondance fleurie, un discours nombreux et cadencé, et surtout par cette douce harmonie qui s'empare de l'âme en flattant l'oreille. Un écrivain de ce genre étoit très-difficile à traduire; on désiroit depuis long-temps qu'un littérateur helléniste entreprît de mettre en français les œuvres de ce célèbre orateur, qui n'avoient été traduites que par fragmens. C'est ce qu'a entrepris et exécuté l'abbé Auger, déjà très-connu comme traducteur de Démosthènes; outre que sa traduction est très-complète, le génie grec y est mieux conservé que dans les autres versions. Cette traduction a été imprimée en 1781, 3 vol. in-8°. Cet habile traducteur fit paroître, la même année, une édition des œuvres complètes d'Isocrate, avec une nouvelle version latine et des notes, 3 vol. in-8°.

ISÉE.

Isée fut disciple de Lysias et maître de Démosthènes : il tourna son éloquence du côté de la politique, et c'est en quoi il plut davantage à Démosthènes : il a laissé dix harangues, qui ont été recueillies dans la collection des Orateurs Grecs de Reiske, tome VII.

DÉMOSTHENES.

On sait que ce célèbre orateur n'atteignit à la perfection de son art, qu'à force de travail. La nature avoit mis, ce semble, des barrières entre lui et l'éloquence; il triompha de ces obstacles par sa patience. Il fit entendre sa voix éloquente aux Athéniens, tandis que Philippe attaquoit leur liberté et celle de toute la Grèce. Il employa toutes les ressources de son art, pour faire prendre des résolutions vigoureuses contre ce prince ambitieux ; mais il adressoit la parole à l'amour de la patrie ; et cette passion des grandes âmes n'échauffoit plus le cœur des Athéniens. S'ils avoient pu être remués, ils l'auroient été par Démosthènes. Ce n'est pas au langage que cet orateur s'attache, il s'abandonne à son enthousiasme; et dédaignant la froide élégance, il exprime tout avec une énergie qui lui est propre. Jamais homme n'a donné à la raison des armes plus pénétrantes, plus inévitables. La vérité est dans sa main un trait perçant qu'il manie avec autant d'agilité que de force, et dont il redouble sans cesse les atteintes ; il frappe sans donner le temps de respirer ; il pousse, presse, renverse, et ce n'est pas un de ces hommes qui laissent à l'adversaire terrassé le moyen de nier sa chûte. Raisonnemens et mouvemens, voilà toute l'éloquence de Démosthènes : son style est austère

tère et robuste, tel qu'il convient à une âme franche et impétueuse : il ne s'occupe jamais à parer sa pensée, ce soin semble au-dessous de lui ; il ne songe qu'à la porter toute entière au fond de votre âme : nul n'a moins employé les figures de la parole, nul n'a plus négligé les ornemens : mais dans sa marche rapide il entraîne l'auditeur où il veut ; et ce qui le distingue de tous les orateurs, c'est que l'espèce de suffrage qu'il arrache, est toujours pour l'objet dont il s'agit, et non pas pour lui. On diroit d'un autre : « Il parle bien ; » on devoit dire de Démosthènes : « Il a raison. »

En général, les harangueurs anciens sont verbeux ; mais ils le sont avec cette majesté, cette harmonie, cette vivacité de couleurs, cette abondance d'images qui fait tout pardonner. D'ailleurs, comme ils parloient les deux plus belles langues qui aient jamais été dans la bouche des hommes, on ne s'aperçoit de ce défaut que lorsqu'on lit leurs traducteurs. Les meilleures éditions de Démosthènes sont : 1°. celle de Jérôme Wolf, avec une version latine et des notes, Francfort, 1604, in-fol. ; 2°. celle de J.-J. Reiske, en grec seulement, avec les commentaires de

Wolf, de Taylor, de Markland, etc., dans son excellent recueil des *Oratores Græci*.

ESCHINE.

Démosthènes eut un rival dans Eschine, orateur plus orné, plus élégant, mais moins véhément, moins serré, et qui n'avoit pas le grand art de son émule, d'exciter les passions et les mouvemens qu'il vouloit. Eschine fut toujours assez généreux pour rendre justice aux talens de Démosthènes ; mais il ne le fut pas assez, pour voir sans envie les distinctions que son mérite lui attiroit.

Les chefs-d'œuvres des deux orateurs, disons mieux, du barreau d'Athènes, sont les harangues de la couronne. Voici le sujet de ces fameux plaidoyers. Ctésiphon ayant décerné à Démosthènes une couronne pour récompense de ses services, Eschine, rival et ennemi de l'orateur, s'éleva contre ce décret, accusa celui qui l'avoit porté, et attaqua personnellement Démosthènes. Cette intéressante cause fut plaidée dans le temps qu'Alexandre conquéroit l'Asie. Eschine succomba et fut exilé ; Démosthènes obtint le triomphe que son éloquence méritoit autant que ses services.

Il existe beaucoup d'éditions particulières des deux célèbres discours de Démosthènes et d'Eschine : on estime celle qui a été donnée par J. Stock, *cum notis variorum*, et avec une version latine, Dublin, 1774, 2 vol. in-8°.

TRADUCTIONS.

Ces deux discours ont été traduits en français par plusieurs auteurs différens : d'abord par Tourreil, dont la version est foible; ensuite par l'abbé Millot, dont la traduction a été imprimée à Lyon en 1764, in-12. Celle-ci est faite avec soin et bien écrite; mais on désireroit qu'elle fût plus animée, que l'auteur se fût rendu plus maître des tours de son original, et que sans perdre de vue son modèle, il l'eût dessiné plus librement.

C'est l'attention qu'a eu l'abbé Auger, auteur d'une traduction publiée à Rouen, 1768, in-12, et d'une traduction complète de Démosthènes et d'Eschine, 1777, six vol. in-8°. Le génie grec y est mieux conservé que dans les autres versions; mais on sait combien la langue française est inférieure à la grecque.

Eschine, après avoir lu, dans son École de

Rhodes, la harangue de Démosthènes, dit à l'assemblée qui l'applaudissoit : « Eh! que seroit-ce donc, si vous l'aviez entendu lui-même? » Ce mot peut s'appliquer à toutes les versions de ce genre; je dirois volontiers des meilleures : « Que seroit-ce, si vous en- » tendiez l'original? » Le mérite de tout traducteur se réduit presque, par le défaut de nos langues modernes, à être exact, précis et fidèle.

C'est celui des Philippiques de Démosthènes et des Catilinaires de Cicéron, traduites par l'abbé d'Olivet, de l'Académie Française, à Paris, 1765, in-12. Ces traductions des meilleurs modèles de l'éloquence grecque et latine, si dignes elles-mêmes d'en servir en leur genre, soit pour la fidélité de l'interprétation, soit pour la pureté du style, l'élégance et la netteté de la diction, n'ont pas besoin de nos éloges : elles sont assez recommandées par l'estime et par l'accueil constant du public. Personne n'ignore que les Philippiques sont quatre discours que Démosthènes prononça devant le peuple d'Athènes contre Philippe, roi de Macédoine, qui vouloit assujettir la Grèce. Ceux qui pourront conférer le texte de Démosthènes, avec le langage que lui fait parler le traducteur, verront bien que l'abbé d'Olivet n'a pas cherché, comme Tourreil, qui avoit traduit les Philippiques avant lui, à lui donner de l'esprit, mais à représenter fortement et naïvement son vrai caractère.

LYCURGUE.

Lycurgue, homme d'une vertu austère et d'un caractère fier, n'employa son éloquence que contre les ennemis de la liberté de son pays; et Plutarque observe que tous ceux qu'il accusa furent condamnés: de quinze harangues qu'il avoit composées, il ne nous reste que celle contre Théocrate, qui avoit quitté Athènes, sa patrie, après la bataille de Chéronée : elle est intéressante, et par le sujet, et par le ton fier et vigoureux qu'on y voit régner d'un bout à l'autre : dans ses discours, il se montroit aussi sévère et aussi inexorable contre ceux qu'il jugeoit dangereux pour sa patrie, que dans ses harangues. Il pensoit qu'un général qui avoit perdu une bataille considérable, ne devoit pas survivre à sa honte, ni reparoître dans la ville qu'il avoit remplie de deuil. Il apostropha un jour avec beaucoup de véhémence et de chaleur Ly-

siclès, général de l'armée battue à Chéronée.
— Quoi donc ! Lysiclès, lui dit-il, mille citoyens ont péri sous votre commandement, dans le combat ; deux mille ont été faits prisonniers ; un trophée a été érigé contre Athènes ; la Grèce entière est tombée dans l'esclavage ; et vous vivez encore ! et vous jouissez tranquillement de la lumière du soleil ! et vous osez vous montrer dans la place publique, et à vos concitoyens, pour leur rappeler la mémoire de leurs malheurs et de leur opprobre !

Le discours qui nous reste de Lycurgue se trouve dans le tome IV de la collection de Reiske. Il en existe une bonne édition à part avec des notes par Schulze, Brunswich, 1789, in-8°. L'abbé Auger l'a traduit en français. *Voyez* l'article d'Andocide.

DION CHRYSOSTOME.

Dion fut appelé Chrysostôme à cause de sa rare éloquence : il a laissé plusieurs ouvrages, dont les meilleures éditions sont celles de Milan, 1476, in-folio ; celle de Paris, 1604, in-folio, et celle de Reiske, publiée par sa veuve, Leipsic, 1784, 2 vol. in-8°. : on y trouve quatre-vingts oraisons qui offrent des morceaux éloquens, et un traité en quatre livres, des *Devoirs des Rois*. M. de Bréquigny a traduit en français quelques-uns de ses discours. *Voyez* le tome II des Vies des Orateurs Grecs, etc., 1752, 2 vol. in-12.

ARISTIDE.

Cet orateur passa sa vie à haranguer et à voyager. Lorsque Smyrne fut ruinée par un tremblement de terre, il écrivit une lettre si touchante à Marc-Aurèle, que ce prince ordonna sur-le-champ de la rebâtir aux frais du trésor public. On a de lui des hymnes en prose à l'honneur des dieux et des héros, des panégyriques, des oraisons funèbres, des apologies, des harangues. Samuel Jebb, savant médecin Anglais, en a donné une excellente édition, grecque et latine, en deux volumes in-4°., à Oxford, en 1722 et 1730, avec des notes pleines d'érudition.

THÉMISTE.

Cet orateur philosophe naquit en Paphlagonie, sous le règne de Constantin. Aucun écrivain n'a traité des sujets plus intéressans; et à cet égard, il l'emporte sur tous ces orateurs célèbres, qui ne surent que flatter les préjugés nationaux, inspirer un patriotisme fanatique, et enivrer les souverains des fausses idées d'une gloire destructive. L'éloquence de Thémiste est abondante, noble et ingénieuse. Judicieux dans l'ordre de ses discours, riche dans les pensées, élégant dans l'expression, il saisit heureusement les circonstances, s'insinue avec adresse, flatte avec dignité, réunit l'élévation et les grâces. Thémiste n'est pas exempt des défauts de son siècle. On trouve souvent dans ses discours des longueurs, de la recherche ; un luxe d'érudition, et un coloris poétique, qui ne conviennent pas toujours aux sujets qu'il traite. Pour tracer en peu de mots le caractère moral et littéraire de Thémiste, on peut dire qu'il mérite d'être appelé le plus vertueux des courtisans, le plus philosophe des orateurs, et le plus éloquent des sophistes.

Dès sa jeunesse, il composa des notes sur la philosophie de Platon et d'Aristote : ce qu'il avoit fait sur ce dernier, parut à Venise, en 1570 et en 1587, in-folio. Il nous reste encore de lui trente-trois discours grecs, qui sont pleins de dignité et de force. Il y en a deux éditions ; l'une par le Père Pétau, et l'autre par le Père Hardouin : celle-ci parut

rut en grec et en latin, au Louvre, en 1684, in-folio.

LIBANIUS.

Libanius, né à Antioche, professa la rhétorique à Constantinople et dans sa patrie.

Nous avons de lui des Lettres et des Harangues. Son style a quelquefois de l'affectation et de la recherche. Photius lui a reproché de laisser trop apercevoir dans ses discours l'empreinte du travail, et d'avoir éteint, par un désir curieux de perfection, une partie de ces grâces faciles que lui donnoit la nature lorsqu'il parloit sur-le-champ : on lui a reproché aussi de l'obscurité. Malgré ces défauts, son éloquence a souvent de l'éclat, et est presque toujours animée des couleurs brillantes de l'imagination. On voit qu'il étoit nourri de la lecture des poëtes : leurs idées, leurs images lui sont familières; et souvent son style même tient plus du coloris du poëte que de l'orateur.

On a donné une excellente édition de ses Lettres à Amsterdam, 1738, in-folio. Ce recueil offre plus de 1600 épîtres, dont la plupart ne renferment que des complimens : on en lit plusieurs autres, curieuses et intéressantes, qui peuvent donner des lumières sur l'histoire de ces temps. Bongiovani a publié à Venise, en 1755, dix-sept harangues de Libanius, en un volume in-folio, tirées de la Bibliothèque de Saint-Marc. Il faut joindre ce recueil à l'édition de ses œuvres, Paris, 1606 et 1627, deux volumes in-folio.

§ II. ORATEURS LATINS.

CICÉRON.

On avoit vu à Rome des orateurs distingués, Antoine, Crassus, Cotta, César, Brutus; mais lorsque Cicéron parut, on sentit qu'on n'avoit encore rien entendu de pareil. Il fut élevé sous les yeux de Crassus, qui lui traçoit le plan de ses études, et lui ouvroit toutes les grandes sources de l'éloquence. Après avoir suivi les meilleurs maîtres qui fussent pour lors à Rome, il alla dans la Grèce pour se perfectionner dans cette ancienne patrie des arts. Il avoit de grandes obligations à la nature, qui avoit beaucoup fait pour lui; cependant il sentoit qu'il faut la seconder par un travail assidu, et qu'on ne peut parvenir au grand, si l'on n'est animé d'une passion qui tienne de l'enthousiasme. La gloire de l'éloquent Hortensius piqua son émulation ; et il n'épargna rien pour obtenir les mêmes éloges. Bientôt ses vues s'étendirent ; et il laissa son rival bien loin derrière lui. Cicéron connoissoit tous les styles ; et il les employa tous avec le succès le plus marqué. Il s'appliqua à réunir deux choses qui vont rarement ensemble, la force et les grâces. En un mot, Cicéron fut à Rome ce que Démosthènes avoit été à Athènes. S'il est vrai, comme quelques-uns l'ont écrit, qu'il n'ait ni le nerf, ni l'énergie, ni, comme il l'appelle lui-même, le tonnerre de Démosthènes, il le surpasse par l'abondance et l'agrément de la diction, par la variété des sentimens, et surtout par la vivacité de l'esprit. Les expressions, en passant par son imagination féconde et brillante, prenoient cette couleur d'urbanité romaine, dont il est le modèle le plus parfait.

Nous nous contenterons d'indiquer ici l'édition des œuvres de Cicéron donnée par l'abbé d'Olivet, Paris, 1749, 9 vol. in-4°., avec un choix de bons commentaires, et celle qui a été donnée d'après la précédente à Halle, par J. Aug. Ernesti, en 1776, 8 vol. in-8°., avec des notes de sa façon et une clef. Le mérite supérieur de cette dernière édition, vient des préfaces instructives, de la correction du texte, de l'économie et de la brièveté des notes.

On estime aussi, pour l'élégance et la correction du texte, l'édition de Cicéron donnée par Barbou, 1768, 14 vol. in-12

TRADUCTIONS.

Nous avons eu plusieurs traducteurs des Harangues de Cicéron : Duryer, dont le style a vieilli; Gillet, dont la version est foible; l'abbé de Maucroix, qui s'étant presque toujours exercé sur des sujets où il ne falloit qu'un style doux et tempéré, n'avoit pu prendre un style plus oratoire et plus nerveux; enfin, l'abbé d'Olivet, dont nous avons fait connoître la traduction des Catilinaires, et qui nous a donné aussi quelques morceaux des Oraisons contre Verrès.

VILLEFORE.

Mais aucun de ces auteurs n'a traduit toutes les Oraisons de Cicéron; cette entreprise étoit réservée à Bourgoin de Villefore, qui a transmis dans notre langue cinquante-neuf Harangues de ce célèbre orateur. Sa version parut en 1731, à Paris, en huit volumes in-12. Ce qui a dû rendre son travail plus pénible, ce sont les principes qu'il s'est faits sur la traduction en elle-même : il croit, par exemple, que lorsqu'il s'agit de harangues et de plaidoyers, c'est peu faire, que de rendre fidèlement le sens du texte; mais qu'il faut encore, autant que la différence des deux langues le peut souffrir, traduire le tour que l'orateur donne à ses pensées et à la variété de ses mouvemens. Suivant ce principe, Villefore a conservé les dénominations usitées chez les Romains. Il a poussé cette fidélité d'interprétation, jusqu'à traduire à la lettre certaines expressions injurieuses, que les honnêtes gens parmi nous n'emploient guère en public, même dans les plus fortes invectives : telles sont celles de *Helluo*, de *Bellua*, de *Carnifex*, que Cicéron met en œuvre contre Verrès, contre Pison, contre Antoine, et que Villefore rend tout simplement par celles-ci: brutal, bête féroce, bourreau, etc. Malgré cette fidélité scrupuleuse, sa version n'occupe pas le premier rang ni même le second. Le style, quoiqu'exact en lui-même, n'est pas toujours assez coulant;

il rampe même quelquefois ; dans d'autres endroits il paroît embarrassé. Je mets beaucoup au-dessus le style des Catilinaires, traduites par l'abbé d'Olivet. Pour ce qui est de l'exactitude de la traduction de Villefore, cet écrivain n'a pas toujours bien pris la pensée de son auteur, même dans les endroits où il n'est pas question d'érudition, ni d'une grande connoissance de l'antiquité. Ce n'est point à tort qu'il se montre reconnoissant dans sa préface, des secours qu'il a reçus de tous ceux qui ont donné en français quelqu'une des harangues de son auteur : quand ces secours lui manquent, on s'en aperçoit aisément.

FEU M. DE WAILLY.

On a donné une édition des Oraisons choisies de Cicéron mises en français. Ce n'est point, à proprement parler, une traduction nouvelle, mais une révision de l'ancienne, et principalement de celle de Villefore : cette révision a été faite avec beaucoup de soin, par de Wailly, qui l'a retouchée d'un bout à l'autre, et il n'y a guère de page, où il n'ait fait des changemens plus ou moins considérables. Il s'est proposé de rendre cette traduction plus littérale, plus exacte et plus utile aux jeunes maîtres, qui, par état, sont obligés d'expliquer les admirables discours de l'orateur Romain. De Wailly a très-bien réussi ; il a corrigé beaucoup de contresens échappés à Villefore, et aux auteurs des anciennes traductions.

Les Philippiques de Démosthènes et les Catilinaires de Cicéron, traduites par l'abbé d'Olivet, forment un quatrième volume, qui est la suite des trois donnés par de Wailly. Il n'a pas osé toucher à l'excellente version d'un interprète aussi estimable que l'Académicien Français.

MM. DEMEUNIER, CLÉMENT ET GUEROULT.

En 1783, M. Demeunier donna la traduction des quatre premiers volumes de Cicéron. Cet homme de lettres a été obligé, pour des raisons particulières, d'abandonner ce travail. Ce seroit un bien foible éloge pour M. Clément, que de dire qu'il est très-supérieur à son prédécesseur. Ce célèbre critique a une manière bien différente ; il a saisi l'esprit de son modèle, et il le rend à peu près tel qu'il est ; il conserve la force des images, la vivacité des sentimens, l'élégance de la diction, le style nombreux, périodique; en un mot, on reconnoît Cicéron dans cette traduction; et je ne fais pas difficulté d'avancer qu'elle mérite la préférence sur toutes les autres. MM. Gueroult frères, anciens professeurs d'éloquence dans l'Université de Paris, ont traduit les Discours qui forment le 8ᵉ. vol. de cette collection : leur manière de traduire le Prince de l'éloquence latine est encore supérieure à celle de M. Clément.

AUTRES ORATEURS GRECS ET LATINS.

Les anciens étoient naturellement si éloquens, qu'ils portoient ce talent jusque dans l'histoire. Tout le monde connoît les *Orationes Selectæ ex Herodoto, Thucydide, Xenophonte*, etc., Paris, 1787, 2 vol. in-12.

L'abbé Auger a traduit en deux volumes in-8°., 1788, les Harangues de ces célèbres historiens; il ne pouvoit mieux choisir. La diction du premier, surtout, s'élève quelquefois jusqu'au ton d'une poésie sublime, lorsque les faits sont de nature à permettre la sublimité de ce ton.

On

On connoît encore davantage le livre classique intitulé: *Orationes ex Historicis Latinis collectæ*. On sait que c'est un choix de harangues diverses, et d'autres discours tirés des quatre principaux historiens Latins, de Salluste, Tite-Live, Tacite et Quinte-Curce. Ces Harangues, sans avoir tout l'appareil oratoire des Plaidoyers de Cicéron, sont autant de morceaux d'éloquence, où respire, sous des traits mâles, le véritable génie de l'homme. L'historien n'étant plus échauffé par la présence des objets, ni par les intérêts actuels qui s'éteignent avec les passions qui les font naître, ne pouvoit qu'en retracer le tableau: mais avec quelle grandeur, quelle noblesse, quelle fierté, quelle force, quel sens, Salluste et Tite-Live tracent-ils ces peintures! C'est ce qu'on verra encore mieux que je ne saurois le dire, dans le recueil cité, qui a été traduit par l'abbé Millot, sous le titre de Harangues choisies des Historiens Latins, à Lyon, 1764, 2 vol. in-12. Le traducteur a été fidèle à deux règles de toute bonne version: 1°. l'exactitude à rendre le sens d'un orateur; 2°. la fidélité à exprimer le caractère de son éloquence. Des traductions aussi bien faites valent des ouvrages originaux, pour ceux qui savent apprécier les difficultés de ce genre, et ce qu'il en coûte en les surmontant, pour n'en laisser rien apercevoir, ou pour en dérober les traces sous l'art de la diction.

On a publié, en 1778, une traduction nouvelle et plus ample des mêmes Harangues. L'auteur anonyme a mis à contribution l'abbé de la Bletterie, Millot, M. Dotteville, Cosson, Beauzée et Vaugelas : mais il a converti en plomb, l'or qu'il a volé ; au lieu de transcrire bonnement une phrase bien tournée, il y glisse quelques mots de son invention, qui la déparent entièrement.

SÉNÈQUE.

Après Cicéron, l'éloquence ne fit plus que dégénérer, comme il étoit arrivé en Grèce après Démosthènes. Sénèque en fut le premier corrupteur : il pensoit fortement ; mais ses pensées étoient affoiblies par ses expressions, où il mettoit trop de recherche. Sa manie pour les antithèses, pour les pointes, pour les brillans, étoit extrême ; et l'on croit en lisant ses ouvrages, lire un recueil d'épigrammes ; ce qui produit une monotonie fatigante : avec beaucoup d'esprit, il n'avoit nul goût, nulle idée de la véritable éloquence. Son style décousu ne montroit ni nombre, ni harmonie; rien de périodique, rien de soutenu. Il substitue à la simplicité noble des anciens, le fard de la cour de Néron. Sa manière de s'exprimer courte, sentencieuse, ôtant toute liaison dans le discours, fit dire à l'empereur Claude, que son style étoit du sable sans chaux. Mais comme à ces défauts, Sénèque joignit un esprit vigoureux et élévé, une imagination fleurie, des connoissances étendues, il se fit une réputation éclatante, et devint le modèle, sur lequel la jeunesse romaine se plut à se former ou à se corrompre.

TRADUCTIONS.

Le président Chalvet, Malherbe, Duryer se sont autrefois exercés sur Sénèque; mais leurs versions sont très-mauvaises; et l'on ne peut prendre une idée de cet orateur, que dans la traduction de M. de la Grange, qui parut après sa mort, en 6 volumes in-12. Le traducteur s'est attaché particulièrement à saisir la manière de Sénèque; il en a les beautés et les défauts : sa version est, en général, fidèle et précise, mais souvent aux dépens de l'élégance et de l'harmonie. Cette traduction a été achevée et revue par M. Naigeon, qui en a été l'éditeur. *Voy.* le Dictionnaire des Ouvrages Anonimes et pseudonymes, tome II, N°. 5140. Diderot y a ajouté un 7e. volume intitulé, *Essai sur la Vie de Sénèque* ; c'est un tableau de la vie de Sénèque et des règnes de Claude et de Néron. Ce dernier ouvrage de Diderot, est un de ceux qu'on lit avec le plus de plaisir, même en improuvant la plupart de ses jugemens, et surtout deux grandes notes contre J.-J. Rousseau, qui renferment *la Satire la plus virulente* qu'on ait jamais vue. Le discours que Diderot adresse à Sénèque pour l'exhorter à faire l'apologie du meurtre d'Agrippine, est un morceau dont l'art et l'éloquence font encore plaisir, malgré l'horreur qu'inspire le but que l'orateur se propose.

La Beaumelle a donné *les Pensées de Sénèque* en latin et en français, in-12, dans le goût des *Pensées de Cicéron*, de l'abbé d'Olivet, qu'il a plutôt imité qu'égalé.

PLINE.

Pline le jeune, neveu de Pline le naturaliste, qui l'adopta pour son fils, fut formé par le célèbre Quintilien, dont il fut le meilleur disciple et le plus reconnoissant. Pline, ayant commandé d'abord une légion en Syrie, revint à Rome, où il se livra entièrement aux affaires publiques. Il plaida sa première cause au barreau dès l'âge de dix-neuf ans; et ce fut avec un succès si décidé, que ses rivaux et ses amis comprirent dès lors, à quelle gloire il étoit destiné. Nous n'avons de lui, dans le genre oratoire, que son Panégyrique de Trajan. Quoique cet empereur fût un grand prince, digne de tous les prix de la vertu; quoique Pline ne le flatte pas dans tout le bien qu'il en dit, cependant son Panégyrique intéresse peu. Rien de plus difficile que de louer, même le mérite; il semble qu'il doit se suffire à lui-même, et que l'éloge l'affoiblit au lieu de l'élever. Ces discours d'appareil rendent légitimement suspects leur objet et leur auteur. La vertu solide est toujours modeste et sincère; elle ne souffre ni ne fait de panégyriques. Il n'est pas vrai cependant, comme l'a dit quelque part Voltaire, que Trajan ait entendu celui de Pline; il étoit absent lorsqu'il fut prononcé.

TRADUCTIONS.

Nous avons une bonne traduction du Panégyrique de Trajan par de Sacy, avocat au conseil; et c'est à l'occasion de cette traduction et de celle de Démosthènes par Tourreil, que la Motte dit dans une de ses odes :

> Long-temps l'antiquité savante
> Nous recela mille écrivains;
> Mais des trésors qu'elle nous vante,
> Nous avons lieu d'être aussi vains.
> Les Plines et les Démosthènes,
> Les travaux de Rome et d'Athènes,
> Deviennent nos propres travaux :
> Et ceux qui nous les interprètent,
> Sont moins, par l'éclat qu'ils leur prêtent,
> Leurs traducteurs que leurs rivaux.

Le traducteur de Pline est tellement son rival, qu'il substitue quelquefois ses pensées à celles de l'auteur, pour lui donner un certain air de bel-esprit, qui étoit alors à la mode.

§ III. PÈRES DE L'ÉGLISE GRECQUE.

La religion chrétienne, en s'établissant, avoit donné une nouvelle impulsion au génie : déjà cette religion avoit eu ses orateurs particuliers. Longin assure que Saint Paul avoit été un des plus grands orateurs de la Grèce. Ce qu'il y a de certain, c'est que cet apôtre eut des successeurs, en qui brillèrent tous les talens de la plus belle éloquence; parmi eux nous comprendrons surtout :

ORIGÈNE.

Ce grand homme, qui fut surnommé *Adamantius*, à cause de son assiduité au travail, naquit à Alexandrie, en l'an 185 de l'ère chrétienne : il mourut à Tyr, à l'âge de 69 ans. Le caractère de son éloquence étoit la force : son génie étoit profond. On a fait une édition complète de ses œuvres, en quatre volumes in-folio, qui fut commencée en 1733 et finie en 1739. Son Traité contre Celse passe pour l'apologie du christianisme la plus achevée et la mieux écrite que nous ayons dans l'antiquité. Il a été traduit en français par Elie Bouhereau, Amsterdam, 1700, in-4°.

SAINT JEAN CHRYSOSTOME.

Saint Jean Chysostôme naquit à Antioche l'an 347, de parens catholiques et d'une race illustre : il eut les meilleurs maîtres de son temps ; le rhéteur Libanius forma son esprit à l'éloquence. On lui demandoit un jour qui, d'entre ses élèves, il choisiroit pour son successeur : *celui-là*, dit-il , en montrant Chrysostôme; *mais les chrétiens nous l'enleveront.* Sa prédiction ne tarda pas à être accomplie.

Chrysostôme est un des plus grands orateurs qui aient paru non-seulement dans l'Eglise, mais dans le monde ; et il va de pair avec Cicéron et Démosthènes. Sans entreprendre le parallèle de ces trois orateurs, sans essayer de leur assigner à chacun leur place, je remarque seulement à l'avantage de Démosthènes, dit l'abbé Auger, que sa force, sa véhémence et son élévation sont bien plus soutenues; que son abondance est toute de choses, de raisonnemens et de pensées. S. Jean Chrysostôme , en général , a beaucoup moins de sagesse et de sobriété que les deux autres; mais son éloquence est plus variée, plus riche, et plus facile que celle de Cicéron lui-même : il semble que la parole ne lui coûtoit pas plus qu'à un vase plein de se répandre.

L'édition la plus estimée des œuvres de S. Chrysostôme, est celle du P. de Montfaucon, 1718

1718 à 1734, 13 vol. in-fol. en grec et en latin.

On a de l'abbé Auger, *Homélies, Discours et Lettres Choisies de S. Jean Chrysostóme*, avec des extraits tirés de ses ouvrages sur divers sujets, Paris, 1785, 4 vol. in-8°. : cette traduction est facile, naturelle, élégante, et nous croyons même qu'elle est supérieure à toutes les autres du même auteur.

SAINT BASILE LE GRAND.

Les ouvrages de ce Père offrent un génie supérieur, une raison forte, une composition énergique, et des mouvemens impétueux ; un style noble caractérise ses productions.

D. Garnier et D. Marand ont donné une très-belle édition de ses œuvres, en 3 vol. in-fol., avec une traduction latine, 1721 et années suivantes.

L'abbé Auger a traduit ses *Homélies, Discours et Lettres Choisies*, 1788, in-8°.

SAINT GRÉGOIRE DE NAZIANZE.

En lisant les ouvrages de Saint Grégoire de Nazianze, on est convaincu qu'il a surpassé tous les orateurs de son siècle, par la correction de son style, par la noblesse et la variété de ses expressions, par la force des raisonnemens et par l'élévation des pensées. On peut cependant lui reprocher de faire un usage trop fréquent de l'antithèse, et de surcharger ses compositions de trop d'ornemens ; ses Sermons sont mêlés de pensées philosophiques et semés de traits historiques. On a recueilli ses Œuvres à Paris, en 1609 et 1611, 2 vol. in-fol. Le savant Huet faisoit beaucoup de cas de la traduction latine qui est de l'éditeur, l'abbé de Billy. Nous avons en français les Discours de Saint Grégoire de Nazianze, contre l'empereur Julien, dit l'apostat, Lyon, 1735, in-12, et sur l'excellence du sacerdoce, Paris, 1747, aussi in-12. L'auteur de ces traductions, qui sont exactes et d'un style vif et élégant, est l'abbé Troyat d'Assigny, prêtre de Grenoble, mort en 1772.

§ IV. PÈRES DE L'ÉGLISE LATINE.

TERTULLIEN.

Tertullien est le premier Père qui se soit distingué dans l'Eglise Latine. De Carthage, où il étoit prêtre, il passa à Rome; ce fut dans cette ville qu'il publia, pendant la persécution de l'empereur Sévère, son Apologie pour les chrétiens, qui est un chef-d'œuvre d'éloquence. Tertullien avoit un génie vif, ardent et subtil; son élocution est un peu dure; et ses expressions sont quelquefois obscures; mais il y brille une noblesse, une vivacité et une force qu'on ne peut s'empêcher d'admirer. La meilleure édition des ouvrages de Tertullien, est celle qu'on a donnée en 1746, à Venise, in-fol. L'abbé de Gourcy a publié, en 1780, in-12, une bonne traduction de *l'Apologétique;* elle est suivie de celle des Prescriptions, autre ouvrage estimé de Tertullien : ces deux traductions sont accompagnées du texte original.

SAINT AMBROISE.

Saint Ambroise attira, par son éloquence brillante, tous les regards de l'Occident, et ses succès le firent regarder comme un prodige. C'est surtout dans ses Oraisons funèbres, où l'on reconnoît le langage de la douleur, de l'amitié et de la religion, qu'il a laissé des monumens de la plus belle éloquence. Saint Ambroise donnoit à ses discours les ornemens qu'on estimoit de son temps : on lui a reproché d'avoir prodigué quelquefois les idées subtiles, les antithèses, les métaphores recherchées et les allégories; mais ces défauts sont cachés, en partie, par la douceur, la noblesse et la gravité qui règnent dans ses discours. D. Jac. Frische et D. le Nourry ont donné, en 1686 et en 1690, une bonne édition de ses ouvrages, en 2 vol. in-fol. L'abbé de Bellegarde a traduit les Sermons de Saint Ambroise, 1691, 2 vol. in-8°.

SAINT AUGUSTIN.

Saint Augustin étoit doué des plus rares dispositions pour l'éloquence : il raisonne, dit Fénélon, avec une force singulière; il est plein d'idées nobles; il connoît le fond du cœur humain; il est attentif à garder les bienséances; il est tout ensemble, sublime et populaire ; enfin, il s'exprime presque toujours d'une manière tendre, affectueuse et insinuante.

Ce Père ne s'est point garanti des défauts de son siècle; il tourne souvent autour de la même pensée : il est admirable dans quelques morceaux particuliers; mais il fatigue par ses antithèses, quand on le lit de suite : ce qui sert à l'excuser, c'est qu'il est touchant, lors même qu'il fait des pointes.

La meilleure édition des Œuvres de Saint Augustin, est celle qui a été donnée par les Bénédictins depuis 1679 jusqu'en 1700, 11 vol. in-8°. Le docteur Arnauld a traduit en français les Sermons sur les Psaumes, Paris, 1687, 7 vol. in 8°.; les Sermons sur le Nouveau Testament l'ont été par Goisband Dubois, Paris, 1694 et 1700, 4 vol. in-8°. On sait que Dubois a traduit aussi plusieurs ouvrages de Cicéron. Une dame qui avoit du goût et qui se nourrissoit de bonnes lectures, disoit à l'abbé d'Olivet, qu'elle avoit trouvé, en lisant les traductions de Dubois, que Saint Augustin et Cicéron étoient l'un comme l'autre, deux grands faiseurs de phrases, qui disoient tout sur le même ton. C'est que le traducteur s'étoit cru permis de jeter Cicéron et Saint Augustin dans le même moule, en leur prêtant à l'un et à l'autre son style personnel.

SAINT BERNARD.

La vivacité, la noblesse, l'énergie et la douceur caractérisent le style de Saint Bernard. Il est plein de force, d'onction et d'agrément;

il sait donner des louanges sans flatterie et dire des vérités sans offenser. Son imagination féconde lui fournissoit, sans effort, les allégories et les antithèses dont ses ouvrages sont semés. Quoique né dans le siècle des scolastiques, il n'en prit ni la méthode ni la sécheresse. Il a été regardé comme le dernier des Pères.

La meilleure édition de ses ouvrages, est celle de Mabillon, 1690, 2 vol. in-fol. D. Antoine de Saint-Gabriel, feuillant, a traduit en français ses Sermons, en 6 vol. in-8°.

On trouvera d'amples et curieux détails sur les Pères de l'Eglise, dans l'ouvrage intitulé, Bibliothèque portative des Pères de l'Eglise, qui renferme l'histoire abrégée de leur vie, l'analise de leurs principaux écrits, les endroits les plus remarquables de leur doctrine sur le dogme, la morale et la discipline, avec leurs plus belles sentences, par l'abbé Tricalet, Paris, 1758-1762, 9 vol. in-8°., réimprimée avec des corrections et des augmentations, par Rondet, 1787, 8 vol. in-8°.

§ V. ORATEURS ITALIENS.

L'Italie est incontestablement le pays de l'Europe où se manifestèrent les premières étincelles du génie, depuis si long-temps étouffé par la barbarie. Dès le treizième siècle, elle eut des poëtes, des orateurs et des historiens célèbres.

Nous allons parcourir la classe de ceux qui se sont le plus distingués dans l'éloquence ; et c'est avec d'autant plus d'intérêt que nous rétablirons leurs noms dans ce volume, que la reconnoissance pour leurs efforts au milieu de l'ignorance universelle, se mêlera à l'admiration que leurs talens inspirent.

SPÉRON SPÉRONI.

Cet auteur a laissé de nombreux ouvrages ; les plus estimés sont ses discours et ses dialogues de morale ; il y a de la solidité dans les pensées, beaucoup de noblesse et de pureté dans le style ; mais on n'y trouve ni mouvement, ni chaleur, ni aucun de ces grands traits, qui caractérisent la véritable éloquence. Sa célébrité fut si grande dans ces temps où les moindres talens étonnoient, que toutes les fois qu'il avoit à exposer au sénat de Venise les intérêts de Padoue, sa patrie, les avocats et les juges des autres tribunaux quittoient le barreau, pour aller l'entendre.

Ses ouvrages ont été imprimés à Venise, en 1595, in-8º.; et ses discours en 1596, in-4º.

Les autres orateurs de ces siècles sont *la Casa* et *Albert Lollio*; ce dernier est regardé comme l'orateur le plus parfait de son temps : ses discours offrent un style pur et élégant, une marche noble et simple; il a aussi quelquefois du mouvement et de l'énergie ; mais il ne possède pas ces qualités à un assez haut degré, pour que nous indiquions ses ouvrages comme étant dignes d'être placés dans la Bibliothèque d'un Homme de Goût.

Au dix-huitième siècle, l'éloquence semble prendre un nouvel essor en Italie : ses orateurs sentent enfin que pour fixer l'attention et intéresser le cœur, il faut s'emparer fortement d'un sujet, en connoître toute l'étendue, faire succéder les idées et les sentimens, peindre avec des images vives et des expressions profondes, et communiquer aux autres le mouvement rapide et involontaire dont on est soi-même entraîné.

Les

Les modèles de ce genre d'éloquence en Italie, sont :

VALLISNIERI.

Vallisnieri, comme Buffon, a prouvé dans ses écrits *sur l'Histoire Naturelle*, que l'éloquence n'étoit point étrangère à cette partie des connoissances humaines. Son discours *sur l'Enthousiasme Poétique*, offre un style pur et correct sans sécheresse, élégant sans recherche, animé sans effort.

Ses œuvres existent en Italie, en trois volumes in-folio, 1733.

FRISI.

Le Père Frisi étoit digne de louer Galilée, Newton, d'Alembert, etc. Ses éloges, écrits d'un style noble et rapide, quoique quelquefois incorrect, offrent beaucoup de vues et de réflexions philosophiques. Il sait répandre de l'intérêt et de l'agrément dans les analises et les savantes discussions qu'il a peut-être un peu prodiguées.

BETTINELLI.

Peu d'écrivains Italiens ont eu autant d'imagination d'esprit et de goût que Bettinelli. Comme poète, il tient le premier rang entre les Métastase, les Frugoni; et comme orateur, il ne le cède à aucun de ses contemporains. On retrouve dans ses discours une imagination brillante et presque poétique, qui répand sur tous les objets un coloris agréable : il a un grand nombre de tours vifs et animés, de figures énergiques et brillantes, de pensées nobles et ingénieuses.

PARADISI.

Cet auteur, mort à la fleur de l'âge, a emporté les regrets de tous les amis des lettres et de la philosophie : il joignoit le goût à l'érudition, le don de penser au talent d'écrire. Son Eloge de Montécuculli, écrit avec une élégante et noble simplicité, offre une peinture du caractère et de la vie de ce grand homme, tracée avec autant de fidélité que d'intérêt.

CÉSAROTTI.

Il est du petit nombre des écrivains qui ont réuni dans un égal degré, le talent d'écrire en vers et en prose. Sa sublime imitation des Poésies Erses lui assure une place parmi les poëtes originaux ; et dans ses ouvrages en prose, on trouve toujours l'orateur et le philosophe.

CÉRATI.

Ses Eloges auroient réuni tous les suffrages, s'il ne s'étoit quelquefois trop attaché à imiter la manière de Thomas. Les défauts de ce célèbre orateur tiennent au caractère de son talent, et blessent moins chez lui, parce qu'on sent qu'ils lui sont naturels. C'est à la médiocrité à s'attacher servilement à un modèle : si Cérati n'eut suivi que son talent, il n'auroit rien laissé à désirer dans un genre où l'esprit, l'éloquence et la philosophie doivent régner à la fois sans se nuire.

CATANI.

L'Eloge de Marie-Thérèse, impératrice-reine, par Catani, est un des plus beaux ouvrages d'éloquence qu'ait produits l'Italie. L'orateur philosophe attache le lecteur par la beauté des traits qui se succèdent sans effort dans son discours, comme la vraie peinture de chaque objet.

Nous parlerons peu des orateurs qui ont couru la carrière de l'éloquence sacrée en

Italie; le mauvais goût l'a presque toujours défigurée.

VENINI ET TRENTO.

Ces orateurs sont ceux qui ont montré le plus de talent pendant le 18me. siècle ; l'un est le Massillon de l'Italie, et l'autre le Bourdaloue ; c'est aux lecteurs de ces productions à juger si cette comparaison est juste.

§ VI. ORATEURS FRANCAIS.
PRÉDICATEURS.

Nous ne donnerons l'histoire de l'éloquence sacrée que depuis qu'on a commencé à prêcher en français. Jamais l'art de la parole n'a été plus avili qu'alors. Après le texte, venoit un long exorde, qui rouloit le plus souvent sur un passage de l'Ecriture, et qui conduisoit le prédicateur à ce qu'on appelle l'*Ave Maria :* alors il traitoit deux questions; l'une théologique, où il rapportoit les sentimens des maîtres de l'Ecole ; et l'autre juridique, tirée tantôt du Droit Canon, tantôt du Droit Civil. On citoit les livres, les paragraphes et les lois, comme dans un plaidoyer. Ovide et S. Augustin, Homère et S. Chrysostôme fournissoient les autres citations,

Dès qu'on avoit vidé ces questions épineuses, qui n'avoient souvent aucun rapport avec le sujet principal, et qui, avec l'exorde, remplissoient les deux tiers du sermon, l'orateur venoit à la division générale : il la faisoit toujours en deux parties, qui finissoient par des syllabes de même son, pour former une espèce de cadence. Ce qu'on observoit avec soin dans la plupart des sermons, c'est que la première partie eût du rapport avec la matière générale que le prédicateur avoit eu dessein de traiter, ou pendant l'Avent, ou durant le Carême. Chacune des parties générales, surtout la première, étoit sous-divisée en plusieurs. Tout étoit traité avec autant de sécheresse que de brièveté. Quand le harangueur avoit rempli, ou croyoit avoir rempli sa tâche, il finissoit assez brusquement, souvent par les paroles de son texte, pour montrer, sans doute, qu'il ne s'étoit pas écarté de sa matière ; en quoi certainement il ne pouvoit faire illusion qu'aux esprits les plus distraits, ou aux auditeurs les plus ignorans.

MENOT ET MEYSSIER.

Les Sermons de Menot et Meyssier, et de

plusieurs autres qui ont eu néanmoins de la réputation en leur temps, sont dans ce goût : ils paroissoient presque tous jetés dans le même moule. Si l'Ecriture est citée dans leurs sermons, c'est presque toujours à contre-sens ou sans aucun discernement : des moralités insipides, souvent fausses ; rien de persuasif, rien qui puisse éclairer et toucher. Les descriptions des vices y sont ordinairement si grossières, qu'elles ne sont guère capables que de les inspirer. Il falloit pourtant un grand fond d'érudition à ces vieux sermonnaires. La plupart sont pleins de traits d'histoire, de pensées des philosophes, d'imaginations poétiques et fabuleuses. On cite dans plusieurs, et cela presque à chaque page, le grand Epaminondas, le divin Platon, l'ingénieux Homère. On y conte même des historiettes plus propres à scandaliser, qu'à édifier. Parmi les inepties que nous pourrions faire connoître, je ne choisirai que quelques morceaux de Raulin, prédicateur du quinzième siècle.

RAULIN.

Voici comment cet orateur explique la conversion du pécheur à Dieu et de Dieu au

pécheur. « La miséricorde de Dieu, dit-il,
» est comme la partie de devant du visage,
» et sa justice celle de derrière, suivant ces
» paroles : *Misericordiam et judicium can-*
» *tabo tibi, Domine.* Or, Dieu ne se tourne
» que du côté de ceux qui se tournent vers
» lui, comme un miroir ne réfléchit le visage
» que de ceux qui se présentent devant la
» glace... Ne fuyons point le regard de Dieu
» à cause de quelques imperfections de no-
» tre cœur ; le soleil qui entre par une fenê-
» tre, n'en éclaire pas moins une chambre,
» quoiqu'il trouve des atomes sur le chemin
» de ses rayons, etc. »

Ce beau sermon est orné, suivant l'usage
de ce temps, d'une histoire, ou plutôt d'une
fable, qui dut faire une très-grande impression sur l'auditoire. « Un ermite, dit Jean
» Raulin, suppliant Dieu de lui faire connoî-
» tre la voie du salut, vit tout à coup un dia-
» ble tranformé en ange de lumière, qui lui
» dit : Dieu a exaucé votre prière. Il m'en-
» voie vous dire que, si vous voulez vous
» sauver, il faut lui offrir trois choses, une
» lune nouvelle, un disque de soleil, et la
» quatrième partie d'une rose. Si vous unis-
» sez ces trois choses et les offrez à Dieu,

» vous serez sauvé. L'ermite étoit très-affli-
» gé, ne sachant ce que cela vouloit dire.
» Mais un véritable ange de lumière lui ap-
» parut, et lui dit le mot du logogriphe.
» La nouvelle lune, dit-il, est un croissant,
» c'est-à-dire, un *C*, dont il a la forme; le
» disque du soleil est un *O*; la quatrième
» partie d'une rose est un *R*; joignez ces trois
» lettres, et vous ferez le mot *Cor* : c'est ce
» que Dieu vous demande, etc. »

Jean Raulin, dans ce même sermon, parle ainsi, au sujet de la nécessité du jeûne. « Rien de plus difficile que la conversion, à
» moins que le corps ne vienne au secours.
» Car, comme dit Aristote, le corps suit la
» matière. Ainsi, si nous faisons jeûner le
» corps, l'esprit en sera plus dégagé et plus
» libre. Un carrosse va plus vite quand il est
» vide; un navire qui n'est pas trop chargé,
» obéit mieux au vent et à la rame.... L'a-
» raignée qui marche si bien sur ses pattes,
» ne peut pas marcher sur le dos; de même si
» le ventre de l'homme est attaché à la terre,
» l'esprit ne peut pas marcher vers le ciel.
» Et puis par le jeûne du ventre, l'homme
» s'unit mieux à Dieu; car c'est un principe
» des géomètres, qu'un corps rond ne peut
» toucher

» toucher une surface que dans un point : or,
» Dieu est cette surface, suivant ces paro-
» les : *Justus et rectus Dominus.* Un ven-
» tre qui se nourrit trop, s'arrondit : donc il
» ne peut toucher Dieu que dans un point;
» mais le jeûne aplanit le ventre; et alors
» celui-ci s'unit à la surface de Dieu dans tous
» les points, et dans toutes les parties. »

Les protestans de France furent les premiers qui mirent quelque ordre et quelques raisonnemens dans leurs discours, parce qu'on est obligé de raisonner méthodiquement, quand on veut changer les idées des hommes; mais ces raisonnemens étoient fort éloignés de l'éloquence; et la chaire n'en fut pas moins livrée au mauvais goût. Quelle étoit la source de cette grossièreté absurde, si universellement répandue en Italie du temps du Tasse, en France du temps de Montagne, de Charron et du chancelier de l'Hôpital, en Angleterre dans le siècle de Bacon? Comment ces hommes de génie ne réformoient-ils pas leur siècle?

SENAULT.

Ce ne fut guère que du temps de Coeffeteau et de Balzac, que quelques prédicateurs osèrent parler raisonnablement. C'est au Père Senault, de l'Oratoire, qu'on est redevable principalement du bon goût qui règne aujourd'hui dans la chaire. Il la purgea de cette érudition profane, de ces ridicules plaisanteries qu'on y croyoit auparavant nécessaires pour attirer l'attention des auditeurs : il mit à la place de ces faux ornemens, une éloquence douce et naturelle, qui n'a rien de contraire à la sainteté du ministère évangélique. C'est le témoignage que tout le monde a rendu au Père Senault, et surtout le Père de Lingendes, jésuite, quoiqu'alors son concurrent dans la gloire de l'éloquence de la chaire.

LE PÈRE LINGENDES.

On a de lui trois volumes in-4°. de Sermons qu'il composoit en latin, quoiqu'il les prononçât en français. L'applaudissement avec lequel il avoit rempli le ministère de la chaire, fut un augure favorable pour ce recueil, très-bien reçu du public. Les vérités évangéliques y sont exposées avec beaucoup d'éloquence ; le raisonnement et le pathétique s'y succèdent tour à tour.

LE PÈRE BOURDALOUE.

Bourdaloue fut le premier en Europe, qui remporta le prix de son art. Je rapporterai ici le témoignage de M. Burnet, évêque de Salisbury, qui dit dans ses Mémoires, qu'en voyageant en France, il fut étonné de l'éloquence de ses sermons, et que ce jésuite réforma les prédicateurs d'Angleterre, comme ceux de France. Il fut le Corneille de la chaire, comme Massillon en a été depuis le Racine. Il porta la force du raisonnement dans l'art de prêcher, comme Corneille l'avoit portée dans l'art dramatique : on l'a accusé pourtant d'être plus avocat que prédicateur, plus propre à convaincre les gens d'esprit, qu'à émouvoir le peuple. Il est admirable du côté du raisonnement; mais il a peu d'onction et même de pathétique. Il a cette force qui vient de la raison, du vrai mis dans tout son jour par un esprit solide et ferme; et non celle qui vient du sentiment, des mouvemens d'un cœur tendre et affectueux. On pourroit dire de plusieurs prédicateurs, qu'ils apportent des raisons plutôt qu'ils ne raisonnent, et qu'ils exposent des preuves, plutôt qu'ils ne prouvent.

Le Père Bourdaloue démontre, tant par les preuves directes, les plus évidentes et les mieux choisies, que par la réfutation la plus complète et la plus entière de tout ce qu'on pourroit lui objecter avec la moindre vraisemblance ; c'est surtout dans ce dernier point qu'il excelle : il réduit le pécheur au silence ; il ne lui laisse ni excuse, ni prétexte ; il le force à se condamner, à se mépriser lui-même. Mais ses peintures, quoique vives, sont sans images. C'étoit un homme de grand sens plutôt qu'un homme d'esprit, ou plutôt, qu'un homme d'imagination, à prendre ces termes dans le sens qu'on y attache ordinairement. Il a peu de ces traits qui peignent d'un mot, de ces expressions de génie qui présentent une vérité commune sous une face nouvelle.

Plus profond dialecticien qu'orateur disert, il sait mieux dégager la vérité des chaînes tortueuses du sophisme, que trouver le chemin des cœurs. Point de principes obscurs qu'il ne développe jusqu'à l'évidence, point de preuves qu'il ne rende palpables, point de conséquences qu'il ne déduise de la nature même des choses. A sa voix, les dogmes les plus épineux s'éclaircissent ; les plus grands mystères se dévoilent; les doutes les mieux affermis se dissipent. Quel ordre! quelle gradation! quelle chaîne dans ses idées! On voit partout un philosophe habile, un savant théologien, un directeur consommé dans la conduite des âmes.

La meilleure édition des Sermons de Bourdaloue, est celle de Paris, Rigaud, 1707 et ann. suiv., 18 vol. in-8°.

LE PÈRE CHEMINAIS.

Ce confrère du Père Bourdaloue, génie vif et tout de feu, fut applaudi à la cour et dans la capitale du royaume. On lira toujours ses sermons avec plaisir, indépendamment du fruit qu'on peut en retirer pour la direction des mœurs. Il faut convenir, cependant, qu'il n'approfondit pas toujours son sujet, et que le rhéteur paroît trop à découvert dans ses discours. On l'avoit obligé trop jeune à se livrer à l'exercice de la prédication; il manquoit d'un fonds qui eût été nécessaire, et qui l'eût rendu un des premiers orateurs de son siècle. La foiblesse de sa santé l'obligea de quitter la chaire à un âge, où d'autres commencent à y monter. Ses Sermons sont en cinq volumes.

LE PÈRE SOANEN.

Le Père Soanen, de l'Oratoire, mérita l'estime de Louis XIV, et l'évêché de Senez. Il étoit un des quatre prédicateurs les plus distingués de sa congrégation, que l'on appeloit à la cour les quatre Évangélistes. Louis XIV ne l'entendoit jamais, sans être sensiblement frappé des vérités fortes et pathétiques qu'il lui annonçoit. Le Père de la Chaise et le Père Bourdaloue assistoient avec plaisir à ses sermons. Enfin, pour tout renfermer en un mot, il prêchoit simplement, fortement, chrétiennement, comme chacun croiroit pouvoir prêcher, disoit M. de Fénélon, qui ne proposoit d'autres modèles pour l'éloquence de la chaire, que Bourdaloue et Soanen.

LE PÈRE MASSILLON.

Ce digne ministre de la parole (Soanen) n'est pas le seul de la congrégation de l'Oratoire qui ait fait briller ses talens à la cour. Le Père Massillon y parut presque en même temps que lui, et y cueillit des lauriers, qui n'étoient faits que pour un homme d'un grand génie. L'abbé Trublet, qui assigne la première place de la chaire au Père Bourdaloue, ne donne que la seconde à Massillon. Il est certain que le jésuite créa, pour ainsi dire, le vrai goût de la chaire : il forma ses rivaux ; il leur donna l'exemple de cette solidité, de cette force de raison qui caractérisent ses discours. Mais si la logique du Père Massillon n'est pas aussi profonde que celle du Père Bourdaloue, ce défaut n'est-il pas compensé par l'onction et l'aménité qui le distinguent? Son style, quoique noble et digne de la majesté de la chaire, n'en est pas moins simple et à la portée du peuple. La vivacité de son imagination ne prête à ses expressions, que ce qu'il faut d'agrément pour satisfaire l'homme d'esprit, sans que la multitude soit réduite à admirer ce qu'elle n'entend pas.

Ennemi de tout ce qui ressent l'affectation dans le style, il l'étoit encore plus de ces pensées, qui n'ont d'autre mérite que le brillant, qui ne font qu'amuser l'esprit, et le détourner de l'attention qu'il doit aux vérités importantes qu'on lui annonce. Le Père Massillon n'offre partout que des idées grandes et sublimes, qui élèvent l'âme, qui montrent la religion sous ce caractère de noblesse et de majesté qui lui est propre, et qu'elle semble perdre quelquefois, parce qu'on l'a confiée à des mains, qui, loin de l'embellir, ne peuvent que la défigurer.

L'édition la plus estimée des Sermons de Massillon, est celle de Paris, Estienne, 1745 et ann. suiv., 15 vol. in-12.

FLÉCHIER.

La noblesse des pensées, jointe à beaucoup de délicatesse, d'énergie, de pureté de style, se font remarquer dans les Sermons de Fléchier, évêque de Nîmes; mais il y a trop de brillant, et pas assez de profondeur.

FÉNÉLON.

Les Sermons de l'illustre Fénélon, 1778, in-12, sont des ouvrages de sa jeunesse et les premières fleurs des fruits mûrs qu'il donna ensuite. La plupart ont été réimprimés en 1807, sous le titre de *Sermons Choisis*. On trouve dans ce volume le Discours pour le sacre de l'électeur de Cologne; discours écrit tantôt avec l'énergie la plus vive, et tantôt avec la plus touchante sensibilité.

BOSSUET.

Les Sermons de Bossuet ont été attendus long-temps et avec impatience : ils ont enfin paru en 1771, 9 vol. in-12; et l'on doit l'a-
vouer,

vouer ; ils n'ont pas eû tout le succès dont on s'étoit flatté ; soit par la faute des lecteurs, soit que ces sermons aient paru trop éloignés du goût moderne ; que les détails ne soient pas assez relevés ; et qu'une certaine vétusté de style, s'il est permis de se servir de ce terme, ait été jugée un peu rebutante ; cependant ils renferment des traits de la plus grande beauté ; et l'on y retrouve Bossuet, c'est-à-dire, un des hommes les plus éloquens qui aient jamais existé.

Notre opinion sera sans doute partagée par les personnes qui liront le volume intitulé, *Sermons choisis de Bossuet*, 1806, in-12, et les Réflexions de M. le cardinal Maury sur les Sermons de Bossuet, dans son recueil de *Discours choisis*.

LE PÈRE DE NEUVILLE.

Que n'a-t-on pas dit pour et contre ce célèbre prédicateur ? Les uns ont trouvé en lui une éloquence qui tient du sublime ; les autres n'y ont vu qu'un pompeux et brillant verbiage : mais tournons-nous plutôt du côté de la louange, que de celui de la censure. « Quel
» beau génie ! dit l'abbé Trublet. Que d'es-
» prit et de sentiment à la fois ! J'ai trouvé

» des rapports entre Bossuet et Corneille ;
» j'en trouve aussi entre le Père Neuville et
» M. de Voltaire ; et le premier me paroît,
» à plusieurs égards, dans l'éloquence, ce
» que le second est dans la poésie. J'espère
» qu'on ne désapprouvera point des compa-
» raisons, où j'ai considéré les talens en eux-
» mêmes, et indépendamment de l'usage
» qu'on en fait ; usage d'autant plus blâma-
» ble, lorsqu'il est mauvais, que les talens
» sont plus grands. »

Les Sermons du Père de Neuville ont été imprimés en 1776, 8 vol. in-12. A un esprit délicat et solide, ce jésuite a su allier toutes les ressources d'une imagination heureuse ; à la connoissance des mœurs, le talent de les peindre et d'en saisir les rapports ; au don de penser avec justesse, l'art si peu connu d'écrire avec goût, et d'attacher son auditeur, jusque dans les détails des plus tristes vérités.

LE PÈRE LE CHAPELAIN.

La grande réputation du Père le Chapelain, prédicateur du premier ordre, a mérité au recueil de ses Sermons, publié en six volumes in-12, l'accueil le plus distingué. On y trouvera des plans aussi heureusement saisis que remplis, une marche noble et simple, beaucoup de force alliée à beaucoup d'onction; enfin, cette éloquence vive et naturelle, qui distingue si sensiblement le génie du talent formé par le seul travail. Ce jésuite avoit paru avec éclat dans presque toutes les grandes villes du royaume, et s'étoit vu, pendant plus de vingt ans, l'objet de l'admiration publique. Trois cours illustres, et non moins éclairées, celles de Versailles, de Vienne et de Lunéville, l'ont honoré de leurs suffrages; l'impératrice, reine de Hongrie et de Bohême, a daigné l'accueillir dans ses Etats, lui tendre une main bienfaisante, et le dédommager, autant qu'il étoit possible, de ses malheurs, de sa vieillesse et de ses infirmités. C'est dans ce doux et ce glorieux loisir, qu'il a dû à cette grande reine, qu'il a mis ses Sermons en état de voir le jour. Ce ne sont point de ces discours, dont un vernis académique, une froide élégance forment le principal mérite : partout vous y reconnoîtrez, ou cette élévation qui étonne, ou cette force de raisonnement qui subjugue, ou cette onction douce qui pénètre; une éloquence vive et naturelle, un style pur, une marche noble et simple, des plans bien saisis, bien remplis, nulle sorte d'imitation, ou plutôt ce caractère neuf, original, qui seul distingue le génie et fait vivre les ouvrages.

L'ABBÉ CLÉMENT.

Il me semble que l'abbé Clément n'a pas choisi ses modèles parmi nos orateurs modernes ; son éloquence a un caractère propre, un genre particulier, un ton neuf qui la distingue : ce ne sont point les éclairs et la foudre de Bossuet, la pressante dialectique de Bourdaloue, la douce persuasion de Cheminais, l'entente des mœurs et l'heureuse facilité de Massillon, la richesse et la magnificence du Père de Neuville. Ce que je crois retrouver dans les discours de l'abbé Clément, c'est le ton et la majesté des prophètes, la vigueur mâle et l'énergique précision de Saint Paul, le pathétique, les mouvemens et les grands traits de Saint Chrysostôme.

L'ABBÉ POULLE.

Les Sermons de l'abbé Poulle parurent, pour la première fois, en 1778, 2 vol. in-12. On admire dans cet orateur des qualités éminentes qui justifient l'enthousiasme avec lequel on a accueilli ses Sermons lorsqu'il les a prononcés. Une imagination brillante et presque poétique répand sur tous les objets qu'il touche, un coloris enchanteur. On trouve chez lui peu de raisonnemens et de discussions; mais un grand nombre de tours vifs et animés, de figures énergiques et éloquentes. Son style abondant, élevé, magnifique, coule comme un fleuve majestueux. On lui reproche quelques métaphores forcées, la recherche de l'esprit dans un petit nombre de morceaux, où il falloit de la simplicité ou du pathétique.

LE PÈRE ÉLISÉE.

Né avec un génie heureux et facile, le Père Elisée ne chercha jamais à embellir son éloquence des grâces d'un débit agréable et étudié. Ses mouvemens, sa déclamation, tout en lui étoit simple, pour ne pas dire négligé. Une fois que son mérite a été reconnu, il n'en a paru que plus grand; ce qui lui manquoit du côté de la déclamation, a donné un nouveau prix au charme de sa composition, et on l'a cru un orateur accompli, par là même qu'il n'en avoit pas les qualités extérieures.

Sans confirmer pleinement cette idée, la lecture de ses Sermons, réimprimés plusieurs fois, en laissera cependant toujours une très-avantageuse de son éloquence. Un style pur et élégant, une onction douce, une candeur aimable, un zèle tendre et un sincère amour du salut des âmes, tels sont les caractères qui me paroissent briller dans les discours du Père Elisée. La douceur et l'urbanité me semblent le distinguer d'une manière particulière. L'estime que l'on conçoit de ses talens, en lisant ses Sermons, est encore augmentée par la lecture des Panégyriques et Oraisons funèbres que contient le dernier volume de son recueil, Paris, Mérigot le jeune, 1786, 4 vol. in-12.

L'ABBÉ DE GÉRY.

L'éloquence de cet orateur est dans le genre tempéré ; rarement il a des mouvemens vifs et rapides qui entraînent ; mais une exposition simple et facile, une instruction claire, du sentiment et du pathétique dans l'occasion ; une continuité de style pur et même élégant, voilà ce qui distingue les

Sermons de M. de Géry, 1788, 6 vol. in-12. On prétend qu'il travailloit avec la plus grande facilité, et que trois ou quatre jours lui suffisoient pour composer et apprendre un sermon. Aussi ne dira-t-on pas de lui ce qu'on disoit de *Démosthènes*, que ses discours sentent la lampe.

L'ABBÉ BEAUREGARD ET L'ABBÉ LENFANT, EX-JÉSUITES.

L'abbé Beauregard joint à une simplicité populaire, la vigueur, la fierté mâle, la véhémence, et surtout l'action de *Démosthènes*; il subjugue, il entraîne ses auditeurs, il les remplit du saint enthousiasme dont il est animé lui-même, et grave dans leurs cœurs en traits de flamme, les préceptes de la morale et les augustes vérités de la religion. Un style plus orné, plus fleuri, une déclamation plus douce, mais aussi digne du ministère sacré, des morceaux dignes de Bossuet caractérisent l'abbé Lenfant. On assure que les jésuites de Russie possèdent le recueil des Sermons du Père Beauregard, et que ceux du Père Lenfant sont conservés à Paris.

M. DE BEAUVAIS, ANCIEN ÉVÊQUE DE SENEZ.

Cet orateur s'étoit fait une réputation, non-seulement par ses vertus douces et modestes, mais encore par ses succès dans l'éloquence de la chaire; et on regrettoit justement que des discours qu'on avoit entendus avec fruit et édification, dignes sinon de figurer parmi nos grands modèles, au moins d'occuper une place distinguée dans le nombre considérable d'excellens sermons dont s'honore notre littérature religieuse, n'eussent point encore été donnés au public : ils ont enfin paru en 1807, à Paris, chez Leclere, avec un éloge historique de leur illustre auteur, où l'on remarque la partialité d'un de ses émules dans la carrière évangélique.

Les quatre volumes de Discours de M. l'évêque de Senez contiennent des sermons, dont la plupart ont été prêchés à la cour; des exhortations pour des circonstances particulières, quelques panégyriques, parmi lesquels il s'en trouve un de Saint Vincent de Paul, et un autre de St. Louis, prêché devant l'Académie Française, et enfin des oraisons funèbres.

Les Sermons de M. de Senez ont tous pour objet des points de morale.

On regrette de ne point trouver parmi ces discours, celui qui fut prononcé le jour du Jeudi-saint 1774, année où mourut Louis XV. On se rappelle que faisant allusion au passage de l'Ecriture, *encore quarante jours, et Ninive sera détruite*, M. de Senez parut prédire une mort que rien alors ne faisoit présager, et qui frappa le monarque avec autant de ponctualité, que si véritablement l'orateur eût eu le don de lire dans l'avenir. Quant au genre d'éloquence de M. de Senez, sans être aussi sublime que celui de nos premiers orateurs, il ne manque ni de grâce, ni même d'une sorte d'élévation. Son style est pur, et la marche de ses idées naturelle. La teinte de ses pensées est douce, sa manière insinuante et persuasive.

M. l'abbé Gallard, éditeur des Sermons de M. l'ancien évêque de Senez, a publié séparément le commencement de l'Eloge de son illustre ami ; il faut le joindre aux quatre volumes dont il est ici question : c'est un morceau remarquable par la noblesse des pensées et l'élégance du style ; une santé affoiblie par les malheurs de la révolution n'a pas permis à l'auteur d'achever cet ouvrage.

L'ABBÉ DE CAMBACÉRÈS.

Beaucoup d'ordre, de clarté et de méthode ; des idées justes, solides et profondes ; une grande force de raisonnement ; une dialectique sûre et qui porte la conviction dans les esprits ; une marche vive et rapide ; des ornemens placés à propos et tirés du fond du sujet, assurent à feu M. l'abbé de Cambacérès un rang distingué parmi les orateurs chrétiens. Ses Sermons, publiés en 1781, 3 vol. in-12, ont été réimprimés en 1787.

FEU M. DE NOÉ.

M. l'évêque de Lescar prononça, en 1781, à Auch, un Discours sur une bénédiction de drapeaux, auprès duquel celui de Massillon sur le même sujet ne me paroît qu'une ébauche informe. Son Discours sur l'*État futur de l'Eglise*, qui étoit destiné pour l'ouverture de l'assemblée du clergé, en 1785, ne peut que confirmer l'idée que l'on a conçue de son éloquence. Ce qu'il faut surtout observer, c'est le genre tout-à-fait neuf de son style.

Sa *Lettre Pastorale* à l'occasion des ravages causés dans son diocèse, par la mortalité des bestiaux, a été comptée dans le très-petit nombre d'ouvrages supérieurs qui ont paru en ce genre; elle est également précieuse, et par les principes et les sentimens qu'elle exprime, et par la beauté du style.

Dulau, libraire de Londres, a publié en 1801, in-12, le recueil des différens ouvrages de M. de Noé. Ce volume contient les morceaux que nous venons de citer, et d'autres, parmi lesquels on distingue un Discours pour la confirmation, prononcé à Londres en 1799.

M. de Noé est mort en 1802, évêque de Troyes.

Nous regrettons de n'avoir pu caractériser dans cet ouvrage les Sermons des Pères de la Colombière, Giroust, la Rue, Bretonneau, Segaud, Perussault, Griffet, Durivet, Geoffroy, de Marolles, jésuites.

Des Pères Hubert, la Roche, Pacaud, du Treuil, de la Boissière, Terrasson, Molinier et Surian, oratoriens.

Des abbés Anselme et de Cicéri, des Pères d'Alègre et Torné, doctrinaires; de D. Sensaric, bénédictin; et de quelques autres orateurs.

SAURIN.

Les protestans ont eu aussi des prédicateurs distingués : je mets à leur tête Saurin, dont les Sermons ont été imprimés plusieurs fois. C'étoit un ministre protestant, retiré en Hollande. Il prêcha avec beaucoup de force, de génie et d'éloquence; on ne trouve point dans ses discours ces imprécations et ces emportemens qui déshonoroient autrefois les sermons des calvinistes : ils ne sont pas cependant exempts du venin de l'hérésie; et ils pourroient être écrits avec plus de pureté.

ROMILLY.

Cet orateur avoit le talent singulier d'être lumineux et profond, méthodique sans sécheresse, fort en raisonnemens, et toujours intéressant par la manière de les présenter. Original dans ses idées comme dans ses tours, il savoit enchaîner ses auditeurs par les couleurs vives de son style, qui étoit simple et pur, par la cadence harmonieuse de ses périodes, par une voix agréable et une bonne déclamation : on sortoit de ses sermons enchanté, éclairé, convaincu; leur impression, plus durable que le moment où il les prononçoit, poursuivoit le méchant pour l'empêcher de mal faire, et l'homme de bien pour l'affermir dans ses principes. Les Sermons de cet orateur ont été publiés à Genève en 1783, 3 vol. in-8°.

REYBAZ.

Les Sermons de feu M. Reybaz sont faits pour intéresser les protestans et les catholiques romains : les points de morale sont les mêmes pour les honnêtes gens de toutes les opinions ; quant aux dogmes, il n'est point question de controverse ; et si les protestans n'admettent pas tous ceux des catholiques, au moins ceux-ci n'en rejettent-ils aucun de ceux qu'adoptent les protestans.

L'auteur a mis en tête de ses Sermons, des Conseils à un jeune homme sur l'art de la prédication; c'est une espèce de poétique abrégée du genre. Les principes relatifs à la composition, et ceux relatifs à l'action y sont un peu confondus, mais ils sont purs, et décèlent un littérateur homme de goût, autant qu'un orateur exercé à parler en public. Ces Sermons forment 2 vol. in-8°., imprimés en 1801.

PANÉGYRIQUES ET ORAISONS FUNÈBRES.

FLÉCHIER.

Si l'orateur évangélique peut avoir des fleurs, c'est surtout dans les panégyriques; mais en les employant, il faut qu'il le fasse naturellement.

C'est le grand talent qu'ont possédé Fléchier et Bossuet dans leurs Oraisons funèbres : ce genre d'ouvrage n'étoit, avant eux, que l'art d'arranger de beaux mensonges pour relever les fausses vertus des grands, et souvent l'abus de la grandeur même. Fléchier fut un des premiers qui, dans l'éloge des morts, fit des leçons aux vivans. Son éloquence est noble et harmonieuse. L'art n'y est pas toujours caché; et l'on sent qu'il dirige souvent la nature.

BOSSUET.

Il n'y a pas tant d'élégance, ni une si grande pureté de langage dans Bossuet, que dans Fléchier; mais on y trouve une éloquence plus forte, plus mâle, plus nerveuse. Le style de l'évêque de Nîmes est plus coulant, plus arrondi, plus uniforme ; celui de l'évêque de Meaux est, à la vérité, moins égal, moins pur, moins soutenu ; il est cependant plus rempli de ces grands sentimens, de ces traits hardis, de ces figures vives et frappantes, qui caractérisent les discours des orateurs du premier ordre. Fléchier excelloit dans le choix et l'arrangement des mots ; mais on y entrevoit beaucoup d'attention pour la parure, et trop de penchant pour l'antithèse, qui est sa figure favorite. Bossuet, plus occupé des choses que des mots, ne cherche point à répandre des fleurs dans ses discours, ni à charmer l'oreille par le son harmonieux des périodes ; son unique objet est de rendre le vrai sensible à ses auditeurs : dans cette vue, il le présente par tous les côtés qui peuvent le faire connoître, et le faire aimer. Né pour le sublime, il en a exprimé toute la majesté et toute la force dans plusieurs endroits de ses Oraisons funèbres, et surtout dans celle de Marie de France, reine d'Angleterre, et de Henriette-Anne d'Angleterre, duchesse d'Orléans. Ses discours, dit le Père de la Rue, étoient médités, plutôt qu'étudiés et polis ; sa plume et sa mémoire y avoient moins de part que son cœur ; et comme il avoit le cœur pénétré de grandes vérités dont son esprit étoit plein, l'abondance et la variété ne lui manquoient jamais; mais on lui désiroit quelquefois la justesse et la propriété de l'expression.

MASCARON.

Peu d'hommes destinés à parler en public, ont reçu de la nature des dispositions aussi favorables que celles qu'avoit le célèbre Mascaron, évêque d'Agen. Son extérieur prévenoit; et il étoit difficile, dès qu'il paroissoit, de lui refuser son attention. Port majestueux, son de voix agréable, geste naturel et réglé, il joignit à ces beaux dehors une éloquence forte et vive. Quoique moins orné que Fléchier, et moins sublime que Bossuet, moins touchant que Massillon, il tiendra toujours un rang distingué parmi nos orateurs. Nous n'avons de lui que cinq Oraisons funèbres imprimées en 1702, in-12, et réimprimées en 1740 : la plus parfaite est celle du Turenne; il se surpassa lui-même dans ce discours, car les autres sont très-foibles, et pèchent contre le goût : on y ressent trop ce misérable bel esprit, ce goût de pointes et d'antithèses, que l'on préféroit,

vers

vers le milieu du dix-septième siècle, à ce beau naturel, à cette simplicité élégante, le vrai caractère de l'éloquence chrétienne.

LE PÈRE BOURDALOUE.

Dans les Oraisons funèbres du Père Bourdaloue, on trouve une beauté majestueuse, une douceur forte et pénétrante, un tour noble et insinuant, une grandeur naturelle et à la portée de tout le monde; et si cet orateur s'y est proposé de célébrer dignement la vertu, on sent que son but à été aussi de la faire aimer; il est dans ses Eloges funèbres, comme dans ses Sermons, vif, pressant, persuasif et pathétique; une raison profonde, nourrie de la sublime morale de l'évangile, forme son caractère.

LE PÈRE DE LA RUE.

Cet orateur, attaché à la vérité des faits, loue et blâme, en suivant les lumières de l'évangile; il saisit le vrai caractère de ses héros, et pénètre dans les plus secrets replis de leur cœur. Il expose avec sincérité, ce qu'ils ont fait pour Dieu et pour le monde; mais il omet ce qui ne peut servir à l'instruction de ses auditeurs; il remue le cœur par des peintures aussi vives que délicates ; par la véhémence de son style, par l'élévation de ses pensées, et par les sentimens d'une piété affectueuse ; plus occupé des choses que des mots, il ne s'amuse pas à distribuer avec art des portraits et des figures de rhétorique.

Le chef-d'œuvre du Père de la Rue, est l'Oraison funèbre du maréchal de Luxembourg : je la trouve comparable à tout ce que nous avons de plus beau en ce genre. Sans sortir des bornes où doit se renfermer un orateur évangélique, il a fait un tableau parfait de son héros, tableau digne des plus grands peintres. Quelle force de pinceau ! quel feu ! quelle vie dans les divers sentimens de son cœur ! Quelle image de sa valeur et de son intrépidité ! quelle adresse à voiler les circonstances délicates ! Dans toutes les Oraisons funèbres du Père de la Rue, il y a de la vivacité, un style nombreux, des tours oratoires naturellement placés ; de l'élévation dans les pensées, et une narration rapide des faits ; mais il s'est surpassé lui-même dans cette pièce d'éloquence, où toutes ces beautés se trouvent dans un degré éminent. On ne le voit jamais courir après une épigramme ou un jeu de mots, ni affecter de faire des peintures fines et délicates du vice, qui le font aimer; c'est le partage de ces frivoles orateurs, qui sacrifient la majesté de la religion, au misérable avantage de plaire à l'esprit, et de chatouiller l'imagination.

Nous venons de parler des cinq orateurs qui se sont spécialement distingués par des Oraisons funèbres, Bossuet, Fléchier, Bourdaloue, de la Rue et Mascaron; ceux qui les ont suivis dans cette carrière, en sont très-éloignés; et parmi ces cinq auteurs là même, on semble donner la préférence à Bossuet et à Fléchier : ce sont les deux modèles qu'on doit le plus consulter, lorsqu'on se destine à ce genre. Il est essentiel d'avoir un style aussi coulant et aussi harmonieux que celui de Fléchier; mais il n'est pas moins nécessaire d'imiter ces grands sentimens, ces traits hardis, ces figures vives et frappantes, qui caractérisent les discours du grand Bossuet.

Les Panégyriques de Fléchier, imprimés séparément en trois volumes in-12, montrent beaucoup de talent pour ce genre, qui tient à l'oraison funèbre, et qui demande les ornemens et la pureté du style. Il y a des grâces et de la force dans plusieurs de ses discours; mais il faut convenir que ces grâces ont quelquefois un air d'affectation, et que sa force n'est souvent qu'un ton déclamateur. L'onction et la chaleur sont rares chez lui, parce qu'il avoit plus d'esprit que de génie, plus l'esprit des tours que celui des pensées, et beaucoup plus l'esprit de l'antithèse que celui des autres tours.

MABOUL.

Ce prélat parut avec distinction dans les mêmes chaires, où les Bossuet, les Fléchier, les Mascaron, les Pères Bourdaloue et de la Rue déployèrent les grands ressorts de l'éloquence chrétienne. Tout ce que les esprits les plus difficiles peuvent désirer dans les ouvrages de ce genre, se rencontre dans ceux de Maboul : avec quel art il rapproche des choses qui semblent extrêmement éloignées, pour en former un tissu intéressant, qui tourne à la louange des morts, et à l'instruction des vivans, sans employer la flatterie et le mensonge, également nuisibles à ce double objet ! Dans les tableaux de la grandeur humaine, de l'héroïsme militaire ou politique, il fait sentir, avec délicatesse, ce que le monde y loue faussement, et ce que la religion approuve ou condamne.

LE PÈRE DE NEUVILLE.

Des critiques éclairés ont condamné, dans les Oraisons funèbres du Père de Neuville, quelques allusions imprudentes, des éloges qu'on prendroit pour de la satire, et des constructions vicieuses assez fréquentes. J'ai en effet remarqué dans l'Oraison funèbre du cardinal de Fleury, des phrases où la grammaire est cruellement blessée. On y auroit aussi souhaité plus d'ordre, plus de justesse, plus d'économie, plus de clarté en différens endroits, et surtout plus de traits de christianisme : je ne parle pas de certains morceaux de déclamation et de pure rhétorique, et d'un grand nombre de tours latins, qui n'ont pû échapper à la censure.

L'ABBÉ DE LA TOUR-DU-PIN.

Nous avons six volumes de Panégyriques de l'abbé de la Tour-du-Pin : ils ne sont point exempts de censure, soit pour l'application forcée des passages de la Sainte-Ecriture, soit pour avoir outré quelquefois les caractères, à dessein d'établir, entre différens Saints, des comparaisons absolument étrangères à la grandeur de ses héros et au mérite même du panégyrique, soit pour quelques antithèses favorites; mais ses beautés éclipsent ses défauts. Ses Discours sont l'ouvrage d'un prédicateur véritablement éloquent, d'une imagination noble et brillante, d'un esprit orné, d'un sentiment vif et pathétique. Nous ne savons auquel de nos orateurs Français le comparer; il est plus neuf, plus varié et plus riche que la plupart; mais il lui manque peut-être d'autres qualités plus essentielles.

Ce qu'on ne sauroit trop louer dans cet auteur, c'est son art de faire l'abrégé des actions et des vertus des Saints qu'il célèbre; il ne se permet point de ces écarts qui entraînent loin du sujet, et affoiblissent, dans le tableau, l'intérêt de la figure dominante.

M. L'ABBÉ DE BOISMONT.

La fécondité des idées, les mouvemens et la rapidité du style, la noblesse et la vivacité des images, la philosophie et le sentiment, distinguent les Oraisons funèbres de M. l'abbé de Boismont, et en particulier son Panégyrique de Saint Louis; mais on lui reproche trop d'apprêt, de manière et de monotonie, et surtout un amour excessif pour l'antithèse et le bel esprit. Ce défaut blesse d'autant plus dans cet orateur, qu'il se donne plus de peine pour se procurer cette ressource puérile, que pour enfanter des beautés simples, mâles et vraies.

Le Sermon pour l'assemblée extraordinaire de Charité, qui s'est tenue à Paris en 1782, à l'occasion de l'établissement d'une maison de santé pour les ecclésiastiques et les militaires malades, est regardé comme le chef-d'œuvre de M. l'abbé de Boismont : jamais un sujet plus touchant ne fut offert au génie; jamais les anciens n'en ont traité de pareils. Leur voix, uniquement consacrée à la politique et aux affaires civiles, ne savoit qu'émouvoir des passions vulgaires et souvent nuisibles ; mais exciter dans les âmes la noble et utile passion de l'humanité, détacher les hommes d'un vil intérêt personnel, et les rendre sensibles au plaisir de faire du bien, c'est le plus bel exercice et le plus beau triomphe de l'éloquence.

M. DE BEAUVAIS.

Ce prélat, ancien évêque de Senez, réunit les grandes parties qui constituent l'orateur : une imagination forte, élevée ; une âme sensible, qui connoît les sources du pathétique ; une dialectique pressante ; un style noble, abondant, facile, que ne déparent ni le cliquetis des antithèses, ni la recherche des jolies phrases, ni toutes les scintillations mesquines du bel esprit.

M. L'ABBÉ BOULOGNE.

L'Eloge du dauphin et le Panégyrique de St. Louis firent concevoir, dans le temps, les plus belles espérances. Quelle chaleur, quelle rapidité de style dans le premier ouvrage ! Beaucoup de morceaux ne seroient pas désavoués par les plus grands orateurs. L'espèce d'invocation que le dauphin adresse à la religion contre lui-même ; ce trait est sublime et digne de Bossuet. On remarque cependant que l'auteur a un goût décidé pour l'antithèse, une des figures dont il est le plus aisé d'abuser ; elles sont semées dans cet éloge avec une profusion qui étonne : on peut porter le même jugement du Panégyrique de St. Louis ; on y trouve plus que dans l'Eloge du dauphin, l'abus continuel des énumérations, des antithèses et des pa-
rallèles

rallèles symétriques. L'auteur annonçoit les plus grands talens ; mais sa jeunesse a été égarée par le mauvais goût de quelques écrivains du 18e. siècle, la contagion de l'exemple et le désir de briller. Les Sermons de M. l'abbé Boulogne que nous avons entendus, prouvent qu'il aura bien de la peine à se corriger : ils présentent les défauts que nous avons reprochés aux Eloges, et quelques-unes de leurs beautés, mais jetées dans le même moule.

L'ABBÉ DU SERRE-FIGON.

L'abbé du Serre-Figon, ex-jésuite, mérite d'être mis au rang de nos grands maîtres de la chaire ; un goût sain, de l'élégance et du naturel, de la force et de l'énergie, un style pur et correct, forment la manière de l'auteur : peut-être paroît-il un peu trop amateur de la métaphore ; mais le beau style, surtout dans les panégyriques, ne se nourrit-il pas d'expressions métaphysiques et figurées ? Il n'y a qu'un géomètre et un sot, qui puissent parler sans figure, disoit J.-J. Rousseau. Notre orateur pense sans doute comme lui. Le Panégyrique de madame de Chantal, celui de Sainte Thérèse, le discours pour la fête séculaire de la maison de Saint

Cyr, justifient les éloges que nous donnons à M. du Serre-Figon. Le Panégyrique de Sainte Thérèse est regardé, avec raison, comme un chef-d'œuvre d'éloquence chrétienne.

Il y a de grandes beautés dans l'Oraison funèbre de madame *Louise*, prononcée en 1788 par le même orateur.

LIVRES A L'USAGE DES PRÉDICATEURS.

RICHARD.

Jean Richard, avocat, s'érigea en prédicateur. Il prêcha toute sa vie, non pas dans les chaires, où son état ne lui permettoit pas de monter, mais par écrit : ce qui paroîtra peut-être plus étonnant, il prêcha solidement. Nous lui devons plusieurs recueils de Sermons, dans lesquels il se montre plus théologien qu'orateur. Mais il est principalement connu par le *Dictionnaire Moral* ou *la Science universelle de la Chaire*, en six volumes in-8°., et en huit volumes in-12. On y trouve deux sermons sur chaque sujet de morale. On ne peut nier que ce recueil ne renferme beaucoup d'instructions utiles ; mais on a prétendu qu'il étoit plus propre à favoriser la négligence des jeunes prédicateurs, qu'à les former à la véritable éloquence.

LE P. HYACINTHE DE MONTARGON.

Le plan de Richard a été perfectionné par l'auteur du *Dictionnaire Apostolique, à l'usage de ceux qui se destinent à la Chaire*, par le Père Hyacinthe de Montargon, augustin de la place des Victoires. Le but que l'auteur s'y propose, est de faciliter le travail à ceux qui sont chargés de l'instruction des peuples de la campagne, où la disette des choses spirituelles se fait principalement sentir. Cet ouvrage, bien fait et savant, est en treize volumes in-8°., dont les six premiers renferment environ cinquante sujets de la morale chrétienne les mieux choisis et les plus propres à la pratique de la vertu; les autres contiennent les mystères, les fêtes de la Vierge, les panégyriques, etc., etc.

LE PÈRE HOUDRY.

Il ne faut pas confondre le livre du Père Hyacinthe de Montargon, avec la Bibliothèque des Prédicateurs du Père Houdry. Il y a plus de choix dans le Dictionnaire apostolique, moins de choses inutiles, et plus de traits d'une véritable éloquence. D'ailleurs, le livre du Père Houdry renferme vingt-deux gros volumes in-4°.; et il y a bien peu de gens qui soient en état de se le procurer : il en coûtera moins pour avoir le Dictionnaire apostolique, dans lequel les curés trouveront des sujets plus convenables aux peuples qu'ils ont à instruire, puisque c'est pour eux qu'il a été fait principalement.

L'ABBÉ DINOUART.

Le Manuel alphabétique des Prédicateurs, par l'abbé Dinouart, en deux volumes in-8°., peut être aussi très-utile à ceux qui se destinent à la chaire; ce livre est moins volumineux, et par conséquent plus commode, que le Dictionnaire apostolique.

ORATEURS DU BARREAU.

Le barreau français fut long-temps livré, ainsi que la chaire, à la plus grossière barbarie. Le mauvais goût qui y régna long-temps, faisoit souvent intervenir Homère dans le procès pour un bénéfice, et Saint Augustin dans la cause d'un vinaigrier. On peut se rappeler ici ce mot d'un avocat, homme d'esprit, à son adversaire, qui dans une affaire où il ne s'agissoit que d'un mur mitoyen, parloit de la guerre de Troye et du fleuve Scamandre. Il l'interrompit en disant : La cour observera que ma partie ne s'appelle pas Scamandre, mais Michault.

LE MAITRE ET PATRU.

Ces deux avocats furent les premiers qui purgèrent le barreau de cette grossièreté tudesque ; mais quoiqu'ils aient eu de la réputation dans leur temps, il faut avouer qu'ils en ont bien peu dans le nôtre. On ne peut les regarder que comme des esprits justes, des écrivains exacts : ils ont peu de chaleur et presque point d'éloquence.

On a publié, en 1807, les œuvres choisies de le Maître en un vol. in-4°.

GAUTIER.

Gautier, leur contemporain, avoit la déclamation forte, beaucoup de feu, une imagination aussi brillante que féconde, une action qui entraînoit après elle le suffrage de ses juges et l'esprit de ses auditeurs. Cet avocat excelloit dans la réplique ; et son éloquence vive et bouillante l'avoit rendu redoutable. Ses Plaidoyers parurent à Paris, en 1698, in-4°.

ÉRARD.

Il y a plus d'esprit, de délicatesse, d'éloquence et de pureté dans ceux d'Erard, imprimés à Paris, en 1734, in-8°., surtout dans celui qu'il fit pour le duc de Mazarin.

GILLET.

Il est plus d'une route pour parvenir au faîte de l'éloquence : celle de Gillet a pour caractère distinctif la majesté, une noble simplicité, une érudition presque sans bornes, et l'union aussi rare qu'estimable, de la délicatesse et de la force, du brillant et de la solidité. Ses Plaidoyers, publiés en 1696, ont été réimprimés en 1718, en deux volumes in-4°.

PELISSON.

Ce fut à la Bastille que cet écrivain composa ses Mémoires pour le surintendant Fouquet. Si quelque chose approche de Cicéron, dit l'auteur du *Siècle de Louis XIV*, ce sont ses trois Factums. Ils sont dans le même genre que plusieurs discours de ce célèbre orateur ; un mélange d'affaires judiciaires et d'affaires d'Etat, traité solidement, avec un art qui paroît peu et une éloquence touchante. On trouve ces excellens Discours dans les Œuvres choisies de Pelisson, publiées par Desessarts en 1806, 2 vol. in-12.

OMER ET DENIS TALON.

Ces célèbres avocats généraux du parlement de Paris, ont laissé des monumens précieux et dignes d'être conservés : ils brillent moins par les grâces de la diction, que par la solidité du raisonnement. L'éloquence n'avoit point encore acquis toutes les richesses dont elle s'est parée depuis ; mais on possédoit l'art de penser, joint à celui de donner de l'ordre et de la force aux pensées.

TERRASSON.

Parmi les recueils des Pièces d'Eloquence du barreau, un des plus estimés est celui des Plaidoyers de Mathieu Terrasson, publié en 1737. On a dit qu'il étoit plus éloquent que savant : il est vrai qu'il a trop de cette espèce d'esprit, qui consiste à donner à tout ce qu'on dit, un tour ingénieux et brillant. Son éloquence, quoique très-solide quant au fond des pensées, est peut-être trop fleurie, trop ornée, et par-là moins grave, moins sérieuse, moins naturelle, que celle qui convient au barreau : c'est l'éloquence d'Isocrate, plutôt que celle de Démosthènes.

SACY.

Cet avocat, membre de l'Académie Française, donna en 1724, en deux volumes in-4°., un recueil de Factums et de Mémoires. Les jeunes jurisconsultes y trouveront des modèles pour tous les genres d'affaires dont ils peuvent être chargés ; des points d'histoire éclaircis par une judicieuse critique; des questions de droit traitées avec grâce; des procédures même débrouillées avec tant de netteté, que le lecteur oublie souvent qu'on l'entretient de chicane. Son éloquence est aussi agréable que variée ; elle sait se proportionner au sujet qu'elle traite ; sublime dans les causes majeures, douce et insinuante dans les autres, et toujours ornée de traits ingénieux et délicats : le style en est pur et châtié. Sacy ne croyoit pas qu'il lui fût permis de négliger les règles de la langue; plus les matières sont sèches et peu intéressantes, plus il semble qu'il ait pris à tâche d'en sau-

ver

ver l'ennui par le choix des termes et l'exactitude de la diction. Ce qu'on pourroit lui reprocher, c'est d'avoir quelquefois laissé dans son style quelque chose d'affecté, de trop peigné, et qui se sent un peu trop du style de Pline, son auteur favori.

COCHIN.

La gloire de tous les avocats que je viens de citer, fut éclipsée par le célèbre Cochin. Nourri de la lecture des anciens orateurs, et connoissant à fond le droit romain et les lois de l'ancien gouvernement, il parut, au commencement de sa carrière, armé d'une éloquence vraie, sublime et pleine de choses, mais toujours propre à la cause qu'il défendoit. Il simplifioit, autant qu'il étoit possible, les questions les plus compliquées, persuadé qu'on ne peut trop ménager l'attention de ses auditeurs. Les maîtres d'éloquence donnent pour règle, de choisir, dans une cause, les deux moyens les plus concluans, l'un pour ouvrir, l'autre pour fermer la marche, et de placer au centre, ceux qui sont les moins capables de résister à l'ennemi : mais Cochin cherchoit à fixer d'abord l'incertitude des juges, en débutant par le moyen le plus décisif. Il le faisoit paroître, sous différens jours, dans toute la suite de son plaidoyer, et dans la discussion des autres moyens; par cette sage précaution, son moyen victorieux communiquant partout sa vigueur et sa force, tous les endroits de son discours paroissoient également convaincans.

Les Œuvres de cet illustre avocat, contenant ses Mémoires et Consultations, ont été publiées à Paris, en six volumes in-4°.

LE NORMANT.

Les adversaires de Cochin même se faisoient une gloire de rendre publiquement hommage à ses talens. Le célèbre le Normant, son concurrent, lui dit un jour, en sortant de l'audience : « Non, je n'ai de ma vie rien » entendu de si éloquent. » Cochin lui répondit : « On voit bien, Monsieur, que vous » n'êtes pas de ceux qui s'écoutent avec com- » plaisance. » En effet, le Normant étoit né avec beaucoup d'élévation d'esprit, un discernement sûr, et un amour sincère du vrai. Il joignoit à ces dons précieux de la nature, le talent de la parole, une éloquence mâle, la beauté de l'organe, et les grâces de la représentation. Il avoit l'esprit si pénétrant et si juste, qu'on auroit été tenté de croire qu'il déméloit partout le vrai, plutôt par sentiment et par instinct, que par étude et par réflexion. Aussi disoit-on communément de lui, qu'il devinoit la loi, et qu'il devinoit juste.

LE CHANCELIER D'AGUESSEAU.

Un des recueils qui peuvent le plus servir à un avocat, est celui des Œuvres du chancelier d'Aguesseau, publiées en 13 volumes in-4°., depuis 1759 jusqu'en 1789. Toutes les matières de la jurisprudence y sont traitées, mais avec cette supériorité de génie, qui étoit propre à cet illustre magistrat. On distingue deux sortes d'éloquence, celle des choses et celle des mots : elles sont toujours inséparables dans ses écrits. On disoit de lui, qu'il pensoit en philosophe, et parloit en orateur. Il étoit, pour lui-même, le censeur le plus rigide de ses ouvrages; et l'idée qu'il s'étoit formée du beau, étoit si parfaite, qu'il ne croyoit jamais en avoir approché; c'est pourquoi il corrigeoit sans cesse. Un jour il consulta M. d'Aguesseau, son père, sur un discours qu'il avoit extrêmement travaillé, et qu'il vouloit retoucher. Son père

lui répondit, avec autant de finesse que de goût : « Le défaut de votre ouvrage est d'être
» trop beau ; il seroit moins beau, si vous
» le retouchiez encore. »

LOISEAU DE MAULÉON.

Vers le milieu du dix-huitième siècle, il se fit une révolution dans l'éloquence du barreau français. Loiseau de Mauléon fut un des premiers à en accélérer le succès. Convaincu que l'avocat ne pouvoit remplir dignement le ministère auguste de protection dont il est revêtu, qu'en s'environnant de toutes les lumières de son siècle, il sentit qu'avant de se vouer à la défense des droits de l'homme, il falloit en connoître la source, c'est-à-dire, commencer par être philosophe; et qu'avant de parler à des hommes qui montroient en eux ou des préjugés à détruire, ou des passions à affoiblir, ou des sentimens à exalter, il falloit avoir médité sur l'éloquence et en avoir étudié tous les effets ; il sentit, en un mot, que pour être un excellent avocat, il falloit s'être préparé à devenir un excellent homme de lettres ; et Loiseau de Mauléon prouva par ses succès la vérité de cette maxime. Son éloquence étoit noble, décente et courageuse : elle avoit le caractère qui convient à la majesté des lois. On lit encore avec un vif intérêt les Mémoires qu'il fit dans la cause fameuse de Valdahon, où la nature s'étoit soulevée contre la nature. Loiseau de Mauléon étoit ami de J.-J. Rousseau.

Ses Mémoires ont été imprimés en 2 volumes in-4°. et en trois volumes in-8°. Il est peu d'ouvrages de ce genre qui méritent d'être médités avec plus de soin par ceux qui cherchent des modèles d'éloquence.

GERBIER.

Cet orateur a étonné la France par son éloquence véhémente et nerveuse : la nature l'avoit doué de tous les moyens physiques qui constituent un orateur : il étoit difficile de l'entendre sans éprouver ces émotions qu'il n'appartient qu'aux grands talens de faire ressentir. Les affaires du barreau étoient un champ trop étroit pour lui, et l'on sentoit que si les circonstances l'eussent appelé à des discussions d'un plus grand intérêt, il eût égalé les plus célèbres orateurs de l'antiquité.

MALESHERBES.

Son éloquence porte partout l'empreinte de son âme vertueuse et franche : rien n'est plus simple et en même temps plus beau que le discours qu'il prononça pour sa réception à l'Académie Française : on lui doit des *remontrances* pleines de force et d'éloquence, qui ont été recueillies en 1779, dans un volume in-4°., intitulé : *Mémoires pour servir à l'Histoire du droit public de France en matière d'Impôts.*

SÉGUIER.

Cet avocat général, qui a joui pendant si long-temps d'une grande réputation, n'avoit aucun des moyens extérieurs qui constituent un grand orateur. Sa physionomie n'avoit rien d'intéressant, et son maintien étoit dépourvu de grâces. Il faut cependant convenir que nous avons de lui des réquisitoires bien écrits, et que sa plume a produit des morceaux de la plus belle éloquence. L'Académie Française l'avoit admis au nombre de ses membres.

ÉLIE DE BEAUMONT.

Son Mémoire contre Ramponeau, fut son premier essai dans la carrière du barreau, et cet essai fut brillant. Il se fit connoître ensuite par un Mémoire à l'occasion du vin volé dans les caves des chanoines de la Sainte-Chapelle. Après le Lutrin de Boileau, il étoit difficile de traiter la même matière avec succès ; cependant Elie de Beaumont y réussit. Enfin, il eut le bonheur d'employer son éloquence sur un sujet bien intéressant pour l'humanité ; le Mémoire qu'il composa pour prouver l'innocence du malheureux Calas, fit la plus grande sensation en France et même dans l'Europe. Cet ouvrage, qui fait autant d'honneur à son cœur qu'à son esprit, est un des meilleurs qui soient sortis de sa plume.

LINGUET.

La nature sembloit l'avoir formé pour l'éloquence. Il est du petit nombre des écrivains qui ont un caractère à eux, et dont il est aisé de distinguer la manière ; celle de Linguet se montre dans tout ce qu'il a écrit, par une richesse d'imagination, une chaleur et une vivacité d'images, une flexibilité et un coloris de style qui le séparent de la foule des littérateurs. A la facilité de saisir dans les rapports les plus éloignés, il réunit le mérite de penser avec noblesse et de peindre avec force.

On ne peut disconvenir, dit M. Palissot, que Linguet aimoit les paralogismes, et qu'il avoit la fantaisie d'ajouter à son mérite réel, le vernis brillant, mais peu solide, de la singularité. Pourquoi Linguet, ajoute l'auteur de la Dunciade, manquoit-il de confiance en ses propres talens? Les échasses ne conviennent qu'aux pygmées; et lorsqu'on joint à des connoissances très-étendues, à une habitude heureuse de réfléchir, enfin à une sagacité très-rare, le style vif et séduisant de Linguet, on n'a pas besoin de recourir à de petites ressources pour augmenter sa célébrité.

Le recueil des Plaidoyers de Linguet forme 7 vol. in-12.

M. SERVAN.

Pour donner une idée des talens de ce célèbre avocat général du parlement de Grenoble, nous allons rapporter la peinture qu'il fait des prisons, dans son discours sur l'administration de la justice, qui est un des plus beaux monumens de l'éloquence française.

« Jetez, dit-il, les yeux sur ces tristes mu-
» railles,

railles, où la liberté humaine est renfermée et chargée de fers, où quelquefois l'innocence est confondue avec le crime, et où l'on fait l'essai de tous les supplices avant le dernier. Approchez, et si le bruit horrible des fers, si des ténèbres effrayantes, des gémissemens sourds et lointains, en vous glaçant le cœur, ne vous font reculer d'effroi, entrez dans ce séjour de la douleur, osez descendre un instant dans ces noirs cachots, où la lumière du jour ne pénétra jamais; et sous des traits défigurés, contemplez vos semblables, meurtris de leurs fers, à demi couverts de quelques lambeaux, infectés d'un air qui ne se renouvelle jamais et semble s'imbiber du venin du crime, rongés vivans des mêmes insectes qui dévorent les cadavres dans leurs tombeaux, nourris à peine de quelques substances grossières, distribuées avec épargne, sans cesse consternés des plaintes de leurs malheureux compagnons et des menaces d'un impitoyable gardien, moins effrayés du supplice que tourmentés de son attente! Dans ce long martyre de tous leurs sens, ils appellent à leur secours une mort plus douce que leur vie infortunée. Si ces hommes sont coupables, ils sont encore dignes de pitié; et le magistrat qui diffère leur supplice, est manifestement injuste à leur égard ; mais si ces hommes sont innocens, ô pitié ! à cette idée, l'humanité pousse du fond du cœur un cri terrible et tendre. »

Voilà sans doute un des plus beaux morceaux de l'éloquence moderne. Il y a des passages aussi éloquens dans le Discours sur les Mœurs.

MONTCLAR ET LA CHALOTAIS.

Les momens heureux du barreau étoient ces instans trop rares, où aux discussions des intérêts privés se mêloient les discussions des grands intérêts publics. Alors le ton de l'orateur pouvoit s'élever à la hauteur de cette éloquence philosophique qui plaide devant les nations, pour les intérêts et pour les droits du genre humain. Montclar et la Chalotais ont souvent vu naître ces grandes occasions, et s'en sont montrés dignes.

LE GOUVÉ.

Le père de l'auteur de *la Mort d'Abel*, ne doit pas être oublié parmi les orateurs du barreau. S'il a terminé sa carrière comme jurisconsulte, il l'avoit commencée comme orateur. On se rappelle que ce fut lui qui plaida la fameuse affaire des jésuites.

M. VERMEIL.

M. Vermeil s'est distingué dans plusieurs circonstances : ce fut lui qui défendit la famille Véron contre Linguet, qui plaidoit pour Morangié. M. Vermeil fit preuve d'un très-beau talent; et quoiqu'il eût à combattre un athlète redoutable, on lui rendit la justice qu'il méritoit.

DUPATY.

Ses Mémoires pour trois infortunés, qu'il a sauvés de l'échafaud, en dévoilant leur innocence, rendront à jamais célèbre et chère à l'humanité l'éloquence de cet écrivain. La prétention au bel esprit, qu'on lui reproche, n'empêchera pas que son nom ne soit placé parmi les orateurs de ce siècle, qui ont consacré, avec succès, leurs talens à defendre l'humanité opprimée.

M. TREILHARD.

M. Treilhard s'est fait connoître au barreau par une éloquence forte, énergique et entraînante. Sa manière de raisonner est pressante et serrée. Il a obtenu des succès mérités dans plusieurs affaires d'un grand intérêt. Son style est nerveux et soutenu par un esprit d'analise et une dialectique qui doivent être regardés comme les qualités les plus essentielles de l'éloquence du barreau.

TARGET.

Les titres de gloire de Target ne sont pas seulement dans la mémoire de ceux qui l'ont entendu parler au barreau : parmi ses ouvrages imprimés, il y en a plusieurs que l'avocat doit étudier comme des modèles, et que l'homme de lettres aime à lire comme des morceaux d'une grande éloquence. On se souviendra toujours que le Mémoire pour M. Aliot eut un succès qui, du Temple de la Justice, se répandit dans le monde : qu'on y trouve à la fois la discussion la plus profonde, et la sensibilité la plus touchante. Tout le monde connoît aujourdhui l'antique usage de Salency, où la vertu simple et modeste d'une jeune fille, reçoit pour couronne une rose ; personne n'a parlé de cet usage avec plus d'intérêt et plus de charme que Target dans un plaidoyer. On ne sortoit point des audiences, où il avoit traité des questions qui se rattachoient à de grands intérêts publics, sans prendre une plus haute idée des lois, de la justice, et de son administration en France ; et lorsqu'il avoit en présence cet autre orateur du barreau, que la nature a tant aimé, à qui elle avoit prodigué ses dons les plus heureux, une physionomie pleine de noblesse et de grâce, un esprit éminemment juste, une imagination prompte à s'émouvoir, une voix dont tous les sons étoient des accens, des regards, où alloient se peindre tous les mouvemens de son âme ; quand Target plaidoit contre Gerbier, qui l'a précédé dans la carrière pour la rendre plus glorieuse, et qui étoit son rival et son ami, alors on se croyoit transporté à ces combats de l'éloquence ancienne, où des talens rivaux et amis alloient ensemble à la gloire, en balançant entre leurs mains les destinées des hommes. En 1785, il y avoit près d'un siècle qu'aucun avocat n'avoit été reçu à l'Académie Française comme avocat. Cet ordre, toujours illustré par des talens d'un grand éclat, ne mêloit plus sa gloire à la gloire des lettres et de l'Académie ; il devoit être honorable d'interrompre le premier cet usage, contre lequel personne ne réclamoit plus, et qui paroissoit conforme à la nature des choses : cet honneur, d'autres l'ont mérité sans doute ; mais c'est Target qui l'a recueilli, et son nom étoit fait pour consacrer une révolution : son discours de réception, qui offre une esquisse rapide de l'histoire de l'éloquence, est rempli de traits dignes d'un grand tableau.

M. DE LACROIX.

Cet écrivain, qui est plus connu par ses productions littéraires que par ses plaidoyers, s'est cependant distingué dans la carrière du barreau dans différentes circonstances. Ce fut lui qui défendit la Rosière de Salency. Il a également fait des Mémoires dans le fameux procès de la famille Véron, contre Morangié. On trouve plus d'élégance que de force dans les productions de cet orateur.

DE BONNIÈRES.

Personne n'a montré au barreau une aussi grande facilité que cet orateur ; mais rarement ce talent accompagne une éloquence forte et nerveuse. De Bonnières ne peut être placé qu'au rang des avocats qui ont étonné par leur facilité à improviser sur toutes sortes de matières.

BEAUMARCHAIS.

Quoique cet écrivain n'appartienne pas au barreau, nous ne devons pas oublier que nous lui devons des Mémoires imprimés dans le procès qu'il eut avec madame Goesmann, qui ont eu le plus grand succès : ce sont peut-être les productions de Beaumarchais qui annoncent le plus de talent.

Nous ne parlerons pas des Mémoires qu'il a faits depuis, dans l'affaire du banquier Kornemann : les premiers sont des chefs-d'œuvres, tandis que les seconds n'offrent presqu'aucun intérêt.

M. BERGASSE.

Ce célèbre avocat de Lyon s'est fait connoitre par des Mémoires dans l'affaire du banquier Kornemann. On y trouve des morceaux pleins d'éloquence et de philosophie. Le style de cet orateur est fort et nerveux. Il seroit difficile d'expliquer comment, arrivé parmi les législateurs de la France avec une brillante réputation, M. Bergasse ne remplit pas l'idée qu'on avoit de lui, et ne joua pas un rôle important dans l'Assemblée Constituante.

M. FRANÇOIS (DE NEUFCHATEAU).

Cet illustre fonctionnaire ne doit pas être oublié parmi les orateurs du barreau. Nous avons de lui plusieurs discours qui sont aussi éloquens que bien écrits. La philosophie se rappellera toujours avec intérêt que sous le règne des préjugés, il est parvenu à faire abolir la coutume ridicule et souvent dangereuse *du Baptéme du Tropique.*

M. DUVEYRIER.

Etoit avant la révolution du petit nombre des jeunes orateurs du barreau, qui annonçoient les plus heureuses dispositions. Il s'étoit montré dans plusieurs causes importantes avec éclat. Des connoissances littéraires, réunies à celles de l'orateur jurisconsulte, lui ont mérité des succès. Son style est animé, et plusieurs ouvrages sortis de sa plume annoncent un talent distingué : peut-être seroit-on fondé à lui reprocher de l'âpreté.

TRONSON DU COUDRAY.

Avoit paru avec éclat au barreau, quelques années auparavant la révolution, dans plusieurs causes célèbres. Depuis la révolution,

tion, il a fait un grand nombre de plaidoyers, qui annoncent un orateur aussi éloquent qu'exercé. Tronson du Coudray avoit l'avantage précieux de réunir au talent de la parole, celui de bien écrire. Nous avons plusieurs plaidoyers imprimés de cet orateur, qui contiennent des morceaux de la plus belle éloquence, entr'autres celui qu'il fit dans l'affaire des membres du comité révolutionnaire de Nantes.

M. DESEZE.

Ses plaidoyers respirent la douceur et la sensibilité : plusieurs ont été imprimés. Peut-être y a-t-il dans les ouvrages de M. Deseze plus de finesse que d'éloquence ; mais son style entraîne et subjugue. C'est un talent précieux, que celui qui porte la conviction dans l'âme des juges; et ce genre d'éloquence est celui qui convient le plus souvent dans les discussions judiciaires.

M. RÉAL.

M. Réal a la plus grande facilité; il parle et écrit avec chaleur. Dans plusieurs circonstances, où il a rempli les fonctions de défenseur, il a fait preuve d'un talent distingué. On a lu surtout avec intérêt le Mémoire qu'il publia en 1796, dans l'affaire importante de Tort de la Sonde.

J'aurois pu ajouter ici d'autres noms, qui rappellent des talens estimables et précieux; mais j'espère qu'on voudra bien se souvenir que je ne peux placer dans le cadre étroit que je me suis prescrit, tous les hommes qui ont montré des talens dans tous les genres. Il y a encore au barreau plusieurs hommes éloquens, qui ont fait preuve d'un beau talent dans différentes circonstances, tels que MM. Bellard, Chauveau de la Garde, Bonnet, Beyrier, Delamalle, Chabroud, Villecocq, Pérignon, Guichard, etc., etc.

RECUEIL DES CAUSES CÉLÈBRES.

GAYOT DE PITAVAL.

Ce verbeux écrivain a compilé vingt volumes de Causes Célèbres et intéressantes. Son projet étoit bon, mais il manque de goût dans l'exécution; et il est fâcheux que ce laborieux auteur n'ait point épargné à ses lecteurs, l'ennui des répétitions, de vastes analises, des réflexions galantes et morales, et des digressions fastidieuses sur sa famille et sur lui-même. Ce livre si curieux, et si mal exécuté, jouit d'un succès soutenu depuis sa naissance jusqu'à présent. Le fonds attache, et la forme rebute. L'auteur n'y suit aucune méthode ; les faits y sont jetés sans ordre, et noyés dans un verbiage ennuyeux de réflexions triviales ; les moyens y sont exposés avec la plus pesante prolixité.

RICHER.

Richer entreprit de donner à ces mêmes Causes une marche nouvelle, plus simple et plus agréable, et d'y répandre cet esprit d'analise, de critique et de philosophie, qui produit, sans effort, une lumière pure et satisfaisante. Son plan fut de tirer les faits du chaos dans lequel ils étoient engloutis, et d'arranger la narration, de manière qu'on ne puisse prévoir le jugement. Cette méthode rend, en effet, chaque cause plus piquante, en tenant l'esprit du lecteur suspendu jusqu'au dénoûment, et en irritant sa curiosité par le balancement des raisons, des intérêts et des passions. L'auteur se rend totalement maître de l'ouvrage qu'il corrige, et il en dispose comme de son propre fonds ; non-seulement il substitue la clarté à la confusion, mais souvent il ajoute des moyens différens de ceux que Gayot avoit employés, et même de ceux qui se trouvent dans les Mémoires où il a puisé. Pour donner à cette édition un nouveau degré de supériorité sur la précédente, il a intercalé, dans la sienne, des causes qui n'avoient point encore été données au public ; elles sont indiquées par un astérisque placé à côté du titre. On possède 22 volumes du recueil de Richer.

On lira encore avec plaisir les Causes amusantes, petit recueil en deux volumes in-12, où la science de la jurisprudence est assaisonnée du sel de la plaisanterie.

M. DESESSARTS.

Son Journal des Causes Célèbres, qui a paru depuis 1772 jusqu'en 1789, renferme des morceaux précieux pour les jeunes gens qui se destinent au barreau ; ils y trouveront les meilleurs plaidoyers des plus célèbres avocats. Si les préceptes sont utiles, les exemples le sont encore davantage : et sous ce point de vue, le Journal des Causes Célèbres ne peut être trop médité par les jeunes gens qui veulent courrir la carrière du barreau.

M. Desessarts a aussi publié un choix de Causes Célèbres en 15 vol. in-12 : ce recueil, qui a eu du succès, est souvent cité au barreau dans les grandes affaires.

DISCOURS ET ÉLOGES ACADÉMIQUES.

Les fleurs de rhétorique, dans l'éloquence, sont comme les fleurs qui croissent parmi le blé ; elles sont agréables pour ceux qui ne veulent que s'amuser, mais nuisibles à celui qui cherche à tirer du profit de sa moisson. C'est la pensée de Pope ; et c'est celle qu'on peut appliquer à beaucoup de discours académiques. Ceux que l'Académie Française a recueillis, en 8 volumes in-12, ne seroient peut-être pas exempts de cette application, surtout s'il s'agit des discours des premiers académiciens. « Il est aisé de voir, dit un
» membre de cette Compagnie, par quelle
» fatalité presque tous ces discours académi-
» ques lui ont fait si peu d'honneur : *Vitium*
» *est temporis, potiùs quàm hominis.* L'usage
» s'est insensiblement établi, que tout acadé-
» micien répéteroit ces éloges (1) à sa récep-

---

(1) Ceux de Richelieu, de Seguier, de Louis XIV, etc.

» tion : ç'a été une espèce de loi d'ennuyer
» le public. Si l'on cherche ensuite pourquoi
» les plus grands génies qui sont entrés dans
» ce Corps, ont fait quelquefois les plus mau-
» vaises harangues, la raison en est encore
» bien claire ; c'est qu'ils ont voulu briller ;
» c'est qu'ils ont voulu traiter nouvellement
» une matière toute usée. La nécessité de
» parler, l'embarras de n'avoir rien à dire,
» et l'envie d'avoir de l'esprit, sont trois
» choses capables de rendre ridicule même
» le plus grand nombre. Ne pouvant trou-
» ver des pensées nouvelles, ils ont cherché
» des tours nouveaux, et ont parlé sans pen-
» ser, comme des gens qui mâcheroient à
» vide, et feroient semblant de manger, en
» périssant d'inanition. Au lieu que c'est une
» loi à l'Académie Française, de faire im-
» primer tous ces discours, par lesquels seuls
» elle est connue, c'en devroit être une de les
» supprimer. »

Cependant, malgré la sévérité de ce jugement et le dégoût du public pour ces sortes
d'ouvrages, il faut convenir qu'on en lit quelques-uns avec plaisir ; on y trouve des choses, des pensées, des principes lumineux sur
divers points de littérature, les caractères

de nos principaux auteurs parfaitement bien tracés, etc. Ainsi, comme ces discours ne se relisent guère, je crois qu'on pourroit en faire des extraits, qui formeroient un recueil également instructif et agréable.

La classe de la langue et de la littérature françaises de l'Institut National, a cru devoir reprendre l'usage des discours de réception ; mais elle s'est affranchie du joug des cinq ou six éloges autrefois indispensables ; le récipiendaire n'est plus obligé qu'à payer un tribut à la mémoire de celui qu'il remplace ; c'est une espèce de devoir pieux dont il s'acquitte. Parmi les discours composés dans cette nouvelle forme, le public a distingué ceux de M. Dureau Delamalle, et de M. Daru.

Depuis l'établissement de l'Académie Française, et à l'exemple de cette illustre Compagnie, on a vu naître, en des temps différens, dans quelques villes de l'Empire, d'autres Académies, dont l'un des objets est de cultiver l'éloquence française. Il n'est pas question d'examiner si cet objet est rempli, et s'il est vrai que ces Compagnies fassent perdre des hommes à l'Etat, sans en acquérir aux lettres, comme le dit d'Alembert. Laissant à part cette question, il faut convenir que les recueils des Académies de province offrent quelquefois des morceaux dignes de la capitale; par exemple, l'Eloge de La Fontaine, par Chamfort, couronné à Marseille, et l'influence de Boileau sur la littérature française, discours de M. Daunou, couronné par l'Académie de Nîmes. Mais il seroit difficile de les détailler tous ; et ces collections sont si multipliées et si immenses, qu'en indiquant ce qu'il peut y avoir de bon, nous n'aurions rien fait pour nos lecteurs. Il vaut mieux passer à des ouvrages plus connus, aux différens éloges historiques qu'on publie à Paris.

Quoique le ton de ces sortes d'éloges ne doive pas être celui d'un discours oratoire, ils appartiennent cependant à ce genre d'éloquence, que les Latins appellent tempéré. Le style en est plus simple que dans les oraisons funèbres ; mais cette simplicité doit être jointe à beaucoup d'esprit, et ne pas manquer de chaleur. « Les réflexions philosophi-
» ques, dit d'Alembert, sont l'âme et la subs-
» tance de ce genre d'écrits ; tantôt on les
» entremêlera au récit avec art et brièveté ;
» tantôt elles seront rassemblées et dévelop-
   » pées

» pées dans des morceaux particuliers, où
» elles formeront comme des masses de lu-
» mière, qui serviront à éclairer le reste. »

FIN DU TOME SECOND.

TABLE

DES CHAPITRES ET SOMMAIRES

DU SECOND VOLUME.

CHAP. Ier. *Poëtes Français.*	pag. 1	Gillet.	pag. 45
§ Ier. *Poëtes épiques.*	ib.	Théophile.	46
Boileau.	4	Du Ryer.	ib.
Voltaire.	7	Mairet.	48
Gresset.	11	Pierre Corneille.	49
Mme. du Boccage.	12	Rotrou.	52
Privat de Fontanilles.	14	Scudery.	55
M. le Jeune.	17	Raissiguier.	57
Bernard.	18	Bois-Robert.	58
Thomas.	19	La Calprenède.	59
De Junquières.	23	Tristan.	ib.
De Pezay.	25	Desmarets.	60
Dumourier.	ib.	Desfontaines.	ib.
M. Palissot.	26	Douville.	61
Dorat.	30	Scarron.	62
Imbert.	ib.	Boyer.	63
M. l'abbé Aubert.	32	Gilbert.	65
De la Harpe.	ib.	Thomas Corneille.	ib.
M. Gorsse.	33	Bergerac.	66
M. Luce.	34	Brecourt.	67
§ II. *Poëtes dramatiques.*	36	Molière.	ib.
Jodelle.	38	Quinault.	70
Garnier.	39	Montfleury.	73
Montchrétien.	41	Raymond Poisson.	74
Hardy.	43	Boursault.	75

Racine.	pag. 77.	Voltaire.	pag. 132
Champmêlé.	81	Montcrif.	135
Hauteroche.	82	Saint-Foix.	136
L'abbé Abeille.	84	Delisle.	138
Pradon.	ib.	Boissy.	ib.
Fontenelle.	86	Piron.	140
Gherardi.	ib.	L'abbé d'Allainval.	142
La Chapelle.	87	Romagnési.	143
L'abbé Genest.	ib.	Philippe Poisson.	144
Campistron.	88	D'Aigueberre.	145
Baron.	90	Pannard.	ib.
Dancourt.	91	Fagan.	146
Péchantré.	94	Launay.	147
Regnard.	ib.	Pont de Veyle.	148
Brueis et Palaprat.	97	La Chaussée.	149
Dufresny.	100	Morand.	152
La Motte.	102	Le Franc de Pompignan.	153
La Grange-Chancel.	104	La Bruère.	154
Longepierre.	106	La Grange.	155
Duché.	107	L'abbé Leblanc.	ib.
Le Grand.	108	Lanoue.	156
La Fosse.	109	Laffichard.	157
Le Sage.	111	Guyot de Merville.	ib.
Boindin.	115	Cahusac.	158
Mlle. Barbier.	ib.	Pesselier.	ib.
L'abbé Nadal.	117	Bernard.	159
Roy.	ib.	Favart.	ib.
L'abbé Pellegrin.	119	Mondorge.	161
Crébillon.	120	L'abbé de Lamarre.	162
Lafont.	121	Gresset.	163
Destouches.	123	Le père Brumoy.	164
Marivaux.	125	D'Arnaud.	165
Henault.	128	Collé.	167
Mme. de Gomez.	ib.	Voisenon.	168
Châteaubrun.	129	Dorat.	170
Gueullette.	130	Bret.	171
Autreau.	ib.	De la Place.	172

Linant.	pag. 173	Fenouillot de Falbaire.	pag. 208
Marmontel.	ib.	Desforges.	209
Vadé.	ib.	Flins des Oliviers.	210
Mme. de Grafigny.	174	Dampierre.	ib.
Moissy.	ib.	Forgeot.	211
Decaux.	175	Le Monnier.	ib.
Desmahis.	ib.	Parisau.	212
Saurin.	176	Patrat.	213
Guimond de la Touche.	ib.	M. de Sauvigny.	ib.
M. Palissot.	177	M. Dubois-Fontanelle.	214
Henri Poinsinet.	180	M. Vigée.	ib.
Poinsinet de Sivry.	181	Blin de Sainmore.	ib.
Anseaume.	182	M. Beffroy de Regny.	215
Sedaine.	183	M. Brousse des Fauchetets.	216
Rochon de Chabannes.	185	Collin d'Harleville.	ib.
Brunet.	186	Dudoyer.	217
Aubert.	187	M. Ducis.	218
De Belloy.	188	M. François de Neufchâteau.	ib.
La Harpe.	ib.	M. Laujon.	ib.
M. Cailhava.	189	Mme. de Genlis.	219
M. Mercier.	190	M. Chénier.	220
Beaumarchais.	191	M. le Gouvé.	221
Carmontel.	195	M. Arnault.	ib.
Barthe.	196	M. Andrieux.	222
D'Hèle.	197	M. Baour Lormian.	223
Lemierre.	ib.	Mrs. Bouilli et Pain.	224
Florian.	199	M. Dumaniant.	225
Maisonneuve.	200	M. Alexandre Duval.	ib.
Chabanon.	ib.	M. Carion de Nisas.	226
Chamfort.	201	M. la Chabeaussière.	227
Fabre d'Eglantine.	ib.	M. Framery.	228
Dumoustier.	203	M. Hoffman.	ib.
Dubuisson.	204	M. Monvel.	ib.
Leblanc de Guillet.	ib.	M. Quétant.	229
De Bièvre.	206	M. Pigault le Brun.	ib.
M. de Ségur l'aîné.	ib.	M. Guillard.	230
De Ségur le cadet.	207	M. Lantier.	ib.

M. Léger.	pag. 231	L'abbé Roman.	pag. 268
M. Marsollier des Vivetières.	ib.	Rosset.	269
M. le Mercier.	ib.	Roucher.	270.
M. Petitot.	232	M. Cournand.	271
M. Picard.	ib.	M. de Lille.	272
M. Pieyre.	235	Alix.	280
M. Pujoulx.	ib.	M. de Piis.	ib.
M. Roger.	236	Marnézia.	281
M. Raynouard.	ib.	M. Fontanes.	282
M. Radet.	237	Le cardinal de Bernis.	283
M. Barré.	ib.	L'abbé Ricard.	285
M. Bourgueil.	ib.	M. Gudin.	286
M. Piis.	ib.	M. Castel.	287
M. Desfontaines.	ib.	M. Lalanne.	288
M. Deschamps.	ib.	M. Michaud.	ib.
M. Després.	ib.	M. Berchoux.	289
M. Philipon la Madeleine.	ib.	M. Alhoi.	290
M. Auger.	ib.	M. Raboteau.	291
Recueils de Tragédies et Comédies.	240	M. Esmenard.	ib.
		M. Chênedollé.	293
Recueil de Nyon.	241	§ IV. *Poëtes lyriques.*	294
Recueil de M. Petitot.	244	Ronsard.	ib.
§ III. *Poëtes didactiques.*	249	Malherbe.	295
Boileau.	ib.	Rousseau.	296
Sanlecque.	252	La Motte.	ib.
Racine.	ib.	Le Franc de Pompignan.	298
Gouge.	256	Sabatier.	299
M. Dulard.	257	Le Brun, de l'Institut.	300
M. Vernes de Genève.	258	*Autres Poëtes lyriques.*	302
Le père Janvier.	ib.	§ V. *Poëtes bucoliques.*	303
Voltaire.	260	Racan.	ib.
M. de Sauvigny.	ib.	Segrais.	304
Frédéric II, roi de Prusse.	261	Fontenelle.	ib.
Dorat.	262	La Motte.	305
Watelet.	263	Mme. Deshoulières.	306
Lemière.	264	D'Arnaud.	ib.
St.-Lambert.	266	Berquin.	307

Léonard.	pag. 307	Richer.	pag. 328
§ VI. *Poëtes satiriques.*	308	Pesselier.	ib.
Regnier.	ib.	Ganeau.	329
Boileau.	ib.	Le Père Groselier.	ib.
Rousseau.	309	Le P. Barbe.	ib.
Voltaire.	ib.	Dardenne.	ib.
Gilbert.	310	M. l'abbé Aubert.	ib.
M. Clément.	311	Dorat.	ib.
M. Despaze.	ib.	L'abbé le Monnier.	330
§ VII. *Poëtes élégiaques.*	313	M. Boisard.	ib.
Ménage.	ib.	Le duc de Nivernois.	331
Mme. de la Suze.	ib.	Florian.	ib.
La Fontaine.	ib.	M. Guichard.	332
Mme. Deshoulières.	ib.	§ X. *Poëtes de société.*	333
D'Arnaud.	314	Jean de Meun.	ib.
Colardeau.	ib.	Villon.	334
Dorat.	315	Marot.	ib.
Blin de Sainmore.	ib.	St.-Gelais.	336
De la Harpe.	316	Belleau.	ib.
Barthe.	ib.	Senecé.	ib.
Le chevalier de Bertin.	317	Chapelle.	ib.
M. de Parny.	ib.	Saint-Pavin.	337
§ VIII. *Épigrammatistes Français.*	318	Lalane.	ib.
		La Fontaine.	338
§ IX. *Poëtes fabulistes.*	321	Pavillon.	339
La Fontaine.	ib.	Coulanges.	ib.
Autres fabulistes.	324	Rousseau.	340
Furetière.	ib.	Chaulieu.	ib.
Benserade.	325	La Fare.	342
Le Noble.	ib.	Vergier.	ib.
Desmay.	ib.	Voltaire.	343
Boursault.	ib.	Ferrand.	344
Fuselier.	ib.	Grécourt.	ib.
Delaunay.	ib.	Haguenier.	347
L'abbé de Grécourt.	ib.	Panard.	ib.
La Motte.	326	Moncrif.	348
Autres fabulistes.	328	Gresset.	349

Le cardinal de Bernis.	pag. 350	Les 4 Saisons du Parnasse.	pag. 379
Frédéric II, roi de Prusse.	351	CHAP. II. *Écrits sur la Poésie française.*	380
L'abbé de Lattaignant.	553		
Desforges Maillard.	354	§ Ier. *Ouvrages historiques.*	ib.
Malfilastre.	ib.	Mervesin.	ib.
Desmahis.	355	L'abbé Massieu.	ib.
Sedaine.	ib.	L'abbé Goujet.	381
Dorat.	356	Fontenelle.	382
De Saint-Marc.	357	Les frères Parfait.	ib.
Rulhière.	359	Maupoint.	383
M. François de Neufchâteau.	360	Beauchamps.	ib.
Chamfort.	ib.	D'Aigueberre.	384
Florian.	361	Léris.	ib.
M. de Boufflers.	362	Durey de Noinville.	ib.
M. de Parny.	ib.	Desboulmiers.	385
M. de Lille.	363	M. Clément et l'abbé de Laporte.	386
M. de Saint-Ange.	364		
M. Rouget de Lisle.	ib.	L'abbé de Laporte et Chamfort.	ib.
M. Andrieux.	365		
M. de Ségur aîné.	ib.	Le chevalier de Mouhy.	388
M. le Gouvé.	366	MM. Etienne et Martainville.	389
M. Parceval Grandmaison.	367	Titon Dutillet.	ib.
Mme. de la Ferandière.	368	§ II. *Ouvrages didactiques sur différens genres de poésie.*	391
M. Duault.	369		
M. Millevoye.	ib.	Aristote.	ib.
M. de Frenilly.	370	Rapin.	392
§ XI. *Recueils de Poésies.*	372	Buffier.	ib.
Fabliaux.	ib.	L'abbé Dubos.	ib.
Annales poétiques.	373	Mallet.	393
Parnasse Chrétien.	374	Rollin.	ib.
Trésor du Parnasse.	375	L'abbé Batteux.	ib.
Portefeuille d'un Homme de goût.	376	L'abbé Joannet.	394
		L'abbé de Laporte.	396
Almanach des Muses.	377	Marmontel.	397
Almanach littéraire ou *Étrennes d'Apollon.*	ib.	L'abbé de Latour.	ib.
		M. l'abbé Sabatier.	398
Petite Encyclopédie poétiq.	378	Gaillard.	ib.

M.

M. Cailhava.	pag. 398	MM. *Gueroult.*	pag. 423
M. Lacombe.	400	*Autres Orateurs Grecs et Lat.*	424
M. Hamoche.	401	Hérodote et autres.	ib.
CHAPITRE III. *Des Orateurs anciens et modernes.*	403	Trad. *Auger.*	ib.
		Salluste et autres.	425
§ Ier. *Orateurs Grecs.*	ib.	Trad. *Millot.*	ib.
Périclès.	404	Un anonyme	426
Trad. *De Noé et M. Gail.*	ib.	Sénèque.	ib.
Gorgias.	ib.	Trad. *Chalvet et Lagrange.*	427
Trad. *Auger.*	405	La Beaumelle.	428
Antiphon.	ib.	Pline.	ib.
Trad. *Auger.*	ib.	Trad. *de Sacy.*	430
Andocide.	ib.	§ III. *Pères de l'Église Grecq.*	ib.
Trad. *Auger.*	406	Origène.	431
Lysias.	ib.	Trad. *Bouhereau.*	ib.
Trad. *Auger.*	ib.	Saint Jean Chrysostôme.	ib.
Isocrate.	ib.	Trad. *Auger.*	433
Trad. *Auger.*	ib.	Saint Basile le Grand.	ib.
Isée.	407	Trad. *Auger.*	ib.
Démosthènes.	ib.	Saint Grégoire de Nazianze.	ib.
Eschine.	410	Trad. *Troya d'Assigny.*	434
Trad. *Auger.*	411	§ IV. *Pères de l'Égl. Latine.*	ib.
Lycurgue.	413	Tertullien.	ib.
Trad. *Auger.*	414	Trad. *De Gourcy.*	435
Dion Chrysostôme.	ib.	Saint Ambroise.	ib.
Trad. *Brequigny.*	415	Trad. *De Bellegarde.*	ib.
Aristide.	ib.	Saint Augustin.	436
Thémistius.	ib.	Trad. *Arnauld et Dubois.*	ib.
Libanius.	417	Saint Bernard.	437
§ II. *Orateurs Latins.*	418	Trad. *Le P. de Saint-Gabriel.*	438
Cicéron.	ib.	§ V. *Orateurs Italiens.*	439
Traducteurs.	420	Spéron Spéroni.	ib.
D'Olivet.	ib.	Vallisnieri.	441
Villefore.	ib.	Frisi.	ib.
De Wailly.	422	Bettinelli.	ib.
M. Démeunier.	423	Paradisi.	442
M. Clément.	ib.	Cesarotti.	ib.

TOME II.

Cerati.	pag. 443	Le P. Bourdaloue.	pag. 475
Catani.	ib.	Le P. de la Rue.	ib.
Venini	444	Maboul.	476
Trento.	ib.	Le P. de Neuville.	477
§ I. *Orateurs Français.*	ib.	L'abbé de la Tour du Pin.	ib.
Prédicateurs.	ib.	L'abbé de Boismont.	478
Menot.	445	M. de Beauvais, ancien évêque de Sénez.	479
Meyssier.	ib.		
Raulin.	446	M. l'abbé Boulogne.	480
Senault.	449	L'abbé du Serre Figon.	481
Le P. Lingendes.	450	*Livres à l'usage des Prédicateurs.*	ib.
Le P. Bourdaloue.	451		
Le P. Cheminais.	453	Richard.	482
Le P. Soanen.	454	Le P. de Montargon.	483
Le P. Massillon.	ib.	Le P. Houdry.	ib.
Fléchier.	456	Dinouart.	484
Fénélon.	ib.	*Orateurs du Barreau.*	ib.
Bossuet.	ib.	Lemaitre et Patru.	485
Le P. de Neuville.	457	Gautier.	ib.
Le P. le Chapelain.	458	Erard.	486
L'abbé Clément.	460	Gillet.	ib.
L'abbé Poulle.	ib.	Pelisson.	ib.
Le P. Elysée.	461	Omer et Denis Talon.	487
L'abbé de Géry.	462	Terrasson.	ib.
L'abbé Beauregard.	463	Sacy.	488
L'abbé Lenfant.	ib.	Cochin.	489
M. de Beauvais, anc. év. de Sénez.	464	Lenormant.	490
L'abbé de Cambacérès.	466	D'Aguesseau.	491
M. de Noé.	ib.	Loiseau.	492
Saurin.	468	Gerbier.	493
Romilly.	ib.	Seguier.	494
Reybaz.	469	Elie de Beaumont.	ib.
Panégyriques et Oraisons funèbres.	470	Linguet.	495
		Servan.	496
Fléchier.	ib.	Montclar et Lachalotais.	498
Bossuet.	470	Legouvé.	ib.
Mascaron.	472	M. Vermeil.	499

Dupaty,	pag. 499	Tronson du Coudray.	pag. 504
M. Treilhard.	ib.	M. de Seze.	505
Target.	500	M. Réal.	ib.
M. Delacroix.	502	*Recueils de Causes Célèbres.*	506
De Bonnières.	ib.	Gayot.	ib.
Beaumarchais.	503	Richer.	507
M. Bergasse.	ib.	M. Desessarts.	508
M. François de Neufchâteau.	504	*Discours et Éloges académiques.*	509
M. Duveyrier.	ib.		

FIN DE LA TABLE DU TOME SECOND.

www.ingramcontent.com/pod-product-compliance
Lightning Source LLC
Chambersburg PA
CBHW071606230426
43669CB00012B/1845